KB074746

2020년대 한국증시를 견인할 전기차 산업 주도주 집중 분석서

주식투자와 국제투기자본

기후변화와 지구온난화

탄소배출제로 시대와 그린뉴딜

내연기관차 시대 가고, 전기차 시대 도래

4차산업혁명과 자율주행차,

메타버스(NFT)

김 석 일 著

도서출판 지식나무

〈발간사〉

국제투기자본을 이해하면 국제금융시장이 보인다.

개인이나 사회가 맞는 리스크는 대개 사전 예고도 없을뿐더러 충격의 폭풍을 몰고 오기에 무섭다. 그러나 삶은 늘 오르막과 내리막의 연속이 아닌가. 방어와 수습의 태도에 따라 전화위복이 얼마든지 가능하기에 절망할 필요는 없다.

필자는 1930년대 미국발 세계대공황에 대해 공부를 꽤 많이 했다고 자부한다. 글로벌 위기와 침체를 이해할 수 있어야 상황에 대처할 수 있기 때문이다. 1970년대 미국의 디폴트선언(닉슨쇼크)과 1980년대부터 반복되고 있는 남미의 외환위기 그리고 1990년대 유럽과 아시아 외환위기도 집중 분석했었다. 세계화가 고착되었던 2000년대의 글로벌 위기와 침체에 대해서도 역시 깊은 분석을 했다. 뿐만 아니라 2008년 미국 MBS(모기지담보부증권)발 국제금융위기와 2010년대 상반기 유로존 재정위기 그리고 2010년대 하반기 美 · 中 무역전쟁도 샅샅이 살펴봤다. 그 결과 국제금융시장의 위기와 침체 뒤에는 항상 미국을 앞세운 국제투기자본이 움직이고 있었다는 것을 알게 되었다.

대부분의 외환위기 발생 국가는 정상적인 경제활동을 할 수 없을 만큼 큰 타격을 받는다. 지난 1997년 외환위기가 터지고 대한민국 경제는 일순 엄청나게 휘청거렸다. 달러가 부족해 석유조차 수입할 수 없어 겨우 일주일 치 사용량만 남아있던 때도 있었고, 규모에 상관없이 기업들이 줄줄이 파산하며 셀 수 없이 많은 실업자가 발생했다. 상당수 가정이 해체된 끔찍한 비극도 부지기수였다.

그러나 모두가 다 재앙에 휩싸인 것은 아니었다. 여기서 오히려 막대한 부를 취했던 국제투기자본에 대해 살펴볼 필요가 있다.

당시의 상황을 하나하나 곱씹어보자. 그때 한국의 자산과 통화를 공매도한 세력이 있었다. 그들은 마치 위기를 확신한 것처럼 주저함 없이 레버리지를 동원하여 배팅했고 그 탄력으로 대한민국의 경제는 바닥을 뚫고 지하까지 곤두박질치고 말았다. 그리고 3년 남짓한 시간이 흘러, 지금도 필자의 기억에 생생한 IT버블이 찾아왔다. IMF 외환위기로 인해 바닥을 치던 주가는 단숨에 폭등했다. 정말 말도 안 되는 속도이었다. 많은 이들이 그 시절의 호황을 아름다운 추억으로 기억하겠지만 진짜 만족스러웠을 이들은 따로 있었다. 바로 국제헤지펀드의 대부 조지 소로스를 포함한 국제투기자본이다. 위기를 통해 흔들리는 대한민국의 기업들을 해체하고 헐값에 사들인 이들은 IT버블을 활용해 국내 투자자들은 상상조차 할 수 없을 만큼의 막대한 수익을 챙겼다.

국제투기자본이 엄청난 이익을 얻는 이유는 바로 환차익이다.

환차익은 쉽게 말해 외화자산을 보유한 상태에서 환율의 변동만으로 얻어지는 수익이다. 예를 들어, 1997년 초에 1달러를 보유하고 있었다고 가정 하자. 당시 원달러 환율은 800원대였으니 간단하게 800원이라 했을 때 1997년 말, 외환위기로 원화의 가치가 크게 떨어져 원달러 환율이 2,000원에 육박했다. 내가 보유하고 있는 1달러는 그대로인데, 원화로 바꾼다면 800원이 2000원으로 둔갑하여 1,200원의 환차익을 얻게 되는 것이다. 단순히 환율의 변동만으로 150%의 수익을 낸 셈이다. 따라서 환율의 변동을 예측할 수 있다면 투자의 반은 이미 성공한 것이나 다름없다. 이것이 바로 국제투기자본의 자금흐름을 추적해야 하는 이유이고 수만 리 떨어진 미국의 금리변동 뉴스가 국내 주가의 등락을 결정하는 이유다.

현대경제학에서 환율의 움직임을 예측하는 것은 복잡한 금융공학과 경제이론을 배우지 않고는 거의 불가능하다고 봐야 한다. 그러나 이 책은 금융경제학을 깊이 공부하지 않은 투자자들도 경기변동을 이해하고 예측하는 것을 돕기 위해 그동안 학문의 영역에서는 중요하게 다루지 않았던 부분을 논의하고자 했다.

첫째, 국제투기자본의 행보가 세계경기를 단순히 예측하는 것이 아니라 그들이 이득을 보는 방향으로 끌고 간다는 주장을 뒷받침하는 증거들과 함께 설명하였다.

둘째, 2020년대를 이끌어갈 산업에 대해 설명하고 투자자들이 주목해야 할 기업들을 추려내 분석하였다.

국제투기자본의 행보를 이해하고 예측하는 방법을 터득한다면 금융공학이나 경제수학과 같은 기술적인 영역을 깊게 배우지 않아도 세계경기의 큰 흐름에 편승하여 투자에 성공할 수 있다. 감히 자신하건대 이 책은 그 가이드라인을 제공한다. 유익한 도움을 얻으시기 바란다.

이 책이 나오기까지 많은 도움을 준 김세화 소장 등 당사 연구원들에게 감사를 표한다. 특히 김해림 연구원은 영국 엑서터 대학교에서 경제학을 전공하며 얻은 해박한 지식과 7년간의 실전투자 경험을 통해 필자의 주장을 가장 잘 이해하는 전문가로 1장 국제투기자본의 이해를 함께 집필하였음을 밝힌다.

그 밖에도 도서 출간에 여러 방법으로 힘이 되어 주고 격려를 아끼지 않았던 가족들에게도 고마움을 표한다. 필자를 믿고 따라주는 당사 VIP 회원과 유튜브 시청자분들께도 감사를 드리고 싶다.

2022년 1월

글로벌경제연구소 **김 석 일** 회장

Contets

I

국제투기자본의 자금흐름 이해하기

미국을 움직이는 유대국제투기자본의 계보

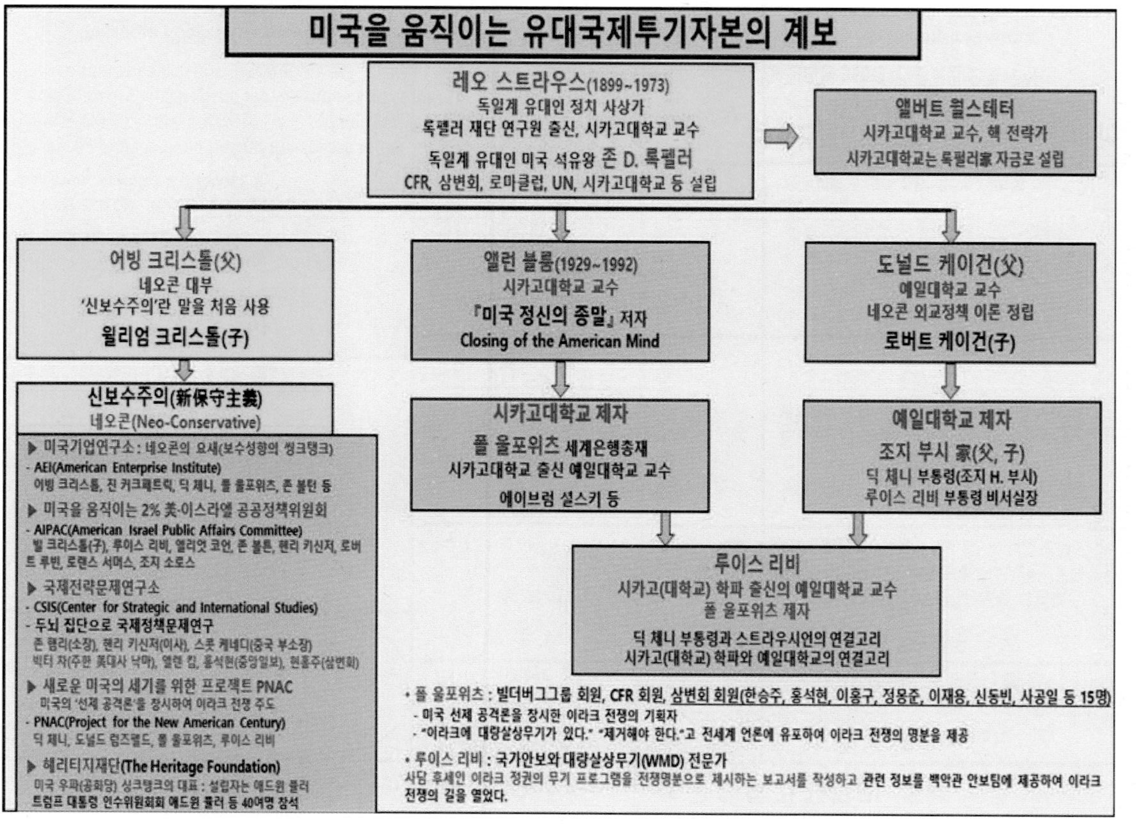

세계를 움직이는 국제투기자본의 계보

세계를 움직이는 Shadow Government 국제투기자본의 계보

프리메이슨
일루미나티 Illuminati

원탁회의 The Round Table

300人 위원회
The Committee of 300

설립 : 1727년 영국, 독일 '동인도회사'의 영국인 엘리트들

The British royal family, Dutch royal family
House of Hapsburg
Cecil Rhodes, Winston Churchill, George Bush
David Rockefeller, Henry Kissinger
Giuseppe Mazzini, H.G. Wells, Lord Halifax, Aldous Huxley etc.

원탁회의(6)
The Round Table Group

- 설립 : 1897년 *세실 존 로즈(Cecil John Rhodes)*
  보어전쟁(1899~1902년)으로 남아공(다이아몬드·금) 지배
- Oxford and the Rhodes Scholarships 등 장학재단 72
  Bill Clinton, Ayatollah R. Khomeini 등

The Round Table worked behind the scenes at the highest levels of British government, influencing foreign policy and England's involvement and conduct of WW1(the first world war.)

'American Rhodes Scholarships'
Frank Aydelotte

The British royal family
Dutch royal family
House of Hapsburg

검은 귀족 Black Nobility
중세 르네상스시대 유럽 내륙의 제후 가문
오르시니 家, 콜론나 家 등

獨·英 등 EU 로스차일드家
석유메이저 2위 로열더치쉘 대주주
Bank of London(The City of London),
로스차일드은행(세계지하금융장악), JP모건, GE 등

美國 록펠러家
석유메이저 1위 엑손모빌 오너家
씨티그룹, JP모건체이스, 록히드마틴, 델타항공
IBM, AT&T, 워싱턴포스트, 시카고대학교 등

빌더버그 그룹
The Bilderberg Group
설립 : 네덜란드 베아트릭스 여왕의 父 베른하르트
1950년 로스차일드家, 록펠러家 등 자금
- 의장 : 앙리 드 카스튀르
- 고문 : 록펠러 • 진행 : 헨리 키신저

로마 클럽
The Club of Rome
환경, 우생학(유전자), 물 부족, 에너지의 절약과 재활용 장비의 개발, 토양(경작), 낙후지역의 부흥, 군수산업의 전환
- 설립 : 1968년 록펠러(이탈리아)
  NATO(북대서양조약기구) 외교정책 등

RIIA(英왕립국제문제연구소)
The Royal Institute of International Affair
- 설립 : 로버트 세실
- 1920년 로스차일드 자금
- 영국 귀족사회와 산업계 대표들의 회합

CFR(美외교문제협의회)
The Council on Foreign Relations
- 설립 : 1921년 존 D. 록펠러
- 美 초당파 싱크탱크, 英 'RIIA'의 미국 자매기관 성격
- 회장 : 리처드 하스 • 부회장 : 로버트 루빈 • 소장 : 헨리 키신저
- '종신회원'과 '5년 회원' 등 약 3,500명

국제연합(The United Nations)
- 설립 : 1945년 존 D. 록펠러(뉴욕)
- 목적 : 전쟁방지와 평화유지

⇒ 이라크 전쟁, 이란 핵문제 등 다수의 분쟁에 개입

삼변회(The Trilateral Commission)
- 설립 : 1973년 존 D. 록펠러(일본)
- 정회원 350명과 '준회원'으로 구성

North American Group
European Group, Asia Pacific Group

I. 국제투기자본 이해하기

1. 국제투기자본의 범위

국제투기자본의 자금흐름을 이해하는 것이 왜 중요한지 설명하기에 앞서, 본 저서에서 내린 국제투기자본의 정의와 범위가 무엇인지 짚고 넘어가야 할 것 같다.

국제투기자본이란 막대한 규모의 자금력을 바탕으로 국제적 거래를 통해 이윤을 남기는 집단이다. 쉽게 말하자면, 전문가들이 경제와 증시를 분석할 때 주시하는 외국인의 매매 동향이라고도 할 수 있다. 보통 '외국인'이라고 표현되는 이 자금력은 구체화되지 않고 뭉뚱그려 표현되는데, 본 저서에서는 이들의 범위를 조금 더 구체화시켜보고자 한다.

국제투기자본의 흐름을 추적하고자 한다면 가장 먼저 국제투기자본의 첨병역할을 하는 국제헤지펀드를 살펴보아야 한다. 이 세계적인 헤지펀드들의 판단을 다른 투자기관들이 신뢰하고 따라가기 때문에, 그들만의 자금력보다 훨씬 더 큰 자금흐름을 파생시킨다. 즉, 큰 규모의 자금흐름을 쫓는 데에 실마리가 되어줄 수 있다. 그러나 이들을 챙겨서 투자를 한다고 해도 개인투자자는 물론이고 전문가라고 하는 사람들의 판단과 예측 마저도 틀리기 일쑤다. 필자는 그러한 오차는 국제투기자본의 범위를 실제보다 좁게 설정했기 때문에 발생할 수 있다고 주장한다.

국제투기자본의 범위는 실제로 매매를 하는 집단만이 아니라 그들의 투기가 큰 이윤을 낼 수 있도록 기여하는 집단을 포함해야 한다. 따라서 본 저서에서 일컫는 국제투기자본은 초국가적 금융기관들, 그리고 미국과 유럽, 일본, 중국 등 주요국가의 정치인사들을 포함한다. 그들이 실제로 의도를 가지고 결탁해 투기자본의 일부로 흡수된 것인지 아닌지는 본 저서에서 다루지 않을 것이다. 단지, 본 저서에서는 광범위한 의미에서의 국제투기자본이 자금을 이동시키는 논리가 무엇인지 그리고 어떤 인물들이 이 과정에서 결과적으로 기여하게 되었는지를 설명할 것이다. 또한 1970년대 이후의 사건과 인물들을 집중적으로 조명할 것이다. 이는 사건 하나하나를 보다 자세하게 설명하기 위함이다.

2. 국제헤지펀드의 시작: 1971년 8월 닉슨쇼크

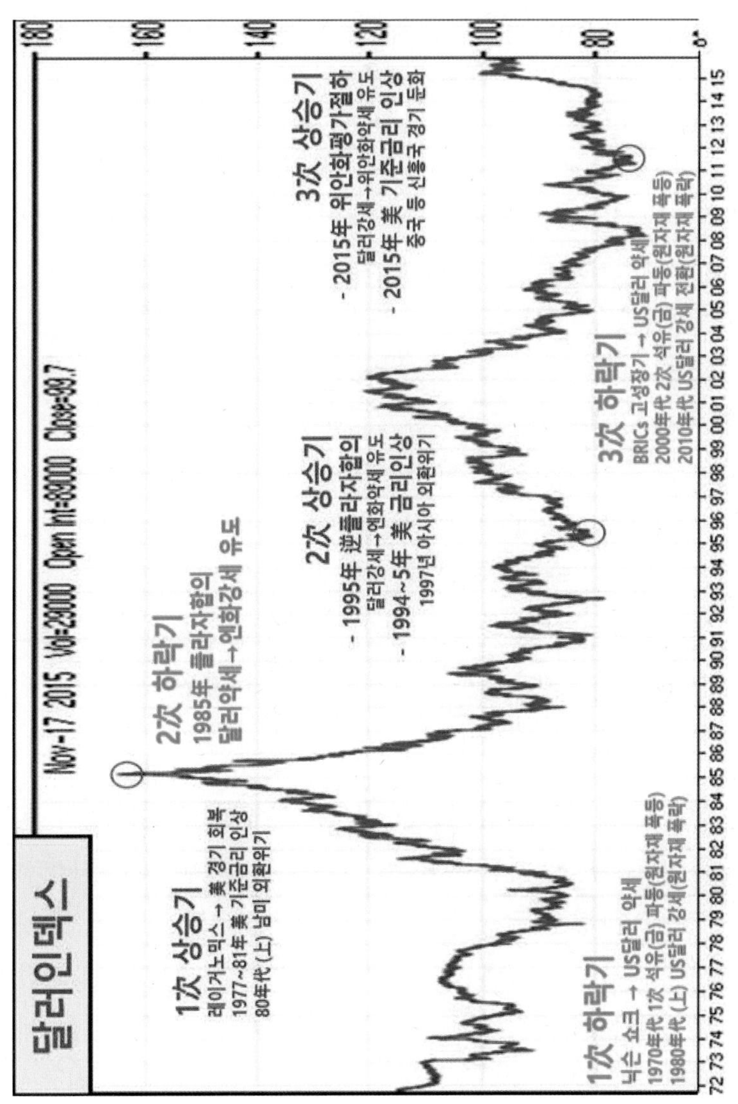
달러인덱스
Nov-17 2015 Vol=29000 Open Int=89000 Close=99.7
1次 상승기
레이거노믹스 → 美 경기 회복
1977~81年 美 기준금리 인상
80年代 (上) 남미 외환위기
2次 하락기
1985年 플라자합의
달러약세 → 엔화강세 유도
2次 상승기
- 1995年 逆플라자합의
달러강세→엔화약세 유도
- 1994~5年 美 금리인상
1997년 아시아 외환위기
3次 상승기
- 2015年 위안화평가절하
달러강세→위안화약세 유도
- 2015年 美 기준금리 인상
중국 등 신흥국 경기 둔화
1次 하락기
닉슨 쇼크 → US달러 약세
1970年代 1次 석유(금) 파동(원자재 폭등)
1980年代 (上) US달러 강세(원자재 폭락)
3次 하락기
BRICs 고성장기 → US달러 약세
2000年代 2次 석유(금) 파동(원자재 폭등)
2010年代 US달러 강세 전환(원자재 폭락)
180
160
140
120
100
80
72 73 74 75 76 77 78 79 80 81 82 83 84 85 86 87 88 89 90 91 92 93 94 95 96 97 98 99 00 01 02 03 04 05 06 07 08 09 10 11 12 13 14 15

세계적인 헤지펀드들과 같은 투기자본이 국제정세를 이용하여 큰 이윤을 얻는다는 사실에는 이견이 없다. 일반투자자들 또한 헤지펀드의 수장들처럼 국제정세를 이해하며 어떻게 자금의 큰 흐름이 이동하는지 이해해야 국제투기자본처럼 안정적이고 높은 수익률을 낼 수 있다.

투자를 공부하는 사람 치고 조지 소로스라는 이름을 들어보지 못한 사람은 없을 것이다. 조지 소로스는 헤지펀드계의 대부로 알려져 있는 만큼 많은 사람들이 투자의 향방을 정할 때 소로스의 분석과 판단을 참고한다. 바로 그 소로스가 1969년에 설립한 것이 지금은 '퀀텀펀드'로 이름을 바꾼 당시의 '소로스펀드'다. 소로스펀드는 설립 후 10년 동안 3,365퍼센트라는 경이로운 수익률을 올리게 되는데 이 놀라운 숫자의 배경에는 닉슨쇼크가 존재한다. 소로스는 당시 닉슨쇼크에서 파생된 일련의 위기들을 통해 막대한 수익을 얻을 수 있었다. 역사에 길이 남을 악재가 터졌던 1970년대를 분석해 어떻게 이것이 가능했는지 살펴보겠다.

1970년대 미국을 중심으로 전 세계가 겪었던 외환시장의 혼란은 바로 미국의 대통령 닉슨의 '디폴트 선언'에서 시작되었다. 1971년 미국은 달러 발행을 두고 딜레마를 겪고 있었다. 1960년대부터 지지부진하게 이어지던 베트남 전쟁과 소련과의 냉전으로 인한 지출이 막대했으므로 미국은 이것을 감당하기 위해 달러를 계속해서 발행해야 했다. 그러나 당시 세계외환시장은 브레튼우즈 체제 하에 있었고 금 1온스가 35달러와 같다는 규칙 때문에 미국은 달러를 추가로 발행하기 위해서는 그만큼의 금을 확보해야만 했다. 물론 이것은 천문학적인 달러가 필요했던 미국으로서는 어려운 일이었다. 결국 닉슨 대통령은 이 딜레마 속에서 디폴트 선언이라는 돌파구를 선택하게 된다. 1971년 8월 15일 미국의 37대 대통령 리처드 닉슨은 앞으로 미국은 달러를 금으로 바꿔주지 않겠다고 선언했다.

닉슨 쇼크라고도 불리는 이 디폴트 선언을 계기로 금은 외환시장에서 퇴출되고 이후에는 달러만이 오롯한 기축통화로서 중대한 역할을 맡게 되었다. 그러나 당시에는 새로운 변화를 맞이하게 된 세계 외환시장이 크게 출렁거렸고 안정성과 유동성이 약해진 달러의 가치는 폭락하기 시작했다. 기축통화의 가치가 낮아진다는 것은 석유 등 원자재의 가치가 상대적으로 상승한다는 것을 의미한다. 1970년대는 특히 더 그랬다. 바로 뒤따른 두 번의 석유파동 때문이다. 석유공급이 급감하자 석유 가격의 상승세는 더욱 가팔라졌고 원자재의 가격 상승으로 인해 인플레이션이 가속화되었다. 결국 가뜩이나 디폴트 선언으로 훼손된 달러의 가치는 석유파동으로 인한 인플레이션을 겪으며 더욱 큰 폭으로 하락하게 되었다.

이렇게 큰 하락폭과 상승폭은 곧 투기자본에게는 기회를 의미한다. 소로스펀드를 선두로 하여 투기자본은 US달러를 (공)매도하고 석유 등 원자재를 매수함으로써 천문학적인 규모의 이윤을 얻게 되었다. 1970년대를 분석하며 분명해지는 것은 투기자본의 이득은 주요국들의 정치·경제적 상황과 밀접히 연결되어 있다는 것을 알 수 있다. 따라서 국제투기자본의 흐름을 제대로 예상하기 위해서는 전 세계의 정치·경제 등 국제정세는 물론이고 자금이동의 패턴까지도 읽을 수 있어야 한다.

3. 세계경기 불황기의 패턴과 달러인덱스

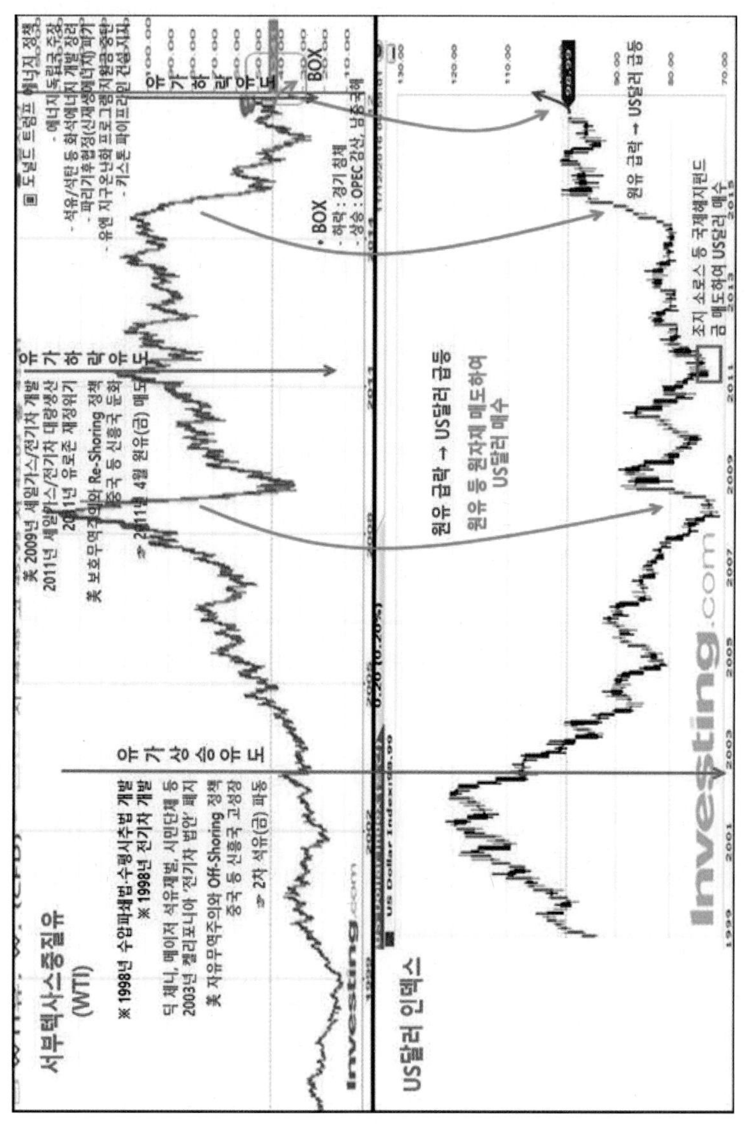

달러가 기축통화로서 자리 잡은 1970년대부터, 크게 10년 단위의 불황기와 호황기로 나누어 국제투기자본의 자금흐름의 줄기를 짚어보자. 먼저 세계경기가 불황이라는 것은 미국을 제외한 국가에서 불안요소가 커졌다는 것으로 정의한다. 설령 그 위기가 미국에서 비롯된 것일지라도, 닉슨쇼크 이후 온전한 기축통화로 남게 된 달러는 적어도 이 시기에는 세계 그 어느 나라의 자산보다도 가장 안전하다고 여겨진다. 그러므로 큰 자금흐름은 기축통화인 달러로 이동하게 된다.

이 사실은 2008년 미국발 국제금융위기 이후의 달러강세 그래프를 통해 확인할 수 있다. 리먼브라더스 사태 당시에는 미국경제가 휘청이며 달러 역시 큰 폭의 하락을 겪었다. 하지만 우리는 이에 대한 미국의 대처를 예상할 수 있어야 한다. 미국은 자국우선주의 정신 하에 경기회복을 위한 보호무역주의를 채택하였다. 미국이 보호무역주의를 채택하게 되면 이것은 미국을 제외한 다른 국가들, 특히 중국을 비롯한 신흥국들에게 큰 타격을 주게 된다. 이것은 2008년 국제금융위기 이후 큰 줄기의 자금이 미국의 달러, 즉 미국채로 흘러 들어가게 유도된다는 것을 의미한다. 미국의 달러가 세계 외환시장의 절대적인 기축통화라는 것을 생각해보면 이 흐름은 당연한 사실이다. 이것은 당시 다른 요인들보다 크게 작용하여 이후 달러는 급반등해 향후 10년간 가파르게 상승했다. 다시 말해, 미국 이외의 국가에서 경제에 큰 위기가 발생했을 때 그들은 상대적으로 자금의 유출을 겪을 것이다. 미국이 해당 위기에 포함되든 그렇지 않든 결국 빠져나온 자금은 달러로 흐르게 될 것을 예상해야 한다. 결국 세계의 투자자들이 안착할 피난처는 달러밖에 없기 때문이다. 이것이 세계 경제에 악재가 터졌을 때 달러 강세장에 대비해야 하는 이유이다.

국제투기자본은 달러 강세를 예상할 때 미국채를 매수한 다음 홀딩한다. 그렇다면 국제투기자본의 미국채 매수시점은 언제일까? 당연히 모든 사람들이 세계경기가 큰 불황에 빠졌다고 믿어 불안에 떨고 있을 때이다. 누구도 선뜻 특정자산을 매수하기 어려워할 때 그들은 달러 강세를 확신하며 공격적으로 매집을 시작한다. 이것은 그들이 현명해서인지, 혹은 이후 이어질 미국의 정책들에 대한 정보를 미리 입수해서인지 단언할 수는 없다. 하지만 과거의 사건들을 분석해 보면 누구의 언행이 그리고 어느 정책이 폭락과 반등의 신호탄인지 유추해낼 수 있다.

필자는 국제정세 속에서 어떤 요인이 달러를 강세로 혹은 약세로 유도하는지 오랫동안 분석해왔다. 누구의 말을 주목해야 하는지, 혹은 역정보로 의심해야 하는지를 해석하는 노력과 함께 2003년 한국경제TV에서 방송할 당시 이라크전쟁 발발 날짜를 예측해낸 전적이 있다. 당시 주변에서는 감히 미국이 벌일 전쟁 날짜를 호언장담하는 행동에 놀랐고 필자의 예측을 의심하는 이도 있었다. 그러나 그들은 정말로 필자가 예측한 그 시기에 이라크전쟁이 발발했음을 확인했다. 이러한 예측은 과거의 사례들을 분석하며 국제투기자본의 흐름을 이해했기 때문에 가능한 일이었다.

이라크 전쟁 외에도 이렇게 달러로 자금을 이동하게 만드는 불안요소는 크게 정치적인 것과 경제적인 것으로 나눌 수 있다. 정치적인 불안요소에는 홍콩의 중국반환, 미국의 전쟁 및 대립 등이 있고 경제적인 것에는 미국의 금리인상, 플라자합의와 역플라자합의 같은 직접적인 환율개입, 외환위기, 세계적인 국제금융위기, 팬데믹 선언으로 인한 경제위축과 양적완화 등이 있다. 이들은 직접적으로 혹은 간접적으로 달러강세 10년 파동을 조성하고 유지하는 역할을 한다.

4. 세계경기 호황기의 패턴과 자유무역주의

★ 1970년대부터 10년 단위로 성장과 침체를 반복하는 미국과 한국 증시

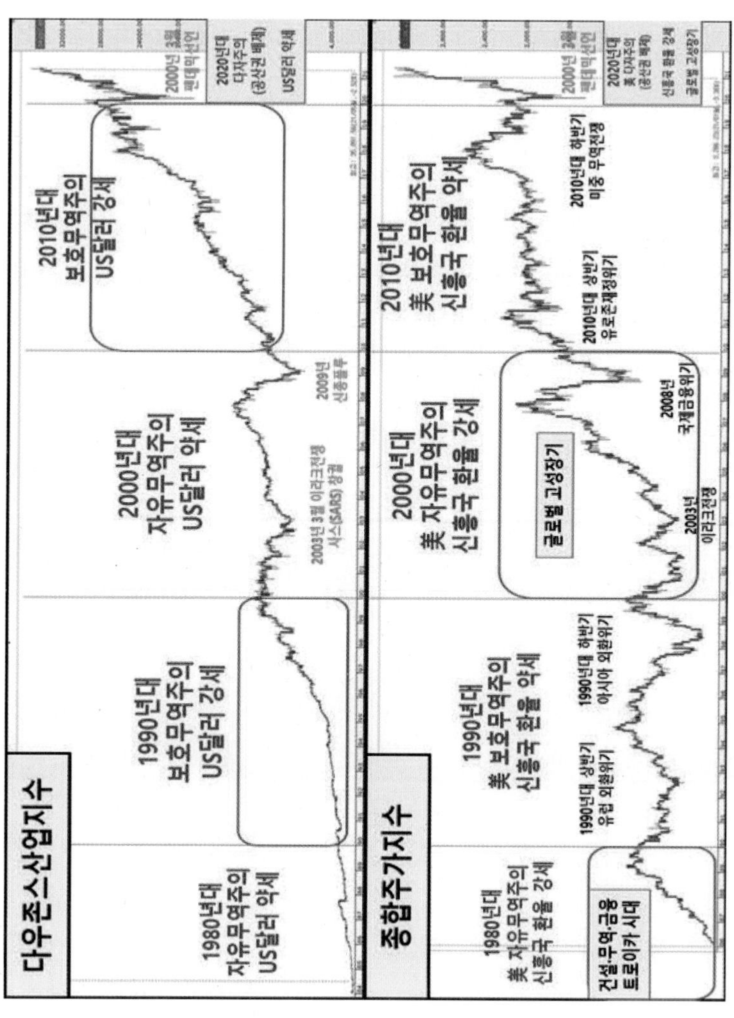

세계경기가 호황이라는 것은 중국을 포함한 신흥국들이 미국과 함께 성장하는 시기로 정의한다. 이 시기에는 크게 두 가지로 자금이 이동한다. 첫 번째는 원유 등의 원자재이고 두 번째는 신흥국의 화폐와 자산이다.

원유로 대표되는 원자재에 대해서 먼저 살펴보겠다. 원유가 상승하는 이유 중 하나는 신흥국들이 성장하면서 세계경기의 성장동력이 커졌기 때문이다. 경기가 활발해지면 자연스럽게 원자재에 대한 수요가 상승하고 그에 따라 가격이 상승하게 된다. 주로 원유, 구리 등이 이에 해당된다. 그러나 이런 자연스러운 상승만으로는 큰 이윤을 내기에 부족하다. 이 시기에는 각종 정책과 기술발전 여부로 인해 원유가격이 상승하게 되는 사건들이 함께 발생한다는 것이 주목할 지점이다.

★ 2003년 캘리포니아주 전기차 장례식

1996년 캘리포니아주에서는 전기자동차 의무판매 법안(ZEV) 통과됐다. 캘리포니아 주에서 차를 팔기 위해선 일정 비율 이상의 전기자동차를 의무적으로 판매해야 한다는 법안이다. 이는 캘리포니아의 대기오염 때문이었다.

하지만 캘리포니아주는 2003년 ZEV 폐지를 선언했다. ZEV 폐지 배후에는 부시 전 미국 대통령이 이끄는 연방정부가 있었다. **2001년 조지 부시가 대통령으로 취임한 이후 미국 정유업체와 자동차 업체들의 ZEV 폐지를 주장하는 목소리가 커졌다.** 전기자동차 판매량이 늘면 자동차 부품 업체의 수익 감소, 기름값 하락을 우려한 것.

딕 체니 미국 전 부통령은 미국 최대 석유공급회사의 전직 CEO였다. 콘돌리자 라이스 전 국무장관은 미국 최대 정유회사 이사 출신이며 앤드류 카드 백악관 전 비서실장은 미국 최대 자동차 회사 전직 부사장이었다.

이들은 자신들의 이익을 사수하기 위해 전기자동차 의무법안 폐지를 종용한 것. 2003년 캘리포니아 전역에서 전기자동차가 모두 폐지됐고 전기자동차를 이용하던 이들은 항의의 뜻으로 자동차 장례식을 열었다. 정치적인 이유 때문에 결국 전기자동차는 생산을 중단했고, 미국 내에서 한때 자취를 감추게 되었다는...

★ 석유재벌 등 국제투기자본이 전기차 법안 폐지시키고 유가 급등 유도

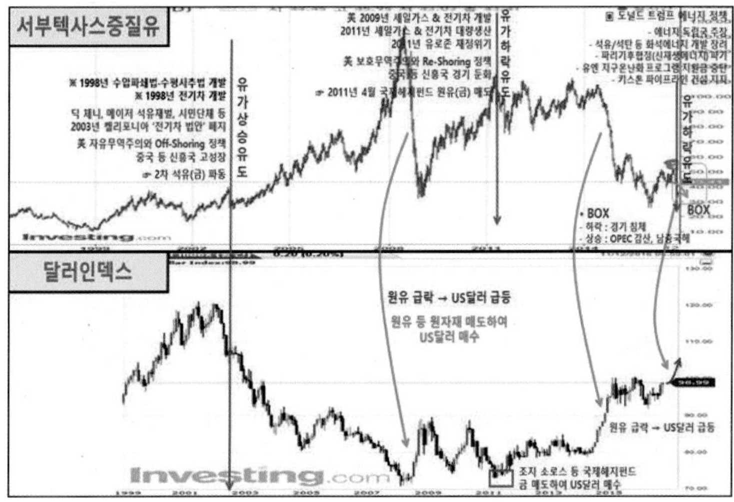

자동차에 관심이 있는 사람이라면 알고 있겠지만 이미 1990년대 후반에 전기자동차의 생산이 시작되었다. 당시에도 기후변화는 중대한 사안이었고 이에 캘리포니아 대기자원위원회(CARB)가 공해 없는 자동차 판매를 의무화하는 법안을 시작한 것이 그 배경이다. 이 법안의 영향을 받아 개발된 것이 바로 당대 최고의 자동차회사 중 하나인 GM사의 EV1이라는 기종이다. 1996년에 세계 최초의 전기자동차 EV1이 출시되었지만 시범단계로써 판매는 하지 않고 소수의 고객들에게 리스해주는 방식으로 시작되었다. 그리고 몇 년 뒤, 아직까지도 이어지는 논란의 시발점이 된 소송이 발생한다. 바로 정유업계와 자동차회사연합

이 캘리포니아 대기자원국을 상대로 한 소송이다. 소송의 내용은 캘리포니아 대기자원국이 전기차와 같은 무공해 자동차생산을 위해 지출하는 지원금이 세금을 낭비한다는 주장이었다. 결국 2003년 해당 법안은 폐지되고 자동차 회사들은 다시 석유가 필수적인 내연기관 자동차 생산에 전념하게 된다.

이후 2006년 "Who Killed the Electric Car?"(누가 전기자동차를 죽였는가?)라는 영화가 만들어졌다. 영화의 내용은 전기차를 몰락시켰다는 죄로 석유회사, 자동차회사, 정부 등을 고발하는 것이었는데 이 영화로 논란이 재점화 되었다. 정유업계와 자동차회사의 압박이 아니었다면 1990년대에 전기차는 대량생산에 완전히 성공했을 것인가? 이 논란에 대해 필자의 의견은 다음과 같다. 당시의 기술력으로 전기차 대량생산 성공의 가능성이 충분했든, 그렇지 않든 그것과 상관없이 로비는 성공하고 법안은 폐지되어 결과적으로 2000년대에 전기차는 주목받지 못했을 것이다.

이유는 대략 10년 단위로 바뀌는 메이저사이클(쥬글라파동) 때문이다. 1990년대 유럽과 아시아대륙을 강타한 외환위기로 인해 달러는 10년 동안 강세를 나타냈다. 2000년대는 사이클이 바뀌어야 하는 시기였다. 투기자본의 입장에서 2000년대에는 달러 약세 트렌드를 강화하고 유가와 신흥국의 경기에 날개를 달아주어야 더 큰 이윤을 얻을 수 있는 시기이다. 이렇게 장이 형성되어야 점점 자금흐름에 탄력이 붙어 유가와 신흥국의 자산이 상승하고 2010년대 침체로 바뀌기 전 매도할 때 큰 이윤을 남길 수 있기 때문이다. 즉 투기자본은 파동의 볼륨을 키우길 바라는 상황인데, 이 시기에 전기차, 수소차, 셰일가스 등이 개발에 지원을 받게 되면 원유가격에 버블형성이 제한되는 문제가 생긴다. 따라서 친환경 자동차 개발에 대한 지원은 단지 석유회사와 자동차회사만의 일이 아니라 원유 강세장을 바라는 모든 투기자본의 문제가 되는 것이다.

필자가 어떻게 2000년대 달러 하락과 법안폐지를 확신할 수 있는지 의아할 수 있다. 필자가 잡은 실마리는 미국의 오프쇼어링(Off-shoring)정책이다. 핵심은 미국의 법인세와 인센티브 정책이다. 당시에 미국은 법인세를 올리고 기업 친화적인 다양한 인센티브 정책을 폐지하면서 기업과 자금이 신흥국으로 유입되는 결과를 만들었다. 이때 중국, 인도, 베트남 등 생산비와 인건비의 측면에서 메리트가 있는 국가들로 투자가 흘러 들어가면 자연스럽게 신흥국의 화폐가 강세로 돌아서고 달러는 하락(약세)하게 된다. 이때 신흥국으로 흘러 들어간 자금의 출처가 바로 달러에 투자되었다가 차익을 실현하고 빠져나온 국제투기자본의 자금이다.

이러한 분석을 개인투자자의 투자전략에 접목시켜 보자면, 2000년대는 원화 강세의 수혜를 볼 수 있는 국내 내수주, 그 중에서도 석유, 원자재와 관련이 있는 주식에 투자하는 것이 큰 수익을 낼 수 있다. 미국이 오프쇼어링 정책을 펼치는 세계 경기 호황기에는 달러에서 유출된 자금이 원유, 구리와 같은 원자재로 흘러 들어가며 동시에 신흥국의 경기가 호황을 겪는 장기

파동을 형성하기 때문이다. 예를 들어, 2000년대에 SK㈜사는 4,883%의 상승을 했고, 한화는 6,076%의 상승을 겪었다. 삼성전자가 불과 286%의 상승을 보여준 것에 비하면 막대한 수익률이다. 이렇듯 국제투기자본의 장기파동을 이해하는 것은 실제로 개인 투자자들에게 엄청난 무기가 될 수 있다.

필자는 2020년 쥬글라파동(메이저파동)을 강한 글로벌 고성장기로 판단하고 있다. 2018~19년 미중 무역전쟁은 종료되었고, 2020년 3월 팬데믹 선언 이후에 코로나19와 델타변이 바이러스가 창궐하면서 미래가 불확실해 보이지만 필자는 투기자본이 글로벌 경기의 변동성을 확대하기 위해 바이러스를 뿌린 것으로 예단하고 있다.

2018~19년 미중 무역전쟁과 2020년 3월 팬데믹현상으로 글로벌 투자자들은 투매를 하였고, 이 기회를 이용하여 국제투기자본가들은 우량 자산을 매집하고 있었기 때문이다.

5. 국제투기자본 전략의 핵심: 환차익

2000년대 초반을 들여다보면 전세계적으로 큰 사건이 있었다. 한국에서도 있었던 IT버블이다. IMF(국제통화기금) 구제금융 이후 나락으로 떨어졌다가 IT버블로 고공행진을 했던 1998년 10월부터 2000년 중반까지 삼성전자의 주가를 살펴보자.

1997년 외환위기 직후 원달러환율은 900원에서 단기간에 2000원까지 폭등했다. 그러나 삼성전자는 급락을 했다.

★ 1997년 한국 외환위기와 원달러환율

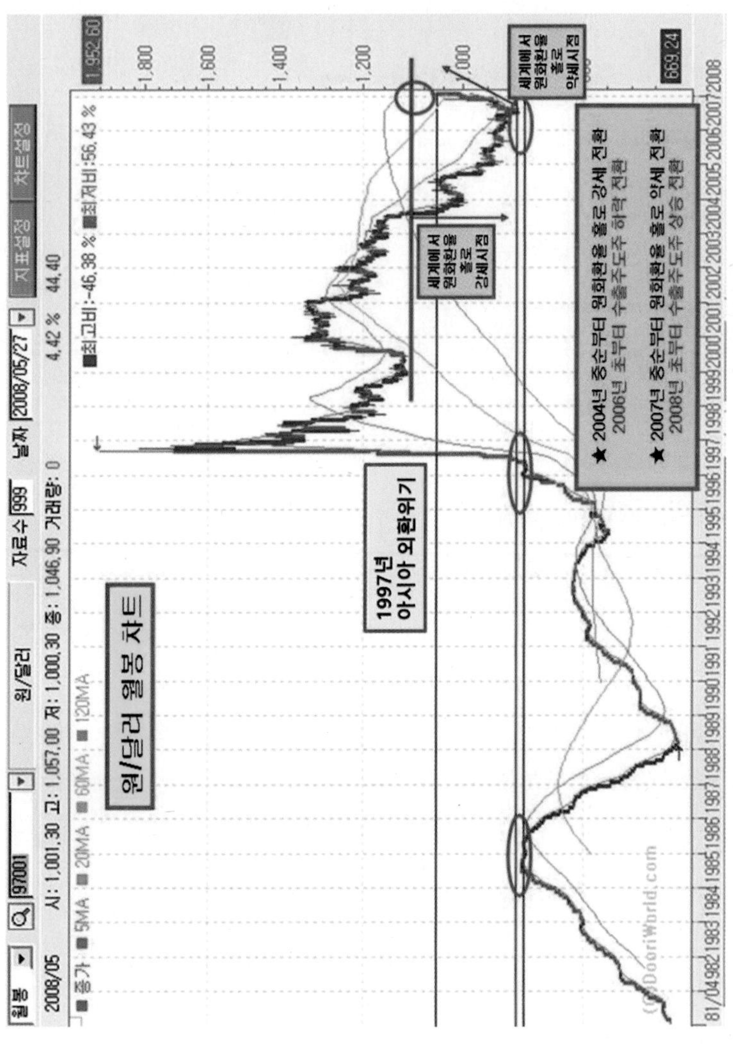

★ 1997년 한국 외환위기와 국제투기자본의 삼성전자 매집

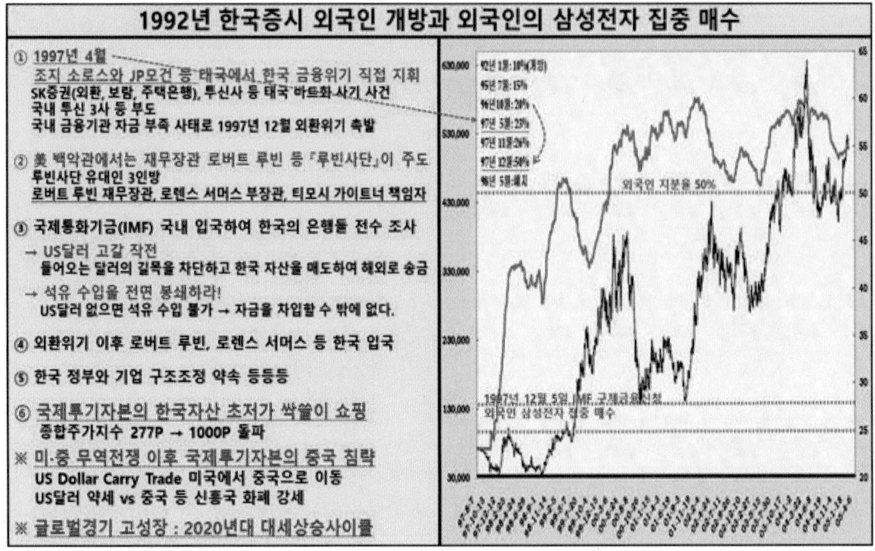

1992년 한국증시 외국인 개방과 외국인의 삼성전자 집중 매수
① 1997년 4월
조지 소로스와 JP모건 등 태국에서 한국 금융위기 직접 지휘
SK증권(외환, 보람, 주택은행), 투신사 등 태국 바트화 사기 사건
국내 투신 3사 등 부도
국내 금융기관 자금 부족 사태로 1997년 12월 외환위기 촉발
② 美 백악관에서는 재무장관 로버트 루빈 등 『루빈사단』이 주도
루빈사단 유대인 3인방
로버트 루빈 재무장관, 로렌스 서머스 부장관, 티모시 가이트너 책임자
③ 국제통화기금(IMF) 국내 입국하여 한국의 은행들 전수 조사
→ US달러 고갈 작전
들어오는 달러의 길목을 차단하고 한국 자산을 매도하여 해외로 송금
→ 석유 수입을 전면 봉쇄하라!
US달러 없으면 석유 수입 불가 → 자금을 차입할 수 밖에 없다.
④ 외환위기 이후 로버트 루빈, 로렌스 서머스 등 한국 입국
⑤ 한국 정부와 기업 구조조정 약속 등등등
⑥ 국제투기자본의 한국자산 초저가 싹쓸이 쇼핑
종합주가지수 277P → 1000P 돌파
※ 미·중 무역전쟁 이후 국제투기자본의 중국 침략
US Dollar Carry Trade 미국에서 중국으로 이동
US달러 약세 vs 중국 등 신흥국 화폐 강세
※ 글로벌경기 고성장 : 2020년대 대세상승사이클
외국인 지분율 50%
1997년 12월 5일 IMF 구제금융신청
외국인 삼성전자 집중 매수

한국에서 외환위기(1997년 12월 5일 IMF 구제금융 신청)가 시작되자 원달러환율은 2000원까지 직행했고, 외국인들은 원화환율 2000원대에서 2~3만원대로 급락한 삼성전자 주가를 쓸어 담았다. 당시를 기준으로 삼성전자의 주가는 5,000,000원을 돌파한 상태다. 외국인들은 수백%에 달하는 시세차익에다 추가로 얻은 환차익을 포함하면 대단한 수익을 낸 것이다. 현재까지 받은 유•무상증자 물량과 매년 챙겨가는 배당금까지 감안한다면 외국인들의 수익은 독자들의 상상을 초월하는 금액이다.

6. 국제투기자본의 환율 조작

1) 1985년 플라자 합의와 1995년 역플라자합의

★ 플라자합의와 엔달러 환율

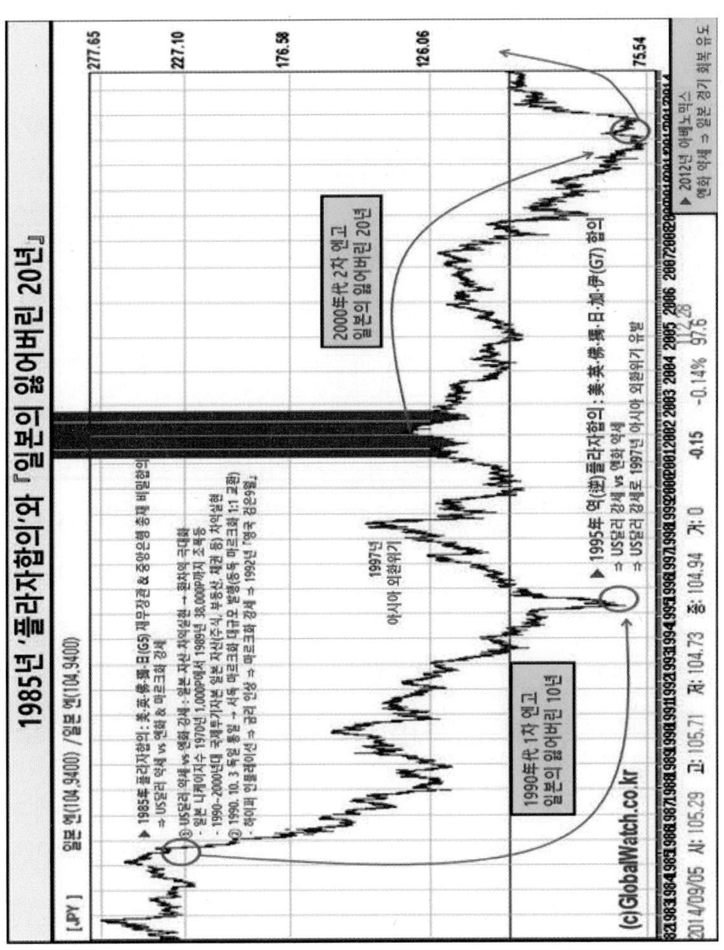

환율이 얼마나 강력한 영향을 미칠 수 있는 수단인지 더 알고 싶다면 1985년 플라자합의를 주목해야한다. 플라자합의는 달러 하락(약세)를 유도하기 위해서 미국 주도 하에 일본 엔화와 독일 마르크화를 강세로 유도한 사건이다. 미국은 왜 의도적으로 환율을 수정했을까? 세간에서는 미국이 일본의 경제적 부상을 경계하여 플라자합의를 유도했다고 평가한다. 어떤 이는 미국이 무역적자로 인한 재정난을 겪고 있었기 때문이라 추측한다. 모두 틀린 말은 아니지만, 플라자합의의 역할을 제대로 평가하기 위해서는 당시의 국제 정치·경제를 분석해야 한다.

먼저 플라자합의라는 안이 나오게 된 맥락을 살펴봐야한다. 앞서 설명한 장기파동을 참고하며 분석해보자. 1971년 닉슨쇼크 이후 미국이 흔들리는 동안 유럽은 제2차 세계대전의 아픔을 딛고 경제적 부활에 완전히 성공했고 일본 또한 가파른 경제성장을 계속해서 미국은 세계경제 1위국이라는 위상에 위협을 받았다. 심지어 1970년대 내내 하락하던 미국의 US달러는 1978년 중국이 본격적으로 개혁·개방을 시작하면서 급락(약세)하는 모습이 나타났다. 파동이 바뀐다면 미국의 대무역정책은 완전히 다른 기조를 가져갈 것이며 신흥국의 성장성 또한 다른 양상을 보일 것으로 예상할 수 있다.

달러인덱스를 분석해보면 1970년대 미국을 이탈했던 국제투기자본의 자금이 차익실현을 끝내고 돌아온 곳은 결국 미국이었다. 바닥을 보이는 1970년대 말 투기자본은 다시 US달러를 매집했고 1980년대에는 다시 US달러를 상승(강세)으로 유도해야 한다. 달러인덱스가 상승 트렌드를 보이기 위해서는 신흥국의 경제성장을 억제하고 미국이 세계에서 유일하게 안전한 강대국이 되어야 한다. 즉, 정책의 측면에서 미국이 보호무역주의를 채택할 필요가 생긴 것이다. 이것이 1981년 미국의 대통령 레이건이 진두지휘한 미국의 보호무역주의, 레이거노믹스가 시작된 배경이다. 물론 당시에 막강한 권력을 휘두른 것은 아버지 부시로 알려진 조지 H.W. 부시 부통령이었다. 부시 가문은 아버지 부시(조지 H,W, 부시)에 이어 아들 부시(조지 W. 부시)까지 2대에 걸쳐 미국 대통령을 지냈으며 미국 텍사스주의 석유부자로 국제투기자본 가문이다.

레이건 대통령은 다시 강한 미국을 만들겠다며 자국 기업을 대상으로 미국 독립 이후 역대 최고로 기업하기 좋은 환경을 만들기 위해 막대한 지원을 아끼지 않았고 타국의 기업을 대상으로 높은 관세를 적용하는 보호무역주의를 채택했다. 유럽이 큰 타격을 받았으며 이 대상에는 한국 기업을 포함한 신흥국들도 있었다. 레이건 행정부의 보호무역주의 정책에는 1984년 삼성, LG 등 신흥국 기업의 브라운관 컬러TV에 15%의 반덤핑 관세를 부과한 것도 있었다.

이렇게 미국이 경제난을 극복하고 성장하면서 자연스럽게 미국으로 자금이 쏠려 US달러는 폭등(강세)했다. 다만 미국이 달러 상승(강세)이 계속되고 자국 기업과 국민을 대상으로 부과되는 세율을 낮추면서 무역적자를 비롯해서 심각한 재정난에 시달린다는 기사가 계속 나오기 시작했다. 이러한 맥락에서 바로 플라자합의가 탄생하게 된 것이다.

그러나 1985년 이전의 배경만으로는 플라자합의의 진정한 역할을 알아낼 수 없다. 이후 양상을 살펴보아야 진정으로 플라자합의가 탄생하게 된 이유를 알 수 있다. 플라자합의의 첫번째 의의는 1980년대 초반 폭등하던 US달러를 꺾어 국제투기자본이 달러에서 차익을 실현하고 빠져나와 일본의 버블을 활용해서 다시 한번 투기에 성공하는 것이다. 즉 환차익을 극대화시키는 과정이었다는 것이다. 두 번째 의의는 독일의 마르크화를 절상시켜 이후 1990년대로 이어지는 유럽의 외환위기를 유도하는 것이다.

★ 1985년 플라자합의와 니케이지수

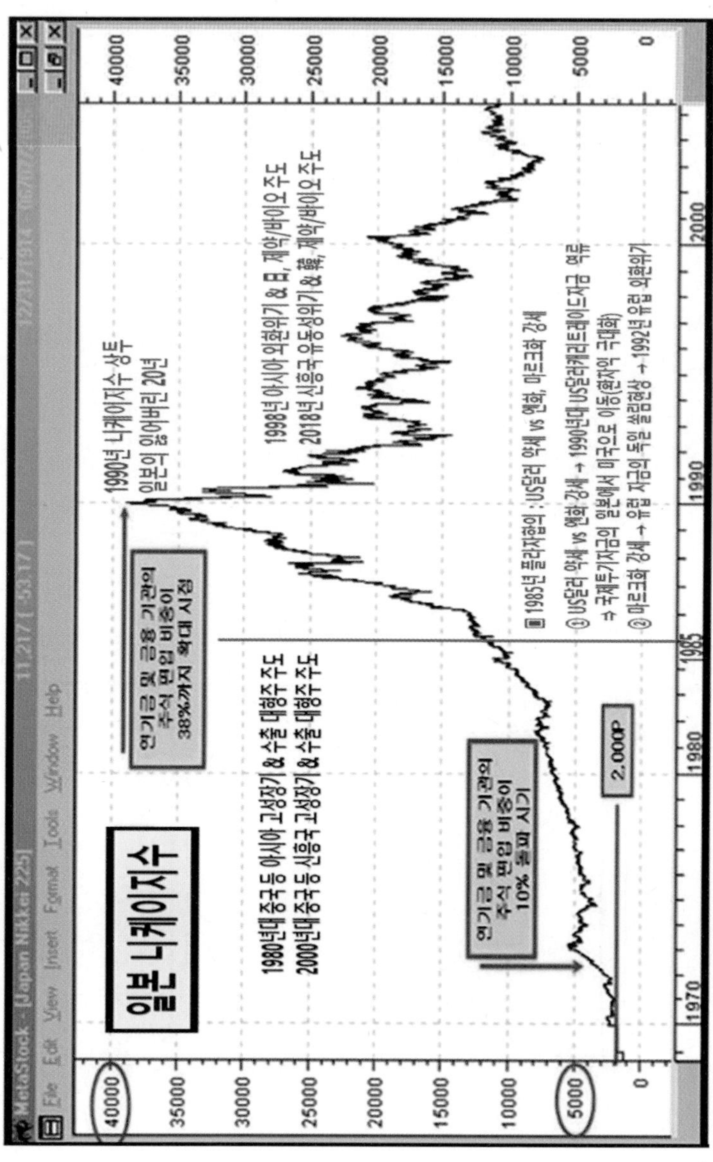

★ 한국·미국·일본의 부동산 가격 추이 비교

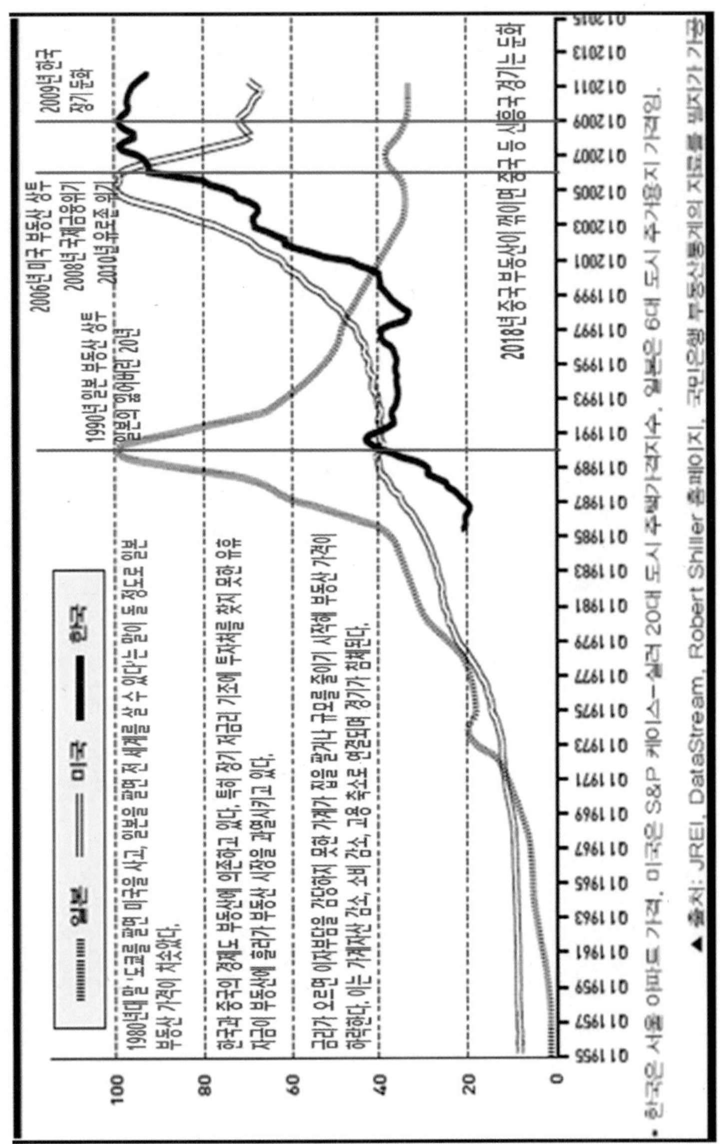

• 한국은 서울 아파트 가격, 미국은 S&P 케이스-실러 20대 도시 주택가격지수, 일본은 6대 도시 주거용지 가격임.
▲ 출처: JREI, DataStream, Robert Shiller 홈페이지, 국민은행 부동산통계의 자료를 필자가 가공

첫 번째 의의를 설명하기 위해서는 니케이지수와 부동산가격 추이를 살펴봐야한다. 1985년 일본 엔화의 가치가 높아지면서 일본으로 자금이 흐르게 되었다. 일본 니케이지수와 부동산지수는 1989년까지 폭등했다. 일본 니케이지수는 1970년 1000P에서 시작하여 1973년 5000P까지 500%(5배) 상승했으나 1989년 말에는 40,000P까지 폭등하여 4,000%(40배)폭등했다. 이것이 우리가 흔히 들어본 '일본의 잃어버린 20년'의 시작이 된 버블이다. 앞서 한국의 IT버블을 활용해 국제투기자본이 어떤 식으로 차익을 실현하는지 설명했었다. 당시 일본의 경제규모를 생각하자면 그들이 얼마나 막대한 이익을 얻었을지, 그리고 플라자합의가 왜 필요했는지 알 수 있는 것이다. 두 번째로, 마르크화의 절상으로 인해 마르크화 가치가 갑자기 높아지자 유럽의 자금은 독일로 몰리게 되었다. 즉 타 유럽국의 화폐가 상대적으로 하락하게 되었다는 의미이다.

정리해보자면 1985년 플라자합의로 일본은 버블을 겪게 되었고 이는 일본이 1990년부터 본격적인 쇠락을 겪는 원인이 되었다. 마르크화의 높은 가치는 타 유럽국의 화폐절하로 이어졌다. 이러한 트렌드는 1990년 독일통일로 인해 더욱 심화되었고 이는 곧 조지 소로스를 위시한 국제헤지펀드들이 유럽을 외환위기로 손쉽게 몰아넣는 원인이 되었다.

2) 1995년 역플라자합의와 엔화환율

역플라자합의 이전엔 '플라자합의'가 있었다. 1985년 9월 22일 미국 뉴욕 플라자호텔에 모인 선진 5개국(G5) 재무장관과 중앙은행 총재들은 20분 만에 달러화 약세 유도를 한다는 데 합의했다. 달러 가치를 내리고 엔화 가치를 높인다는 게 플라자합의의 뼈대였다. 달러 강세로 무역수지 적자에 허덕이는 미국이 일본을 압박해 내놓은 합의였다.

달러에 견준 엔화 가치는 곧바로 강세로 반전했다. 일본의 수출은 급속도로 위축됐으며, 달러 표시 대외자산은 반 토막이 났다. 일본 정부는 엔강세에 따르는 불황을 막기 위해 저금리 정책을 썼고 결국 부동산 투기와 거품을 양상하는 바람에 '잃어버린 20년'을 맞게 되었다.

플라자합의는 강만수 전 기획재정부 장관이 “환율은 주권”이라며, 이명박 정부 초기 고환율(원화약세) 정책을 편 배경이 되기도 했다. 하지만 2008년 상반기 고환율 정책은 물가폭등으로 이어져 한동안 서민들은 시름을 앓았다.

역플라자합의는 1995년 4월18일 도쿄 외환시장에서 엔-달러 환율 80엔이 무너지자 다음달 세계경제 안정을 위해 선진 7개국(G7)이 달러가치 부양을 목적으로 합의를 한 것이다. 배경은 이렇습니다. 미국은 플라자 합의로 달러 약세 기조를 유지하면 경상적자가 어느 정도 해소될 것으로 기대했다. 그러나 계속된 달러 약세에도 경상적자가 줄어들지 않자, 미국은 단기적으로 경상수지 균형이라는 목표를 포기해 버린다. 대신 자본수지 흑자를 통해 경상수지 적자를 보전하는 정책으로 돌아서 약한 달러에서 강한 달러로 정책을 변경하게 된다. 역플라자합의의 후폭풍은 만만치 않았다. 타이를 시작으로 인도네시아, 필리핀, 우리나라 등 아시아 국가들의 외환위기를 불러오는 직접적인 계기가 됐기 때문이다.

3) 1990년대 유럽과 아시아의 외환위기

1990년대 글로벌 외환위기와 슈퍼달러시대		
구 분	1990년대 상반기 유럽 외환위기	1990년대 하반기 아시아 외환위기
1990년대 글로벌 외환위기	• 1990년 10/3. 독일 통일 → 동독지역 대대적 투자 ⇒ 마르크화 동독 유동성 확대와 독일 인플레이션 ⇒ 금리인상으로 초고금리 정책 • 1992년 독일 초고금리정책으로 ※ 마르크화 매수(강세) → 파운드화 매도(약세) ⇒ 조지 소로스 등 국제헤지펀드 파운드화 공격 • 1993. 7~8. 프랑스, 벨기에, 덴마크 등 환율 급등 • 1994. 2 ~ 95. 2. 미국 Fed 연방기금금리 인상 ⇒ 1994. 12. 멕시코 외환위기(IMF 구제금융 신청) • 1995년부터 US달러 초강세(슈퍼달러시대 도래)	• 미국은 보호무역주의로 지속성장 → US달러 강세 • 유럽은 외환위기 탈출하며 회복기로 진입 • 일본은 엔/달러 환율 급락(강세)으로 침체기 진입 • 중·남미는 환율 급등(약세)으로 줄줄이 외환위기 • 1997년 7월 1일 홍콩 반환과 중국의 경기 둔화 ⇒ 홍콩달러 약세 vs US달러 강세 • 동남아시아 환율 급등으로 줄줄이 외환위기 태국 → 인도네시아 → 말레이시아 → 필리핀 → 한국 등 • 1998년 러시아 모라토리움(지불유예) 선언
2010년대 글로벌 외환위기와 슈퍼달러시대		
구 분	2010년대 상반기 유로존 재정위기	2010년대 하반기 신흥국 유동성위기
2010년대 글로벌 외환위기	• 2006년 美 부동산 버블과 2008년 국제금융위기 • 2011~13년 유로존 재정위기 PIIGS(포르투갈, 아일랜드, 이탈리아, 그리스, 스페인) • 우크라이나 2010년부터 IMF 구제금융 신청 • 2011년 4/8월 국제금융투기자본의 달러 매수 • 美 2014년 Tapering(QE 단계적 축소) • 2014년 Tapering과 중국 경기 둔화 → 유가 폭락 • 2015년 12월 미국 Fed의 첫 금리인상	• 2016년 4월 아프리카 앙골라 IMF 구제금융 신청 • 2016. 7. 중·남미 푸에르토리코 미국에 구제금융 요청 • 2016년 12월 Fed 금리인상 & 2017~18년 금리인상 • US달러 3차 상승(강세)기 도래 ⇒ 위안/달러 환율 급등(달러캐리트레이드 자금 이탈) • 2017년 중국 GDP 성장률 반등 & 위안화 강세 • 2018년 중국 GDP 성장률 하락 & 위안화 약세 전환 • 2019~20년 중국의 경기 침체와 아시아 유동성 위기

1985년 플라자합의를 기점으로 달러는 약세장을 형성했고 이것을 유지하기위해 미국은 보호무역주의라는 고삐를 느슨하게 쥐었다. 그동안 일본은 착실히 버블을 쌓아가고 있었고 그 외의 나라들도 성장을 계속할 수 있었다. 1990년대는 미국이 다시 고삐를 말아 쥔 시기이다. 유럽과 아시아 경제가 휘청이며 미국의 달러가 독주하던 시기였던 1990년대에는 구제투기자본이 어떤 식으로 투기를 성공해냈는지 살펴보자.

1990년 서독과 동독은 통일되어 하나의 독일이 되었다. 서로 다른 체제를 갖고 있던 두 지역이 합병했으니 당연히 많은 문제가 발생할 수밖에 없었다. 여러 경제적 문제를 해결하기 위해서 당시 훨씬 더 강한 경제력을 갖고 있던 서독은 마르크화를 계속해서 찍어냈다. 화폐를 많이 발행하니 당연히 인플레이션이 발생한다. 독일의 경제전문가들은 시중의 화폐를 빨아들이기 위한 대책으로써 금리인상을 연거푸 반복했다. 독일은 결국 주변 유럽국들 보다 훨씬 높은 금리를 유지하게 되었다. 하다못해 일반 사람들도 은행의 예금금리가 높아지면 더 많은 돈을 예금하게 된다. 당연히 독일로 자금이 유입되니 주변 유럽국들은 자금 유출을 겪게 되고 당시 유럽 각국의 환율이 불안정했다. 국제헤지펀드들은 이들의 위기를 이용해 투기를 시도했다. 이후 영국의 검은9월이라고 불리는 사건이 바로 그 시작이다.

1992년 조지소로스를 필두로 국제헤지펀드들은 마르크화를 매집하고 파운드화를 공격적으로 투매했다. 이들의 자금규모가 얼마나 막대했는지 영국의 중앙은행은 환율을 방어해내지 못했고 이들의 공격으로 영국 경제는 혼란에 빠지게 된다. 이들은 영국을 공격하며 얻은 환차익으로 약 1조 원의 이익을 얻었다고 전해진다. 국제헤지펀드들이 시작한 환율전쟁은 여기서 멈추지 않았다. 1992년~1993년에 걸쳐 프랑스, 스웨덴까지 환율 방어에 실패하며 투기자본은 유럽경제를 휩쓰는 데 성공하였다.

독자들이 주목해야할 것은 1985년 플라자합의로 절상된 마르크화의 가치, 그리고 1990년 독일통일로 인해 발생한 독일의 공격적인 금리인상이 투기자본의 승리를 위해 훌륭한 밑거름이 되었다는 사실이다. 앞서 미국이 재정적자를 트집잡아 강제로 독일의 마르크화의 가치를 올리고, '말실수'에 의해 갑작스럽게 통일된 독일이 금리인상을 하지 않았다면, 투기자본은 유럽경제를 떠받치는 강국들의 화폐를 상대로 쉽사리 완승을 거두기 어려웠을 것이다. 이렇듯 사건은 개별적으로 존재하는 것이 아니라 일련의 사건들이 서로 긴밀히 연결되어 있음을 명심해야 투기자본의 자금흐름을 예상할 수 있다.

II

미국&한국 증시 50년사

II. 미국과 한국 증시 50년사

1. 미국 증시 50년사

레이건 대통령의 재임 시절인 1980년대는 미국 경제가 고공성장하던 때로 미국인들에게는 참 좋았던 시절로 기억되고 있다. 대공황 이후 힘들었던 미국 경제는 서서히 회복과 성장을 이뤄냈고 1970년대 석유파동과 냉전시대를 거쳐 1980년대 레이건 대통령의 취임과 함께 호황의 시기를 맞이하게 된다. 레이건 대통령의 경제 정책은 레이거노믹스(Reaganomics)라고 불리며 미국에 큰 영향을 끼쳤다. 레이건 대통령은 경제를 회복시켜 실업률 문제를 해소하고 미국의 국력을 높이기 위해 작은 정부를 표방한 신자유주의 경제 정책을 펼쳤다.

★ 미국 증시 50년사와 미국 다우존스 산업지수

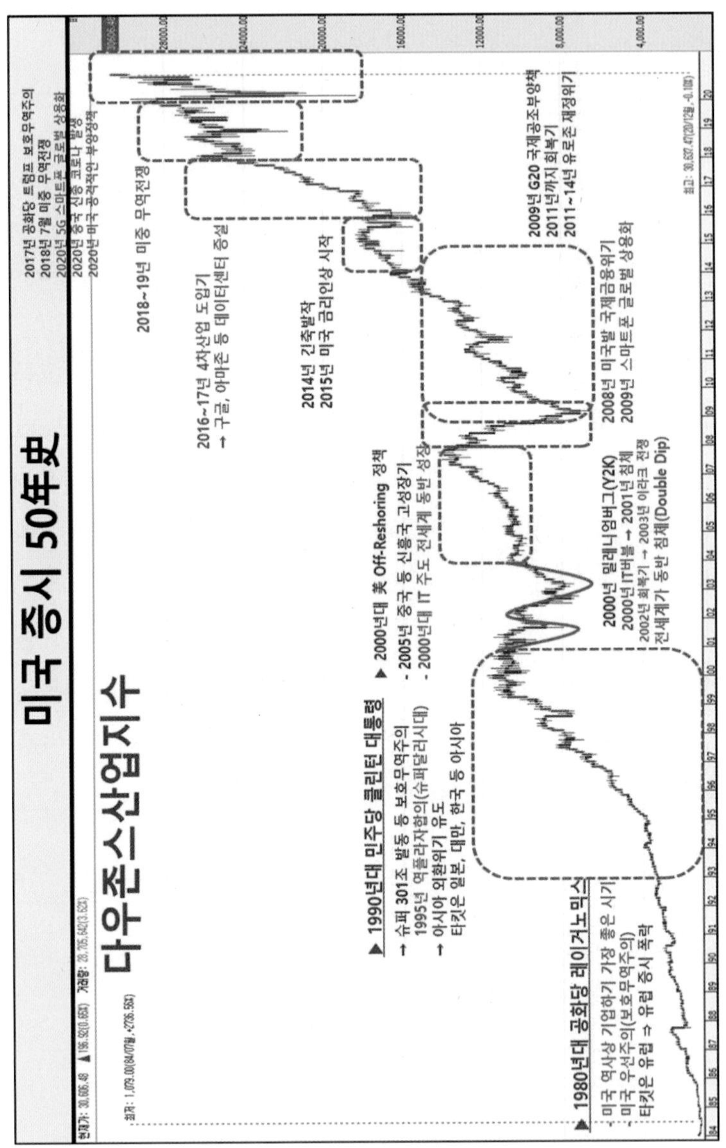

기업이 투자를 늘려 생산성을 올리면 고용 창출과 소득 증대가 이뤄진다고 외치며 규제를 완화하고 세금을 인하하는 등 정부 지원과 지출을 줄였다. 그 결과 12%대까지 치솟았던 물가상승률은 4%대로 줄어들었고 실업률도 11%대에서 5%까지 줄었다. 이렇게 어느 정도의 성과는 거두게 되지만 결과적으로 레이거노믹스는 미국 정부에 엄청난 부담을 안겼다. 1980년대 당시는 냉전의 절정기로 국방비 지출이 막대했는데 이런 상황에서 레이거노믹스의 핵심인 감세 정책으로 재정적자가 큰 폭으로 늘어난 것이다. 1980년대 말에 이르자 미국 정부의 재정적자와 경상수지 적자는 눈덩이처럼 누적되었고 금융시장도 다시 과열 조짐을 보이기 시작했다.

이후 1995년 4월에는 일본 경제를 살리기 위한 '역(逆)플라자 합의' 이후 달러 강세를 용인하는 '루빈 독트린' 시대가 전개됐다. 루빈 독트린이란 당시 로버트 루빈 미국 재무장관이 달러 강세가 자국의 국익에 부합된다는 인식을 바탕으로 전개됐던 슈퍼 달러 시대를 말한다. 루빈 독트린으로 엔·달러 환율은 달러당 79엔에서 148엔까지 급등했다. 미국 경제도 견실했다. 빌 클린턴 정부 출범 이후 수확체증의 법칙이 적용되는 정보기술(IT)이 주력산업으로 부상하면서 '신경제(New Economy) 신화'를 낳았다. 경제 위상도 높았다. 그 결과 '외자 유입→자산 가격 상승→부(富)의 효과→추가 성장' 선순환 고리가 형성되면서 세계대전 이후 최장의 호황기를 누렸다.

이 과정에서 신흥국은 대규모 자금이탈에 시달렸다. 1994년 중남미 외채위기, 1997년 아시아 외환위기, 1998년 러시아 국가채무 불이행 사태까지 이어지는 신흥국 위기가 잇달아 발생(일명 그린스펀·루빈 쇼크)했다. 미국도 슈퍼 달러의 부작용을 버티지 못하고 2000년 이후에는 'IT 버블 붕괴'라는 위기 상황을 맞았다. IT버블 붕괴와 아프칸, 이라크 전쟁 이후로 미국정부는 경제를 활성화시키기 위해 저금리 정책을 펼쳤다.

이로 인해 대출이 늘고 주택가격이 급상승했는데, 주택 가격의 인상속도가 이자율보다 높아지자 사람들은 "대출을 못 갚는 일이 있더라도 담보인 주택을 팔면 돈을 벌 수 있겠다"라고 생각하게 됐고, 은행들도 돈을 갚을 능력이 부족한 신용불량자에 가까운 사람들까지 대출을 해줘서 집을 살 수 있게 만들어줬다. 하지만 집을 구매할 사람이 줄어들고, 그 결과 집값은 폭락했다. 집으로 대출을 갚을 수 없게 되자 서브프라임 대출을 받은 많은 사람들이 파산을 했고, 이를 시작으로 달러화 가치와 미국 경제까지 한순간에 몰락했다.

이후 2008년 금융위기가 발생하자 미국 연방준비제도(Fed)는 초저금리를 유지하면서 통화를 풀었는데, 미국의 양적완화 추진 시에는 매달 850억 달러 규모를 시장에 공급하였다. 그러나 테이퍼링의 시작으로 2013년 12월 750달러, 2014년 1월 650억 달러로 그 규모가 줄어들었다. 미국이 테이퍼링 정책을 펼치게 된 데는 실업률이 낮아지고 제조업 지표가 개선되는 등 경제가 점차 회복세를 보이는 상황에서 통화를 과도하게 공급할 경우 물가 상승으로 이어 질수 있기 때문이었다. 그러나 테이퍼링으로 신흥국으로 이탈했던 달러캐리트레이드 자금이 미국으로 역류하면서 터키, 아르헨티나 등 신흥국은 투자자금의 급격한 유출로 통화가치가 급락하면서 위기를 겪었다.

구체적으로 달러화의 가치가 크게 상승했고 신흥국의 주가와 채권 가격이 폭락한 것이다. 이후 실제 테이퍼링이 시행된 이후에도 신흥국 시장의 변동성은 높아졌는데, 이러한 현상이 2014년 발생한 "테이퍼 탠트럼(Taper tantrum)" 즉 테이퍼링으로 인해 발작을 일으켰다는 뜻에서 테이퍼 탠트럼, 긴축 발작이다. 이후 2015년 미국 금리 인상을 시작으로 글로벌 위기 이후 7년간 지속된 미국의 제로금리 시대가 막을 내렸다.

2. 한국 증시 50년사

★ 한국 증시 50년사와 한국 종합주가지수

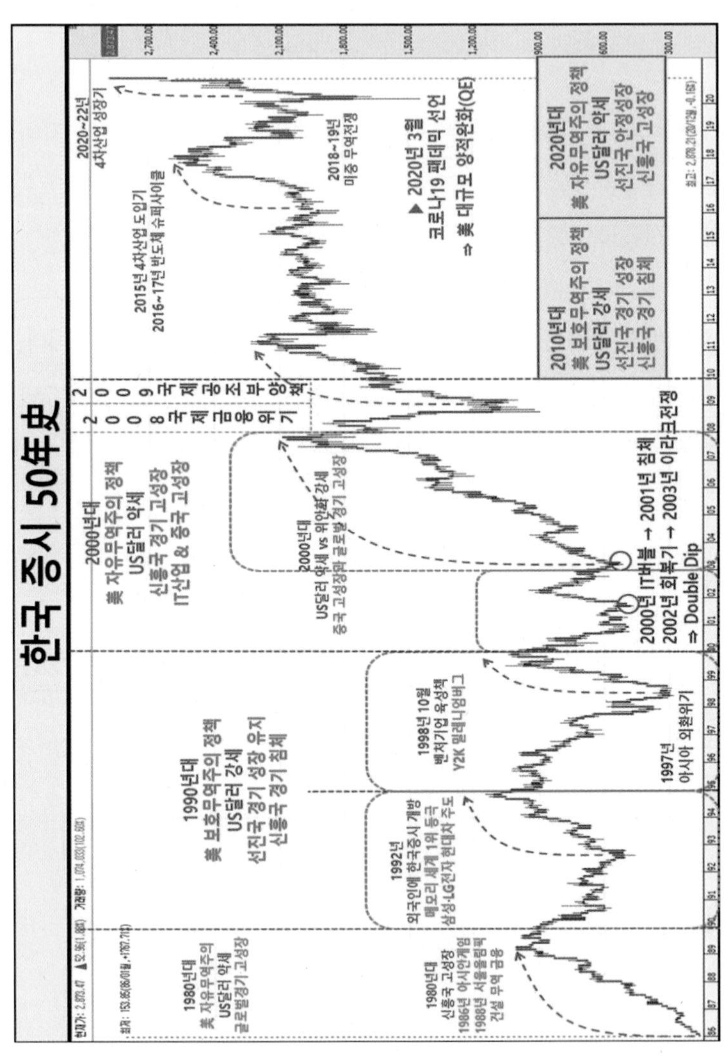

한국증시 50년사를 살펴보기 위해서는 1980년대 트로이카 시대부터 살펴볼 필요가 있다. 1980년대 중반 한국은 저금리, 저달러, 저유가로 '3저 호황'을 맞았다. 이를 계기로 유동성 랠리가 펼쳐졌다. 주가 상승은 개인이 주도했다. 외국인이 한국 주식을 자유롭게 거래하지 못하던 시절이었다.

1985년 말 종합주가지수는 163.37이었다. 이때부터 급등하기 시작해 1986년 말 272.61을 찍었다. 1989년 말 909.72까지 치솟았다. 4년간 상승률은 525%. 개인 투자자 수는 1985년 말 75만 4363명에서 1989년 말 1896만 8277명으로 25배 급증했다. 1980년대는 화려한 증시 랠리가 있었다. 1980년대 랠리(경기나 기업의 실적이 좋지 않은데 시중의 자금이 주식 시장으로 몰리면서 주가가 상승하는 일)때는 은행, 증권, 건설 등 트로이카주가 상승을 이끌었다. 1985년부터 1989년 초까지 종합주가지수가 6~7배 상승하였으니 다른 수식어가 필요 없을 정도로 엄청난 강세장이 펼쳐졌다. 1985년 플라자 합의로 엔화가 초강세로 기울면서 원화 약세 속에 한국 수출에 모멘텀이 발생하였고 70년대 중후반과 80년 초에 비하여 매우 낮아진 저유가, 저금리가 엮이면서 3저 시대 호황 그리고 86년 서울 아시안게임 88년 서울 올림픽 속에 소위 트로이카주라 불리던 은행, 무역, 건설업종의 질주 속에 주가는 당연한 듯 계속 상승하였다. 트로이카 주는 비교적 장기간에 걸쳐 상승세를 이끄는 금융·건설·무역 관련 선도 3개 업종의 주식을 일컫는 증권용어이다. 1980년대 증시를 주도했던 금융(은행, 증권), 건설, 무역 관련

업종 주식을 나타낸다. 이 가운데 어느 하나가 강세를 보이면 다른 두 업종의 동반 강세를 보이는 경향이 있기 때문에 주가의 상승, 하강 곡선이 거의 비슷하게 나타난다. 트로이카주는 1980년대 말 시장을 주도했고 1990년대 말부터는 IT 관련 주식에 주도주 자리를 내주었다. 즉, 트로이카주의 의미를 보면 비교적 장기간에 걸쳐 상승세를 이끄는 주식을 의미한다. 처음 시작이 금융, 건설, 무역이었다면 지금은 IT 관련주 등 시대에 따라 다양하게 주식의 범위를 넓혀가고 있다.

하지만 1989년 중반부터 하락한 주가는 90년초 주가지수 30% 수준의 하락을 만들면서 시장에서 "깡통계좌"문제가 본격적으로 제기되기 시작한다. 80년대에는 신용융자 계좌가 단기 주가 하락으로 증거금이 부족해지더라도 조금 버티면 다시 상승하다보니 관행적으로 깡통계좌를 고객 관리차원에서라도 묵인하였다. 85년부터 89년 초까지 4년여 강세장이 지속되다보니 타성처럼 쌓인 관행이었던 것이다. 90년대 후반과 2000년 초반도 주식시장에서는 격동의 시절이 아닐 수 없었다. 특히 97~98년 찾아온 IMF사태는 대한민국 전체를 뒤흔들었다. 경제, 사회, 가정 모두에 악영향을 미쳤을 뿐만 아니라 주식시장도 대 폭락장을 피할 수 없었다. 94년에 1145p에 있었던 주가지수가 1998년 277p까지 1/4 수준으로 하락하였으니 개별 종목에서는 상장폐지와 파산은 IMF사태 속에 셀 수 없이 연이어졌고 당시 투자자들은 심각한 투자 손실을 겪게 된다. IMF 직후 한국증시는 단숨에 주가지수 1000p까지 상승한다. 단 1년 만에 주가지수

277p에서 1000p까지 4배 상승한 것이다. 당시 명예퇴직 분위기 속에 퇴직금을 받고 퇴사한 중장년들 중 상당수가 주식시장에 뛰어들었다. 단 1년 만에 주가지수가 4배 뛰었으니 분위기는 증시로 뛰어들지 않으면 안 될 분위기였다. 그리고 99년 증시 분위기는 하반기로 들어가면서 코스닥 랠리로 이어지게 된다. 그리고 1999년 바이코리아 열풍 속에 1차 펀드붐도 불면서 전국민적인 주식투자, 증권투자 분위기가 형성된다. 하지만 이후 2000년 IT버블이 붕괴되면서 심각한 투자 손실을 경험하게 된다. 코스닥지수가 2000년에 1/5토막이 났고, 1년 만에 IMF 사태 급의 상황이 증시에서 벌어진 것이다.

이후 2003년부터 2007년까지 글로벌 증시 강세 속에 한국증시는 500p에서 2000p까지 4배 상승하였다. IMF 당시 발생한 경제적 충격은 점점 사라지고 있었고 가계들은 살아나는 경제 분위기 속에 돈이 점점 증가하고 있었다. 하지만 불과 수년전 2000년 IT버블 붕괴를 겪고 IMF당시 증시 폭락을 경험하였기에 주식시장에서 오히려 상승장 초기 오히려 발을 빼는 분위기였다. 다만, 2003년 이후 투자자들 사이에서 인기를 키워가던 적립식 펀드를 중심으로 한 공모펀드들의 수익률이 높아지고 있다 보니 직접투자보다는 간접투자 쪽으로 자금이 이동하기 시작한다. 그리고 온기가 지속되던 증시는 2005년 폭등장을 만들면서 불꽃을 일으켰고 2차 펀드붐의 조짐을 만들게 된다. 하지만 이런 강세장은 2008년 금융위기가 찾아오면서 일순간에 무너져 내리고 말았다. BRICs(브라질, 러시아, 인도, 차이나)에 투자하던 펀드들은 반토막 수준을 넘어 2000년 코스닥 폭락장 충격을 경험하였고, 직접투자를 하던 상당수 투자자들은 2008년에 심각한 손실을 경험할 수밖에 없었다. 이후 2010년대 들어 미국의 금리 불안과 보호무역주의 등으로 인한 증시 조정이 이루어졌고, 이는 세계적인 현상이었지만, 한국 증시는 주요 신흥국에 비해서도 좋지 않은 흐름을 보였다. 이는 국제적 위험자산 선호 경향이 이어지는 가운데 신흥국의 높은 성장세가 주목을 받는 반면, 한국은 선진국 금리나 증시 변동에 큰 영향을 받으면서도 신흥국만큼의 성장에 대한 기대를 받지 못한 탓으로 분석되었다.

이후 바이든 시대가 열리고 트럼프 대통령이 재임하는 기간 동안 발생했던 그리고 최근 코로나19의 확산에 따라 나타난 경기둔화에서 벗어나기 위한 정책이 우선되고 있다. 여기에 계층 간의 불평등 해소가 나타나고 있는 만큼 균형을 맞출 수 있는 재정 및 조세 정책이 추진될 것으로 보인다. 여기에 통상적인 측면에서 본다면 중국과의 관계 역시 변하게 될 것이다. 전반적으로 자국우선주의보다는 자유무역주의로 통상전략이 수정될 것이다. 하지만 미국과 중국 간의 갈등이 한 번에 해소되기는 어려울 것으로 예상하며, 현재보다는 조금 완화된 정책이 나타날 것으로 보인다. 다만 미국 제품에 대한 우선순위는 여전히 이어질 것으로 보이는 만큼 이는 국내 산업계에도 영향을 미칠 수밖에 없을 것이다

3. 미국 & 한국 증시 50년사

90년 초 단계적으로 외국인에게 자본시장이 개방되는 것을 시작으로, 90년대 후반 IMF 사태를 거치면서 외국인에게 자본시장이 전면 개방되면서 한국증시와 미국증시의 상관계수는 급격히 높아졌다. 그런데 이러한 한국과 미국 증시간의 상관관계가 항상 같은 값을 보인 것은 아니다. 즉 과거 2000년 IT 버블붕괴와 2008년 금융위기 때에는 한국증시가 크게 상승한 이후였기에 낙폭이 크게 발생하였다. 그러나 2010년 이후 10년, 미국증시와 한국증시는 전혀 다른 세상 속 증시처럼 서로 엇갈렸다. 특히 지난 2011년 유럽위기 이후 미국증시가 한국 증시가보다 월등히 높은 상승률을 만들었다. 실제로 2010년 이후 최근까지 미국증시의 상률은 한국증시 상승률에 비해 30배 가까운 상승률을 기록하였다. 하지만 한국증시는 오랜 횡보장으로 극저평가 영역에 들어와 있다는 점이다. 특히 2020년 팬데믹 선언 이후 다른 행보를 보여준다.

★ 미국 다우존스 산업지수와 한국 종합주가지수

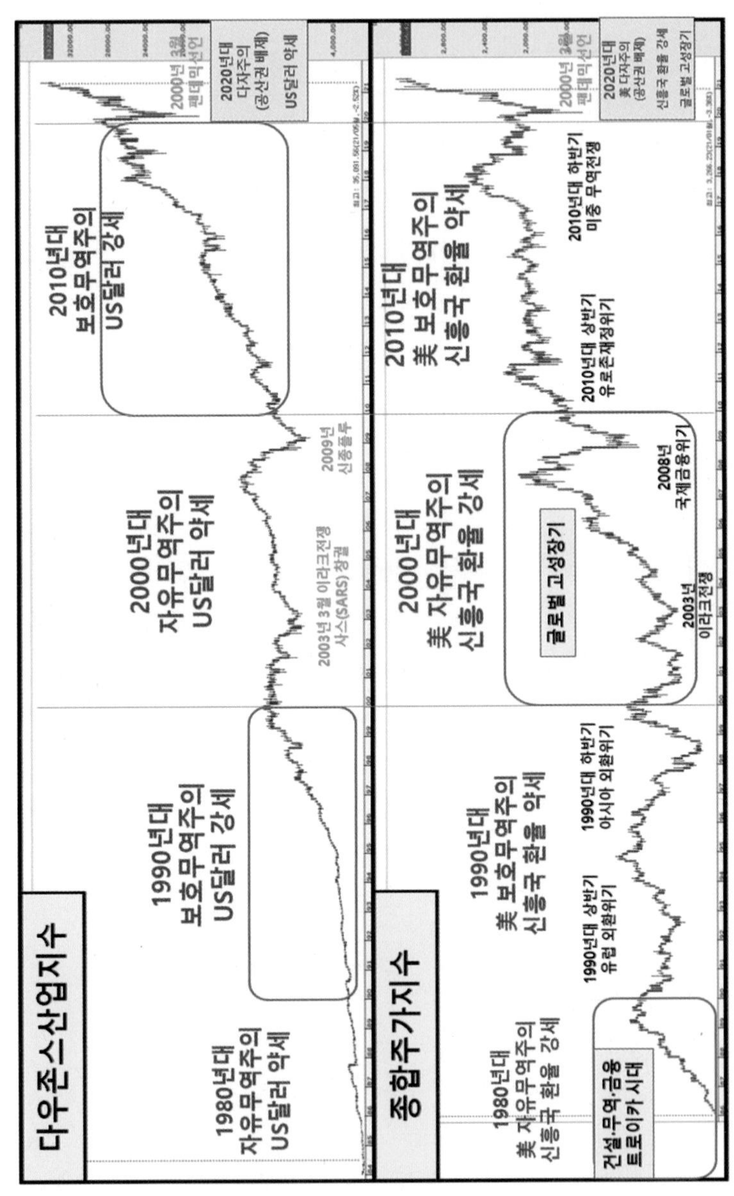

신종 코로나바이러스 감염증(코로나19) 확산에 세계 증시가 폭락하자 세계보건기구(WHO)가 팬데믹을 선언했다. 이 같은 발표에 뉴욕 3대 주가지수는 일제히 하락했다. 국내 역시 기업분석 전문 한국CXO연구소에 따르면, 코로나19 첫 확진자가 발생한 시점 대비 WHO가 팬데믹을 선언한 2021년 3월 12일 기준 52일 새 국내 주요 상장사 100곳의 주가는 평균 20% 넘게 하락하고, 시가총액도 174조원 감소했다. 또 20개 업종 중 7곳은 평균 25% 이상 주가가 큰 폭으로 하락한 것으로 나타났다. 그러나 국내 개인 투자자들(개미)이 몰려들면서 외국인 순매도 행렬을 상쇄하는 순매수가 연일 이어졌다. 이들의 매수세에 힘입어 3~4월 불과 1400~1800선이었던 코스피 지수는 그해 5월 26일을 기점으로 2000선을 넘었다. 이윽고 하반기에도 다시 한 번 매수세가 이어지며 지난 24일 코스피는 2800선을 돌파했다.

향후 이 같은 현상은 4차 산업이 독주하고 있는 현 상황에서 더욱 심해질 것이다. 신종 코로나바이러스 감염증(코로나19) 충격에서 회복 중인 증시에 반도체와 전기자동차 관련주 쏠림 현상이 심화하고 있다. 이들 종목을 앞세운 4차 산업혁명 관련주가 독주하면서 시가총액 상위권의 판도를 흔들고 있다. 한국거래소에 따르면 전기차용 배터리를 내세운 LG화학은 현대자동차를 제치고 유가증권시장 시총 5위(종가 기준·우선주 제외) 자리에 올라섰다. 이전에 시총 20위권에서 맴돌던 또 다른 전기차 배터리 업체 삼성SDI도 이달 들어 삼성물산 포스코 등을 제치고 8위로 뛰었다.

4차 산업혁명 관련주의 독주는 한국 시장만의 현상은 아니다.

미국 증시에서 시가총액 상위 다섯 자리는 애플 마이크로소프트 알파벳 아마존 페이스북 등 4차 산업혁명 주도주들이 싹쓸이하고 있다. 이들 5대 종목이 미 증시에서 차지하는 비중은 2015년 11.7%에서 이달 현재 19.1%로 커졌다.

4차 산업혁명 주식 독주 시대다. 국내 증시에선 '전자산업의 쌀'로 불리는 반도체와 '전기자동차의 심장'인 2차전지주의 질주가 펼쳐지고 있다. 반도체 '빅2'인 삼성전자와 SK하이닉스를 합친 시가총액은 488조원에 달한다. 전체 1511조원인 유가증권시장 시총의 32%를 차지하고 있다. 10년 전 16%에서 두 배로 늘었다. 2차전지주인 삼성SDI는 1년 만에 시총이 6조원 넘게 불어났다. 시총 순위는 31위에서 8위로 뛰었다.

4차 산업혁명 관련주의 약진은 국제적인 추세다. 미국 증시에서 애플 마이크로소프트 알파벳 아마존 페이스북 등 4차 산업혁명 관련 5대 종목이 증시에서 차지하는 비중은 20%에 달한다. 독일 증시에서도 클라우드 소프트웨어(SW) 시장에서 주가를 올리고 있는 SAP의 시총 비중이 2015년 8.5%에서 올 들어 12.3%로 불어났다. 대만 증시에선 파운드리(반도체 수탁생산) 시장에서 삼성전자와 양강체제를 구축한 TSMC의 시총 비중이 24.5%로 커졌다.

앞으로 4차산업 시대에서 미국증시와 한국증시의 연동성은 과거에 비해서 매우 떨어질 것이다. 따라서 미국증시와 연동되는 부분보다 한국증시 자체의 부분을 더 비중 있게 바라볼 필요가 있다.

III

한미 증시 50년사 주요 이슈

Ⅲ. 한미 증시 50년사 주요 이슈

1. 조지프 슘페터의 파동이론

조지프 슘페터의 글로벌 경기 순환 사이클 오스트리아 출신의 미국 이론 경제학자, 케인즈와 더불어 20세기 전반의 대표적 경제학자		
구분 / 기간	파동이론	순환 Cycle
장기	콘트라티예프 파동 대순환 사이클	50~60년 1970년대 석유(금) 파동 2000년대 원유(금) 등 원자재 파동
중기	쥬글라 파동 주순환 사이클(Major Cycle)	10년 ▶ 2000년대 : 중국 주도의 글로벌 고성장기 ▶ 2020년대 : 中·印 주도의 글로벌 고성장기
단기	키친 파동 소순환 사이클	약 40개월(불규칙) ▶ 1990년대 상반기 : 유럽 외환위기 ▶ 1990년대 하반기 : 아시아 외환위기 ▶ 2010년대 상반기 : 유로존 재정위기 ▶ 2010년대 하반기 : 미중 무역전쟁
※ 영국의 통계학자 조지프 키친의 1923년 논문에서 발췌된 내용 국제투기자본의 자금은 7~11년 단위로 이동했다.		

2019년 말 중국 우한에서 시작된 것으로 알려진 코로나19 팬데믹으로 세계경제는 1930년대 미국에서 시작된 세계대공황 이후 역대급 불경기에 직면하고 있다. 미국의 주가 폭락과 실업률 폭등은 그 전조 증세를 보여주고도 남는다. 코로나19 사태에 따른 경기악화가 대공황 때만큼 장기화할 것인지에 대해선 의문부호를 붙일 만하다. 그래도 단기적 충격만큼은 대공황 시절에

필적한다.

자본주의 체제 아래서 경기가 호황기(여름)→후퇴기(가을)→침체기(겨울)→회복기(봄)의 사이클(파동)을 그린다는 것은 상식에 가깝다. 하지만 그 파동이 얼마 단위로 반복되느냐에 대해선 지금까지도 이론(異論)이 분분하다.

경기순환을 최초로 발견한 이는 프랑스 통계학자 클레망 쥐글라(1819~1905)였다. 그는 19세기 프랑스, 영국, 미국의 가격과 이자율, 중앙은행 잔고 등의 시계열 자료를 비교 분석해 7~11년 단위로 경기순환이 일어났음을 1862년 논문으로 발표했다. 쥐글라의 영어식 발음을 딴 '주글라 파동'의 발견이었다. 영국 사업가이자 통계학자인 조지프 키친(1861~1932)은 1923년 그보다 짧은 단기순환을 발견했다. 미국과 영국의 어음 교환액, 도매물가, 이자율 변동 분석을 토대로 대략 40개월(3년 6개월) 주기의 경기순환(키친 파동)이 존재한다고 본 것이다. 그로부터 2년 뒤인 1925년 뜻밖의 장소에서 뜻밖의 이론이 발표된다. 공산혁명을 계기로 자본주의체제에서 이탈한 소련의 경제학자가 자본주의 체제에서는 45~60년의 장주기 경기순환이 존재한다고 주장하고 나선 것이다. 그 주인공은 1917년 2월 혁명 이후 들어선 알렉산드르 케렌스키 정부에서 스물다섯 나이에 식량공급부 부장관에 기용된 사회주의 경제학자 니콜라이 콘트라티에프(1892~1938)였다.

그는 10월 혁명(볼셰비키 혁명)으로 며칠 만에 부장관직에서

물러나야 했지만 레닌 집권기 경기(景気)연구소 소장을 지내면서 소련의 경제파탄을 막기 위해 신경제정책(NEP)을 입안할 만큼 역량을 인정받은 경제학자였다. 1925년 그가 발표한 '주요 경제 파동'이라는 책은 그 명성을 서구권까지 확장했다. 그는 이 책에서 1780년대부터 1920년까지 영국, 프랑스, 미국에서 약 50년을 주기로 한 장기 파동 2.5개의 통계적 증거를 제시했다. 이와 함께 자본주의 체제에서는 대규모 경기침체가 필연적이지만 그것 역시 회복기를 거치면 다시금 활력을 되찾을 것이라고 예측했다. 이는 의미심장한 연구였다.

마르크스의 변증법적 유물론에 따르면 자본주의는 자체 모순에 의해 필연적으로 붕괴돼야 한다. 3년 6개월짜리 키친 파동이나 10년짜리 주글라 파동은 그런 도도한 흐름 속의 잔물결에 지나지 않는다. 하지만 그것이 50년 넘는 파동이라면 다른 이야기가 된다. 콘트라티에프를 부활시킨 이는 마르크스 경제학으로부터 자본주의의 역동적 생명력을 구원하고자 했던 오스트리아 출신 미국 경제학자 조지프 슘페터(1883~1950)였다.

슘페터는 콘트라티에프가 숨지고 1년 뒤인 1939년 발표한 '경기순환론'에서 키친 파동, 주글라 파동, 콘트라티에프 파동의 '3위 일체 이론'에 해당하는 야심 찬 이론을 구축해낸다. 1929년 대공황은 이 3가지 사이클이 동시에 밑바닥을 그리는 순간에 발생했다는 것이다.

슘페터는 3개 파동 가운데 콘트라티에프 파동을 가장 중시했다. 콘트라티에프 자신은 콘트라티에프 파동을 추동하는 원인을 분석하지 못하고 숨졌다. 반면 슘페터는 그 파동의 원인을 산업혁명(1771), 철도·증기기관(1829), 철강·전기(1875), 석유·자동차(1908) 등 경제 전체는 물론, 사회구조까지 변화시킨 기술 혁신에서 찾았다. 이는 경제발전 동력을 노동 착취나 자본의 이득이 아니라 기업가의 혁신(이노베이션)에서 찾았던 자신의 '경제발전 이론'(1912)을 자본주의 체제 전체로 확장한 것이었다.

★ 1971년 닉슨쇼크와 달러인덱스

2. 1971년 닉슨 쇼크(미국의 디폴트선언)

1971년 8월 15일 일어났던 닉슨 쇼크는 화폐를 금과 교환할 수 있는 금본위제도를 일시적으로 정지시킨 일을 말한다. 그 당시에는 금과 교환할 수 있는 화폐는 달러밖에 없었기 때문에, 금본위제도로 지지되어왔던 브레튼우즈 체제가 끝났다.

제2차 세계대전 이후 미국은 초강대국이 되었고, 그에 따라 브레튼우즈 협약을 승전국들과 맺는데, 그 내용은 달러가 세계의 기축통화가 될 것이며, 35달러가 금 1온스와 동급의 가치를 지닌 것으로 합의했다. 이 말은 미국이 금을 많이 가지고 있으면 그만큼 달러를 찍어낼 수 있다는 것이었다. 그러나 미국은 1960년대 이스라엘과 아랍의 중동전쟁 개입과 베트남 전쟁 그리고 소련과의 냉전으로 인해 보유하고 있는 금 따윈 신경 쓰지 않고 마구 달러를 찍어내기 시작한다. 그러자 영국을 비롯한 세계 각국은 단단히 열을 받았고, 미국 중앙은행 격인 연방준비제도(Fed)에게 자국이 보유하고 있는 달러를 금으로 바꾸어 달라고 요구하기 시작했다.

1971년 8월 13일 닉슨 미국 대통령은 16명의 관료들과 비밀리에 모여 회의를 진행하였고, 이후 8월 15일 특보를 통해 이제 미국이 더 이상 달러를 금으로 바꾸어주지 않겠다고 선언했다.

너무나도 갑작스럽게 일어난 일이라서, 이후 세계경제도 이로 인해서 혼란을 겪었다. 전 세계의 물가와 원유의 가격이 급격하게 상승했고, 이에 따라 경제 성장률이 하락하게 된다. 수출로 먹고 사는 대한민국도 당연히 영향을 받았는데, 1971년 3분기 11.3%였던 경제성장률이 같은 해 4분기에는 6%, 1972년 1분기 5.3%까지 하락하는 등 영향을 크게 받았다고 전해진다.

3. 1980년대 중국의 고성장과 한국 대만 일본의 고성장

★ 1980년대 한국 종합주가지수

미국은 1970년대 초 '핑퐁 외교'와 헨리 키신저의 '비밀 외교'를 통해 중국의 '죽(竹)의 장막'을 열어젖혔다. 1971년 키신저

는 리처드 닉슨 대통령의 특사로 아시아 순방 중 파키스탄 대통령 전용기를 타고 극비리에 베이징을 방문, 20시간에 걸쳐 저우언라이(周恩来) 중국 총리와 비밀 회동을 가졌다. 이듬해인 1972년 2월 닉슨 대통령과 마오쩌둥(毛沢東) 주석 간의 최초 미·중 정상회담이 성사됐다. 그리고 1978년 12월 15일 양국은 1979년 1월 1일 국교를 맺는다는 내용의 공동성명을 발표했다. 중국도 마침내 덩샤오핑의 주도 하에 개혁·개방의 길로 본격 진입하게 된다.

1971년 키신저의 극비 중국 방문은 냉전 질서를 허문 데탕트 시대의 서막을 알리는 것이었다. 당시 '잠자던 거대한 용(竜)' 중국을 다른 국가들과의 무역과 투자를 통해 고립에서 벗어나게 하는 것이야말로 미국을 더 안전하게 할 것이라는 그의 믿음은 확고했다. 미·중 수교 이후 미국의 기업들은 인구 10억의 거대한 중국 시장으로 몰려갔다. 1989년 톈안먼(天安文) 유혈 사태에도 불구하고 양국 간 무역과 투자·교류는 지속적으로 늘어났다.

중국은 1978년 개혁개방을 시작한 이래 비약적으로 발전한 경제성과를 바탕으로 꾸준히 국제사회에서 영향력을 강화해왔다. 중국의 GDP는 1978~2017년 기간 동안 32배 증가했고, 같은 기간 연평균 9.6%의 고도성장을 기록했다. 미국 GDP 대비 중국 GDP의 비율도 경제개발 초기인 1980년 10.4%에서 2017년 62%로 6배 증가하며 미국 사회 내 중국위협론의 주된 근거가 되기도 했다. 2001년 12월 WTO 가입을 계기로 중국은 세계의 공장 역을 수행했고, 대외 상품무역 규모가 급증하며 세계 최대 규모의 무역흑자 및 외환보유고를 달성했다. 중국은 개혁개방

40년의 성과로 얻은 경제적 과실을 국방예산 증가, 전략무기 확보, 방산 분야 R&D 투입, 인민해방군의 조직개편(전투력 · 효율성 제고) 등 전반적인 국방력 강화를 위해 적극 투자했고, 이러한 노력은 최근 가시적 성과를 나타내기 시작했다.

★ 1978년 중국 개혁·개방 이후의 GDP 성장률 추이

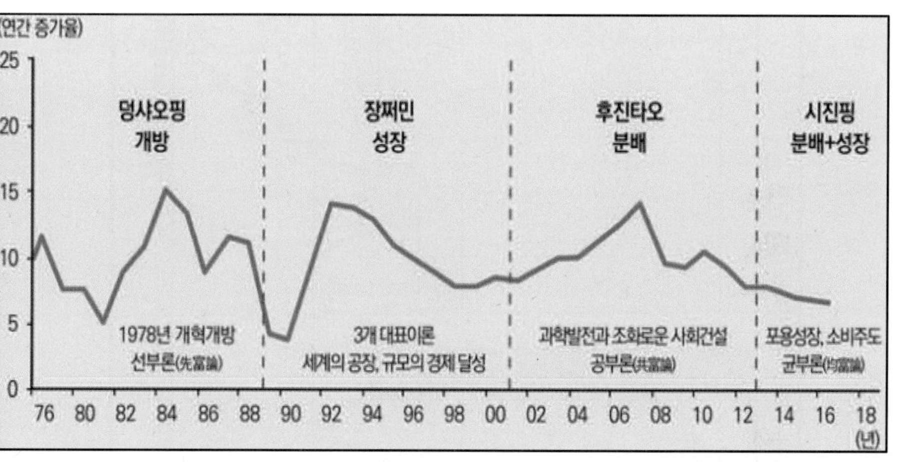

중국과 함께 일본·대만·싱가포르·홍콩 등 다른 동아시아 국가들도 이 시기에 비약적인 성과를 거둔다. 일본은 우리나라보다 더 높은 수준의 경제를 달성했고, 대만은 중소기업 위주의 경제와 높은 복지 수준을 달성했다. 싱가포르는 정치에선 일당 독재 형태에 가깝지만 소득수준과 생활수준이 높고 부패도 적다. 동아시아 국가들이 비슷한 성장 궤적을 그리며 질주하기 시작한 것이다.

4. 1985년 프라자합의

★ 플라자합의와 엔화환율

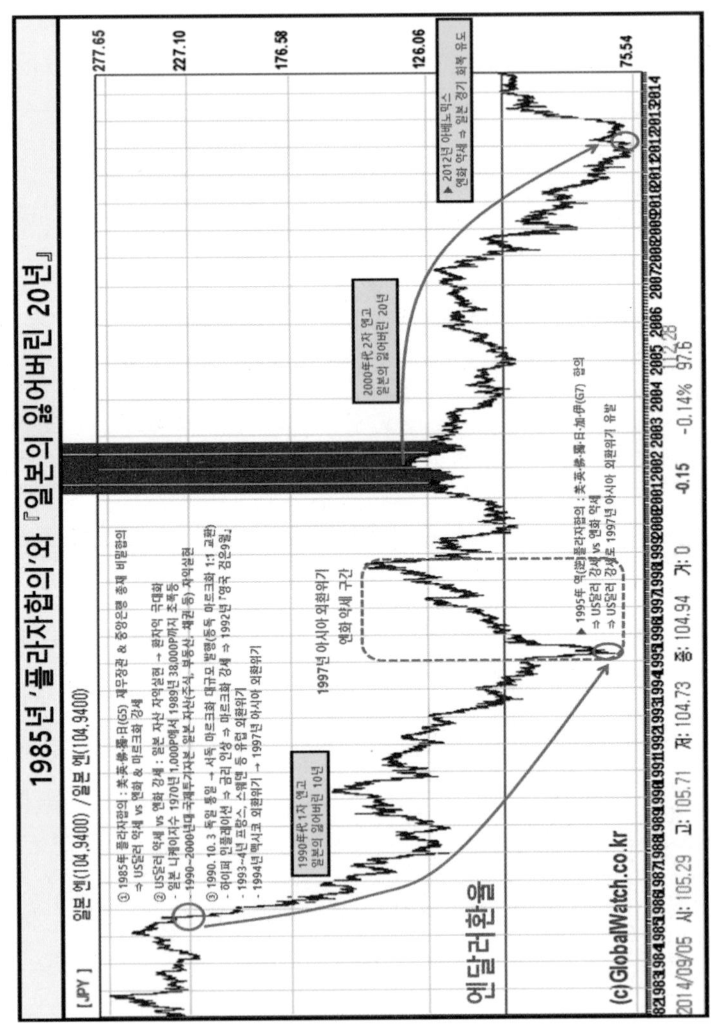

★ 일본 니케이지수와 韓美日 부동산지수

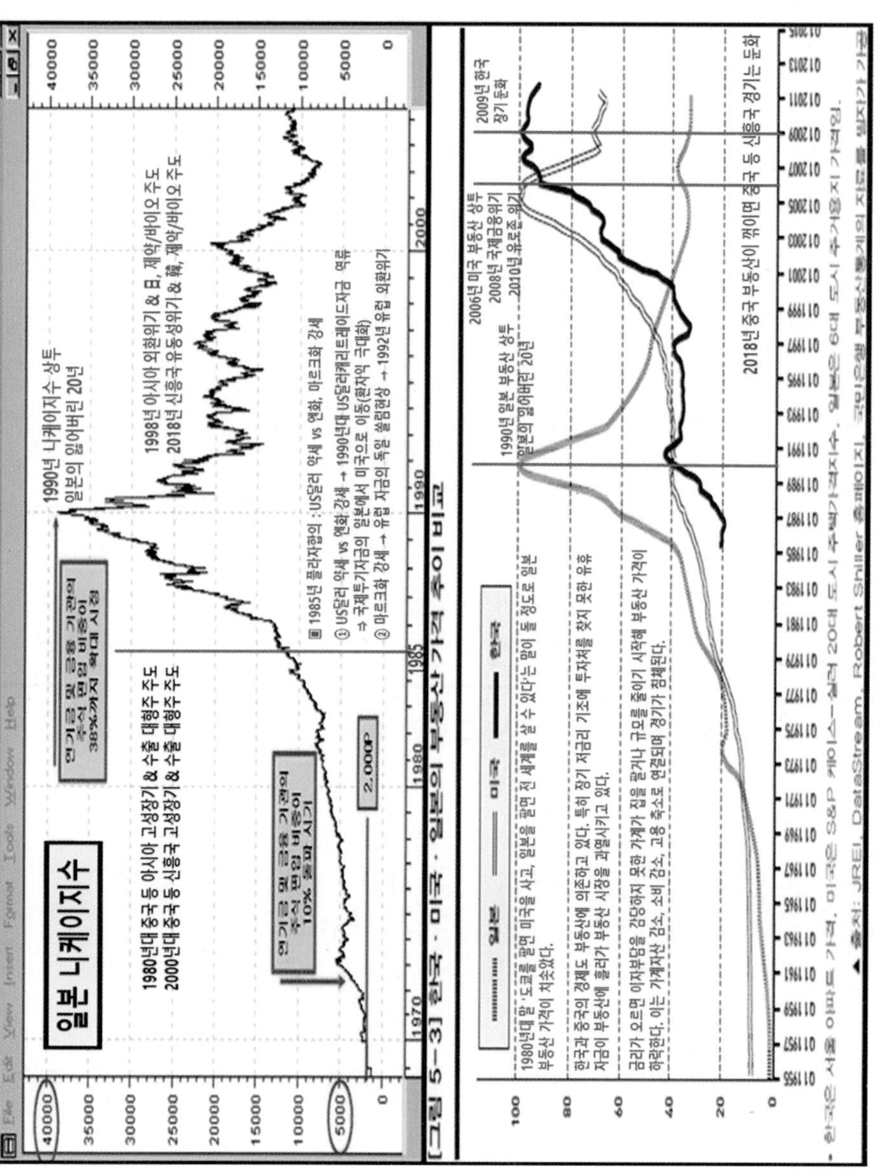

일본 니케이지수
1980년대 중국 등 아시아 고성장기 & 수출 대형주 주도
2000년대 중국 등 신흥국 고성장기 & 수출 대형주 주도
연기금 및 금융 기관의 주식 편입 비중이 10% 돌파 시기
연기금 및 금융 기관의 주식 편입 비중이 38%까지 확대 시점
2,000P
1990년 니케이지수 상투
일본의 잃어버린 20년
1998년 아시아 외환위기 & 日, 제약/바이오 주도
2018년 신흥국 유동성위기 & 韓, 제약/바이오 주도
1985년 플라자합의 : US달러 약세 vs 엔화, 마르크화 강세
① US달러 약세 vs 엔화 강세 → 1990년대 US달러캐리트레이드자금 역류
⇒ 국제투기자금이 일본에서 미국으로 이동(환차익 극대화)
② 마르크화 강세 → 유럽 자금의 독일 쏠림현상 → 1992년 유럽 외환위기
[그림 5-3] 한국 · 미국 · 일본의 부동산 가격 추이 비교
일본
미국
한국
1980년대 말, 도쿄를 팔면 미국을 사고, 일본을 팔면 전 세계를 살 수 있다는 말이 돌 정도로 일본 부동산 가격이 치솟았다.
한국과 중국의 경제도 부동산에 의존하고 있다. 특히 장기 저금리 기조에 투자처를 찾지 못한 유휴 자금이 부동산에 흘러가 부동산 시장을 과열시키고 있다.
금리가 오르면 이자부담을 감당하지 못한 가계가 집을 팔거나 규모를 줄이기 시작해 부동산 가격이 하락한다. 이는 가계자산 감소, 소비 감소, 고용 축소로 연결되며 경기가 침체된다.
1990년 일본 부동산 상투
일본의 잃어버린 20년
2006년 미국 부동산 상투
2008년 국제금융위기
2010년 유로존 위기
2009년 한국 장기 둔화
2018년 중국 부동산이 꺾이면 중국 등 신흥국 경기는 둔화

플라자합의는 1985년 미국, 영국, 독일, 일본, 프랑스 등 주요 5개국(G5)이 뉴욕플라자 호텔에서 달러 약세를 유도하기 위해 엔화와 마르크화의 평가절상을 유도한 합의를 의미한다.

미국은 1980년대초 레이건 행정부가 들어서면서 개인 소득세를 대폭 삭감하고 재정지출을 유지하면서 대규모 재정적자를 발생시켰다. 이런 정책은 대규모 무역수지 적자를 야기하며 특히 일본 적자는 1985년 429억달러로 엄청나게 커졌다.

또한 미국의 고금리에 의해 미국으로의 자본유입이 중지되지 않는 상황에서 달러강세 기조가 계속된다. 재정적자 및 무역적자의 확대를 더 이상 견딜 수 없게 된 미국은 달러화의 가치 상승이 세계경제가 직면하고 있는 여러 문제점의 하나라고 지적하면서, 일본 엔화와 독일 마르크화의 평가절상을 유도해서 달러 강세 현상을 시정해 줄 것을 요청한다.

플라자 합의 이후 즉시 엔화절상 효과가 나타난다. 플라자 합의 채택 이후 독일 마르크화는 1주일 만에 달러화 대비 7%, 엔화는 8.3%가 즉시 올랐으며 장기적으로 2년간 엔화와 마르크화는 달러 대비 각각 65%, 57%가량 절상되었다.

그 당시만 해도 실시간으로 환율이 바뀌는 변동환율제도가 아니었기 때문에 이런 정부의 정책도 효과를 본 셈이다.

해당 조치는 표면적으로는 달러화 절상에 따른 미국의 대외불균형을 해소하기 위한 노력이었으나 이는 일본의 경제적 부상을 억제하기 위한 미국의 직접적 견제였다는 해석도 있다.

실제로 플라자합의로 일본은 2000년대까지 잃어버린 20년을 겪어야 했다. 1985년에는 미 행정부의 보호주의적 조치가 증가했고, 일본의 경제적 부상을 우려하는 목소리가 있었다.

이는 지금과 유사한 부문이라고 이야기한다. 다만 일본이 중국으로 대체됐을 뿐이다.

5. 1992년 영국의 검은9월

- 조지 소로스 등 국제헤지펀드의 파운드화 공격

★ 1992년 유럽의 외환위기와 1997년 한국외환위기

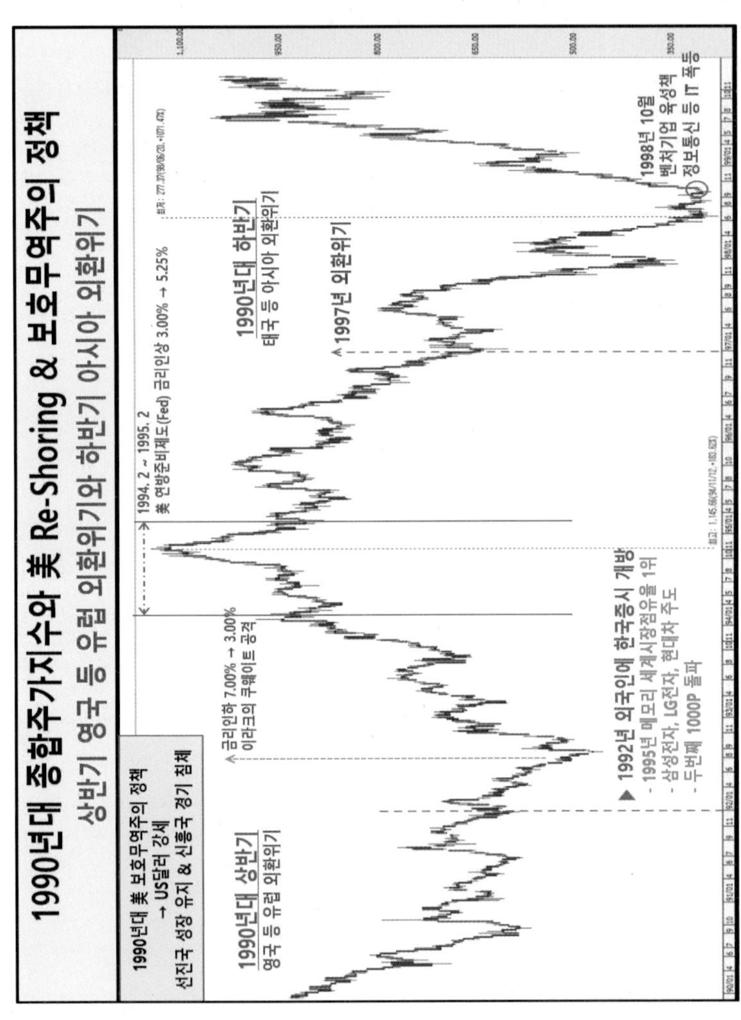

1992년 9월 16일 수요일은 '검은 수요일'로 불린다. 이는 퀀텀 펀드의 대규모 파운드 투매로 인해 영국이 유럽 환율 메커니즘(ERM)을 탈퇴한 사건이다.

영국은 1990년 10월 8일 유럽 환율 메커니즘(ERM)에 가입하였다. 협약에 따라 독일 마르크화의 +-6% 수준에 영국 파운드 환율을 맞춰야만 했다. 이 수준을 벗어나게 될 경우, 중앙은행들이 개입하여 변동폭을 맞춰야했다.

1990년 10월 3일 독일이 재통일이 되면서 독일 정부는 통일비용으로 마르크화를 대규모 공급했고, 독일연방은행은 초인플레이션을 억제하기 위해 초고금리정책을 취해 경제를 안정시키고자 했다.

마르크화의 초고금리정책으로 마르크화가 고평가됨에 따라 유럽 환율 메커니즘(ERM)에 가입되어있는 국가들은 협약에 따른 변동폭을 유지하기 위해 금리를 올렸고, 이는 실업률 증가와 경기 불황으로 이어지는 결과를 초래했다.

1992년 9월 8일 핀란드가 독일 마르크화와의 연동제를 폐기했고, 스웨덴은 화폐 가치 유지를 위해 단기금리를 500% 인상했다. 금리를 인상할 수 없었던 이탈리아 리라화와 스페인의 페세타는 대폭락을 겪게 된다. 영국은 내부사정이 좋지 않음에도, 배신행위를 할 수 없다며 환율 하락을 방어하겠다고 선언했다.

1992년 9월 15일, 독일 연방은행 총재가 독일 마르크화 고

평가에 대해 언급한 것을 이후로, 퀀텀 펀드의 조지 소로스가 100억 달러를 동원하여 영국 파운드화 투매를 시작했고 다른 헤지펀드들도 파운드 투매에 동참하기 시작했다. 환율은 하한선까지 떨어지게 되었고, 잉글랜드 은행이 외화보유고를 동원해 환율 방어를 시도했다.

두 번의 이자율 상승에도 환율 하락이 지속되자 영국은 방어를 포기하고, 1992년 9월 16일자로 유럽환율 메커니즘을 탈퇴했다.

6. 1997년 7월 1일 홍콩의 중국 반환

영국은 청나라와의 무역 불균형에 대처하기 위해 다량의 인도산 아편을 중국에 팔았다. 마약 문제에 직면한 당시 청나라 관리들은 아편 무역을 중단시키기 위해 훨씬 더 공격적인 행동을 취했다. 당시 도광제는 아편을 합법화하고 과세하자는 제안을 거절했고, 1839년에는 판무관 임칙서에게 아편 무역을 근절하라 지시하였다. 임칙서는 아편 창고를 파괴하고 아편과 관련된 모든 해외 무역을 중단시켰고, 대영제국군은 이에 대응하여 제1차 아편 전쟁을 일으켰다. 청은 전쟁 초기에 패배를 인정했고 촨비 협정에서 홍콩 섬을 양도했다. 그러나 협정을 맺은 양국은 내용에 만족하지 않았으며, 결과적으로 협정을 비준하지 않았다. 1년이 넘는 적대 분위기 이후, 홍콩 섬은 1842년 8월 29일 난징 조약에 따라 당시 대영 제국에 정식으로 양도되었다.

홍콩은 1950년대에 아시아의 네 마리 용 중 가장 먼저 산업화되었다. 인구가 급증함에 따라 홍콩 식민정부는 사회 기반 시설과 공공 서비스를 개선하기 위한 개혁을 시작했다. 공공 임대주택 사업, ICAC 그리고 홍콩 지하철은 모두 안전한 주거, 공정한 행정 서비스 그리고 보다 안정적인 교통수단을 제공하기 위해 전후 수십 년간 진행되었다.

당시 홍콩의 제조 경쟁력은 증가하는 노동력과 부동산 가격으로 인해 점차 감소했으나, 서비스 산업 중심의 경제로 성공적으로 전환했다. 1990년대 초 홍콩은 세계적인 금융 중심지이자 해상 운송 중심지로 자리 잡았다.

홍콩의 지위에 대해 영국은 1979년 중화인민공화국과의 외교협상에 돌입하였고, 마침내 1984년에 홍콩 반환 협정을 체결했다. 영국은 1997년에 홍콩의 전체 식민지를 중화인민공화국에 이양하기로 합의했고 중국 공산당은 홍콩의 경제적, 정치적 시스템을 반환 후 50년 동안 보장할 것을 약속했다.

그러나 홍콩 이양에 임박했던 당시 홍콩 국민들은 민권, 법치주의, 그리고 삶의 질 등이 침해될 것을 우려, 당시 홍콩 내의 대규모 이민을 일으켰다.

1987년부터 1996년까지 총 50만명 이상의 사람들이 이주기간의 절정기 동안 홍콩을 떠났다. 홍콩은 1997년 7월 1일 자정을 기점으로 이양되었고, 156년의 영국 통치가 종료되었다.

7. 1997년 아시아 외환위기

- 4월 태국을 시작으로 7월 인도네시아, 말레이시아 그리고 필리핀, 한국 등

1997년 초부터 영국은 홍콩의 통치를 종료하고 중국으로 반환하는 정책을 추진했다. 홍콩 자본가들은 홍콩이 중국으로 편입되면 자산을 몰 수 당할 것을 우려해 홍콩자산(홍콩달러)을 매도하고 US달러(미국자산)를 확보하였고 다수의 자본가들은 홍콩을 떠났다. 이 과정에서 홍콩달러는 약세로 US달러는 강세로 움직였다.

미국은 1994년~5년 공격적인 금리인상으로 US달러의 강세를 유도했고 홍콩의 중국 반환은 US달러 강세에 기름을 붓는 꼴이 되어 1997년 아시아 외환위기로 이어진다.

1997년 4월 태국을 시작으로 인도네시아 말레이시아 필리핀 등 동남아시아에 몰아닥친 외환위기로 러시아까지 모라토리움을 선언하고, 우리나라도 예외 없이 IMF[국제통화기금]에 11월 21일 550억 달러 긴급구제금융을 신청하면서 길고 험난한 외환위기의 역사가 시작되었다. 우리나라 GDP 성장률은 1997년 5.9%에서 1998년 -5.5%로 폭락하고, 실업률도 3.2%에서 8.8%로 급증하였으며, 외환보유액은 305억달러에서 40억달러로 급감하였다. 국가신용등급은 무디스 기준 A3(7번째)에서 Ba1(11

번째)으로 4단계 급전직하 당했다.

대우 기아자동차 한보 한라 삼미 진로 대농 삼립식품 해태 쌍방울 뉴코아 한신공영 청구 극동건설 우성건설 등 굴지의 대기업들이 한 순간에 무너졌다. 44개나 되던 은행들이 현재 18개로 줄어드는 처절한 구조조정을 겪었다.

당시 발생한 실업자만도 130만 명이었다. 금융시장도 초토화되어 코스피 지수는 일순간에 역대 최저치인 280선까지 밀렸다. 원달러 환율은 840원에서 1997년 11월 10일 1000원선을 돌파하고 12월 23일 사상 최고치인 1995원까지 폭등했다. 기준금리도 15%로 대출금리는 20%를 넘어섰다.

외환위기의 주요 원인으로는 내부적으로 한국경제의 구조적인 취약성, 과도하고 급격한 대외개방, 외화단기차입금 급증, 대외적으로는 아시아 지역의 국제금융시장 불안정성 등이었다. 리더십과 정책 실패로 같은 해 연말에 있었던 대통령 선거에서 YS 정부는 DJ정부로 넘어갔다.

우리나라 거의 모든 시스템이 IMF 외환위기 전·후로 나뉠 정도로 혹독한 시련을 안긴 그리고 변화된 계기가 되었다. 2001년 8월 23일 구제금융을 전액 상환하면서 마침내 IMF 관리체제를 벗어났다.

8. 1998년 김대중 정부의 벤처기업 육성책

김대중은 대통령에 취임하자마자 일성으로 '지식기반 경제'와 '정보 대국'을 강조하고 나섰다. 그는 1998년 취임사에서 "세계는 지금 유형의 자원이 경제 발전의 요소였던 산업사회로부터 무형의 지식과 정보가 경제 발전의 원동력이 되는 지식정보 사회로 나아가고 있다"며 "세계에서 컴퓨터를 가장 잘 쓰는 나라를 만들어 정보 대국의 토대를 튼튼히 하겠다"고 선언한 바 있다. 하지만 'IT 강국의 초석을 닦은 대통령'이란 표현보다는 이른바 '벤처 공화국'이란 시각에서 김대중 정부를 다시 돌아보는 것이 더 정확할 수 있다.

벤처 시대는 DJ 취임과 동시에 도래했다. DJ는 취임하자마자 △향후 5년간 벤처기업 2만 개 창업 지원 △9천억원의 벤처 지원자금 마련 △창업 벤처기업에 3억원씩 지원 등 각종 벤처 육성정책을 쏟아냈다. 1998년 5월 '벤처산업 활성화를 위한 규제개혁 시안'을 내놓은 데 이어 그해 6월에는 재정경제부가 파격적인 '코스닥 활성화 방안'을 발표했다. 그리고 집권 초부터 막대한 벤처 지원자금이 뿌려졌다. '벤처기업 전도사'로 불리는 이장우 경북대 교수(경영학)는 "이미 김영삼 정권 말기에 코스닥 시장이 설립되고 벤처기업 육성 특별법이 제정되었다. 다만 벤처기업을 연구·개발한 YS는 이것이 대단한 정책인지 당시에 잘 몰랐던 반면, DJ는 실제로 생산과 마케팅을 주도한 격"이라며

“흥미롭게도 YS 정권의 차관급 이상 인물 중 DJ 정부 때도 계속 장·차관으로 살아남은 사람은 정해주 전 국무조정실장 등 벤처 정책을 주도해온 관료들이었다”고 말했다.

김대중 정부가 주도하는 벤처기업 육성 붐을 타고 벤처기업(2001년 기준)은 GDP의 3%(16조원), 총수출의 4%(56억달러), 총고용의 2%(34만 명)를 차지하는 등 급속히 성장했다. 벤처 창업도 봇물을 이뤘다. 벤처기업 수는 중소기업청이 벤처기업 인증 업무를 시작한 1998년 2042개에서 2001년 말까지 한 달에 500여 개씩 폭발적으로 늘어났는데, 2001년 4월 1만 개를 돌파하면서 그 정점에 달했다.

9. 2000년 IT 버블과 2000년대 신흥국 고성장

★ 2,000년대 신흥국 고성장기와 한국 종합주가지수

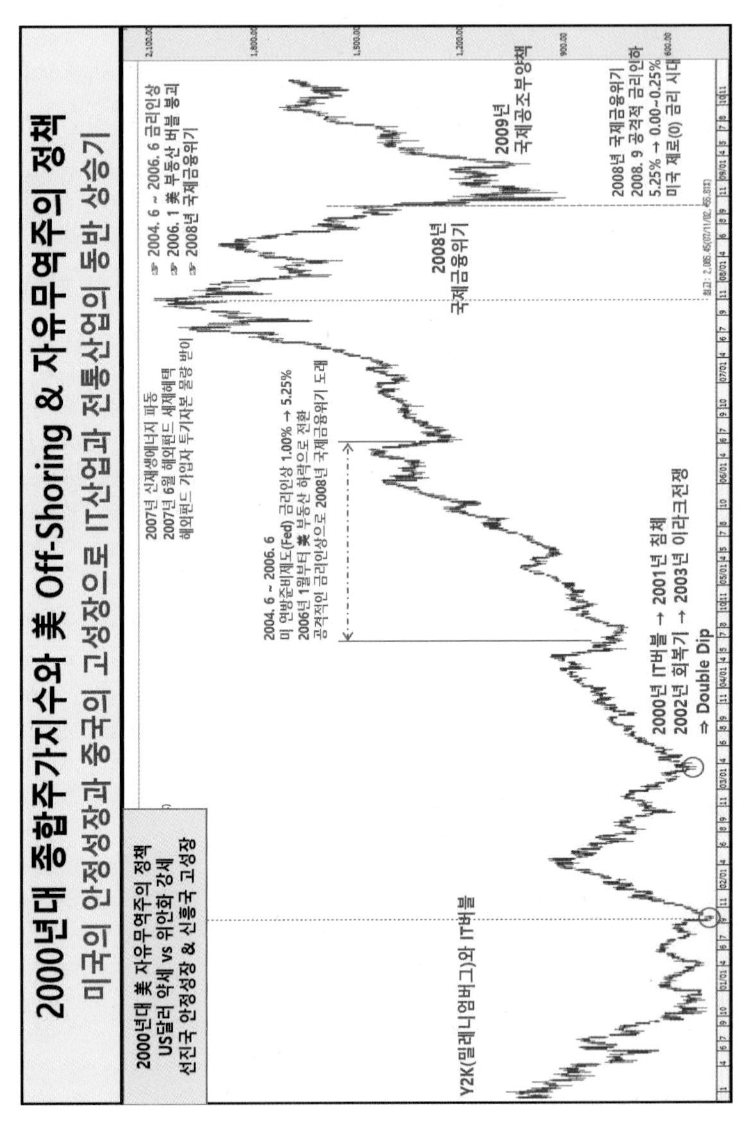

1990년대 말 정보통신(IT) 버블은 월가의 자산가치 개념을 근본적으로 바꾸어 놓았다. 첨단 기술주가 시장을 지배했던 이 시기 정보통신 기업의 주가는 기존의 논리로는 설명할 수 없었다. 이는 기업 가치 산정에 혼선을 가져왔고 2000년 3월 다우지수는 미 역사상 최고인 5000을 웃돌면서 '닷컴 버블'로 이어졌다.

그러나 두 달 뒤인 5월 주가는 곧바로 곤두박질쳤고 2001년 12월 미국 최대의 에너지 회사였던 엔론이 파산했다. 엔론이 복잡한 파생금융상품의 성격을 악용해 재무 부실을 숨겨온 게 드러난 것이었다. 통신회사 월드콤도 회계 조작으로 2002년 파산했고, 통신회사 글로벌크로싱은 닷컴 버블을 믿고 투자했다가 2003년 파산이라는 직격탄을 맞았다. 2005년 선물중개회사였던 레프코도 회계부정 등으로 파산했고, 금융보험사인 콘세코 역시 2002년 같은 처지를 맞았다.

퍼시픽가스·전기는 정부가 관련 분야에 대한 규제를 완화하면서 도매 에너지 비용 상승으로 2001년 파산했다.

10. 2003년 이라크 전쟁

– 미국의 이라크 침략과 이라크 남부 정유시설 차지

이라크 전쟁은 2003년 3월 20일부터 4월 14일까지 미국과 영국 등 연합군이 이라크를 상대로 벌인 전쟁이다.

2001년 9월 11일 미국대폭발테러사건(9·11테러사건)이 일어난 뒤 2002년 1월 미국은 북한·이라크·이란을 '악의 축'으로 규정하였다. 그 후 이라크의 대량살상무기(WMD)를 제거함으로써 자국민 보호와 세계평화에 이바지한다는 대외명분을 내세워 동맹국인 영국·오스트레일리아와 함께 2003년 3월 17일 48시간의 최후통첩을 보낸 뒤, 3월 20일 오전 5시 30분 바그다드 남동부 등에 미사일 폭격을 가함으로써 전쟁을 개시하였다. 작전명은 '이라크의 자유(Freedomof Iraq)'였다.

전쟁 개시와 함께 연합군은 이라크의 미사일기지와 포병기지·방공시설·정보통신망 등에 대해 3회에 걸쳐 공습을 감행하고, 3월 22일에는 이라크 남동부의 바스라를 장악하였다. 이어 바그다드를 공습하고 대통령궁과 통신센터 등을 집중적으로 파괴하였다. 4월 4일 바그다드로 진격해 사담후세인국제공항을 장악하고, 4월 7일에는 바그다드 중심가로 진입한 뒤, 이튿날 만수르 주거지역 안의 비밀벙커에 집중 포격을 감행하였다. 4월 9일 영국군이 바스라 임시지방행정부를 구성하고, 다음날 미국은 바그다드를 완전 장악하였다. 이로써 전면전은 막을 내리고, 4월 14일에는 미군이 이라크의 최후 보루이자 후세인의 고향인 북부 티크리트 중심부로 진입함으로써 발발 26일 만에 전쟁은 사실상 끝이 났다.

미국과 영국을 비롯하여 동원된 병력은 총 30만 명이며, 이 가운데 12만 5000여 명이 이라크 영토에서 직접 작전에 참가하였다. 인명피해는 미군 117명, 영국군 30명이 전사하고, 400여 명이 부상당하였다. 또 종군기자 10명 외에 민간인 1,253명 이상이 죽고, 부상자만도 5,100여 명에 달했다. 그밖에 1만 3800여 명의 이라크군이 미군의 포로로 잡히고, 최소한 2,320명의 이라크군이 전사하였다.

일명 '전자전'으로 불릴 만큼 각종 첨단무기가 동원되었는데, 개량형 스마트폭탄(JDAM), 통신·컴퓨터·미사일 시스템을 마비시키는 전자기 펄스탄, 전선과 전력시설 기능을 마비시키는 소프트폭탄(CBU-94/B) 외에 지하벙커·동굴파괴폭탄(GBU-28/37), 열압력폭탄(BLU-118/B), 슈퍼폭탄(BLU-82), 무인정찰기 겸 공격기인 프레데터, 지상의 왕자로 불리는 개량형 M-1A2 에이브럼스전차, AC-130 특수전기 등이 그것이다.

미국의 우방국들이 전쟁을 지지한다는 성명을 발표했지만 전쟁을 반대하는 시위가 세계 곳곳에서 이어졌으며, 민간지역에 대한 오폭 등으로 인해 민간인 사상자가 늘어나면서 비난의 강도도 더욱 거세졌다. 게다가 미국의 실질적인 목적이 이라크의 자유보다는 ① 이라크의 원유 확보 ② 중동 지역에서 친미 블록 구축 ③ 미국의 경기 회복을 위한 돌파구 마련 ④ 중동 지역 정치구도 재편 등에 있다는 이유로 각국의 비난이 쏟아졌다.

11. 2005년 7월 22일 위안화 평가 절상

★ 2005년 위안화 평가절상과 위안화 추이

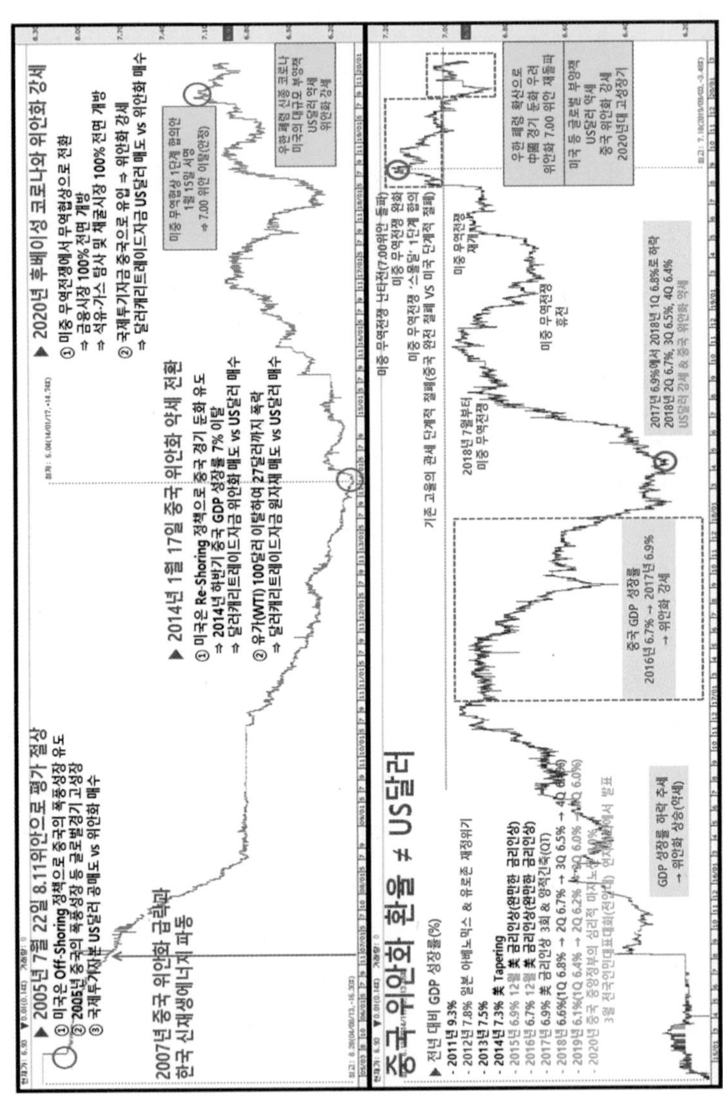

중국의 화폐인 위안화의 가치를 상대 나라의 화폐가치보다 높이는 것을 말하며, 위안화 환율 절상의 가장 중요한 대외요인은 미국의 대중국 무역적자와 이와 관련된 글로벌 불균형 문제이다.

2009년 미국의 전체 무역적자 규모가 감소했음에도 불구하고 대중 무역적자가 차지하는 비중은 급등하여 대중 무역 적자 축소의 필요성이 크게 증대되었다.

2008년 하반기 미국 무역적자는 크게 감소했으나, 대중 무역 적자 비중은 여전히 30% 이상을 차지하고 있으며, 2009년 1분기에는 41.4%를 기록했다.

IMF는 위안화가 20% 절상될 경우 미국의 성장률이 1%포인트 상승할 것으로 분석되었다. 따라서 미국은 경상수지 적자를 감소시키기 위해서 대폭적인 위안화의 평가절상을 지속적으로 요구했다.

오바마 대통령은 "미국 제품가격이 인상되고, 중국 등 무역 상대국의 제품가격은 인하됨에 따라 미국이 불이익을 당하지 않도록 환율문제를 해결할 것"이라고 언급한 바 있으며, 미 의회는 4월에 중국을 환율조작국으로 지정할 것으로 촉구했다. G20 차원에서도 지속적인 글로벌 경제성장을 위해서 글로벌 불균형의 해결 필요성을 제기했다. 글로벌 불균형의 해결과정에서 각국은 위안화 환율 문제를 직접적으로 제기하고 있지는 않으나, 환율정책의 유연성은 필요하다고 평가되고 있다.

12. 2008년 국제금융위기

- 미국 MBS(모기지담보부증권)발 국제금융위기

2008년, 금융위기는 세계 경제를 뒤흔들었다. 서브프라임 모기지 시장에 관한 문제로 시작된 금융위기는 전 세계적인 대규모 금융위기와 불황으로 발전하게 되었다. 대규모 긴급 구제 금융부터 그로 인한 경기 침체 과정까지 오면서, 많은 사람들은 믿어 왔던 세계은행 시스템의 안정성과 투명성에 대해 의문을 가지게 되었다.

대공황 이후 최악의 경제 참사로 불리는 2008년 금융위기는 세계 경제를 급속도로 황폐화시켰다. 이는 집값이 하락하고 실업률은 급격히 증가하는, 대침체로 불리는 경기 현상을 초래하게 되었다. 이 파급력이 엄청났고, 오늘날의 금융 시스템에도 영향을 미치고 있다.

미국에서만 800만 명 이상의 시민들이 일자리를 잃었고 약 250만 개의 사업이 망했으며, 2년도 채 안 되어 4백만 채에 가까운 집이 압류되었다. 식량 공급 불안정에서 소득 불평등에 이르기까지, 많은 사람들이 제도에 대한 믿음을 잃게 되었다.

비록, 2009년 공식적으로 경기 침체가 끝나게 되었지만, 금융위기 이후에도 많은 사람들이, 특히 미국이 기나긴 후유증을 겪고 있다. 실업률은 2009년에만 10%에 달했고, 2016년에 이르러서야 겨우 위기 이전 수준으로 회복하게 되었다.

경기 대침체의 원인에는 많은 요소들이 연관되어 있었다. 이른바 "퍼펙트 스톰"이 끓어오르고 있었고, 한계점에 이르는 순간, 금융 위기가 뒤따랐다. 금융 기관들은 고위험 대출(주로 주택담보대출)을 내주고 있었는데, 이는 결국 납세자들이 재정적으로 지원한 대규모 구제금융을 초래하게 되었다.

2008년 금융위기의 확실한 원인은 복잡하지만, 미국의 주택시장이 금융시스템에 균열을 노출시키게 되는 연쇄반응을 일으켰다. 또한 이는 미국과 유럽 경제에 치명적인 영향을 미친 리먼 브라더스 회사의 파산으로 이어졌으며. 결국, 이 사건은 대중들이 은행의 잠재적인 단점을 인식하는 계기가 되었다.

또한 세계 경제가 상호 연결되어있는 과정에 따라 전 세계에까지 심각한 혼란을 일으키게 되었다.

중요한 것은 2008년 금융위기가 우리에게 정책의 중요성을 상기시키고 있다는 점이다. 미국에서는 지금 주택 시장이 활발하게 달아오르고 있다.

미국은 주택 공급난이 심각한데 모기지 이자율이 2.5~3.5% 가량으로 낮아 주택 구매 수요가 폭발하고 있다고 한다. 미국의 1월은 주택 매매가 가장 부진했는데 2020년에 비해 14%가 뛰었고, 판매는 24%가 늘었다고 한다.

미국은 2022년 현재 코로나와 경제난으로 실업률이 늘었으며, 소규모 자영업체들은 대규모 폐업 위기에 처해 있다.

이런 상황에서 부동산 시장이 뜨겁게 달아오르고 있는 것은 2008년 서브프라임모기지 사태가 재연될지 모른다는 우려가 나오고 있다.

13. 2009년 3월 국제공조부양책

2008년 국제금융위기 이후 2009년 3월 미국과 중국을 중심으로 주요 20개국(G20)이 국제적으로 부양책이 진행되었다. 제2차 세계대전 이래 유례 없는 금융경제위기에 직면하면서 G20 정상들은 세계성장 회복을 위해 필요한 모든 행동을 취할 것을 약속하였다. 그 이전까지 G20 국가들이 취한 재정·통화 및 금융 부문의 정책적 대응은 전례가 없었다. 세계는 역사상 가장 큰 규모의 경기부양책을 실시했다. 주요 20개국(G20) 재무장관들과 중앙은행 총재들이 경제 회복이 확고해질 때까지 확장적 통화·재정 정책을 유지하기로 합의한 것이다.

이들은 특히 금리 인상이나 재정 긴축 같은 '출구전략(exit strategy)'의 시행은 시기상조라는 데 인식을 같이했다. 또 출구전략을 추진할 때는 '국제 공조'를 통해 하기로 했다.

이에 따라 세계 경제가 회복 조짐을 보이면서 독일·프랑스 등을 중심으로 제기돼온 출구전략 조기 시행론은 일단 수면 아래로 가라앉게 됐다. 1930년대 대공황과 90년대 일본의 장기불황 때 성급한 출구정책이 경제를 더 큰 침체에 빠뜨렸다는 점과 여전히 세계 경제에 불확실성이 많다는 판단에 따른 것이다.

14. 2011년 유로존 재정위기

★ 2010년대 상반기 유로존 재정위기

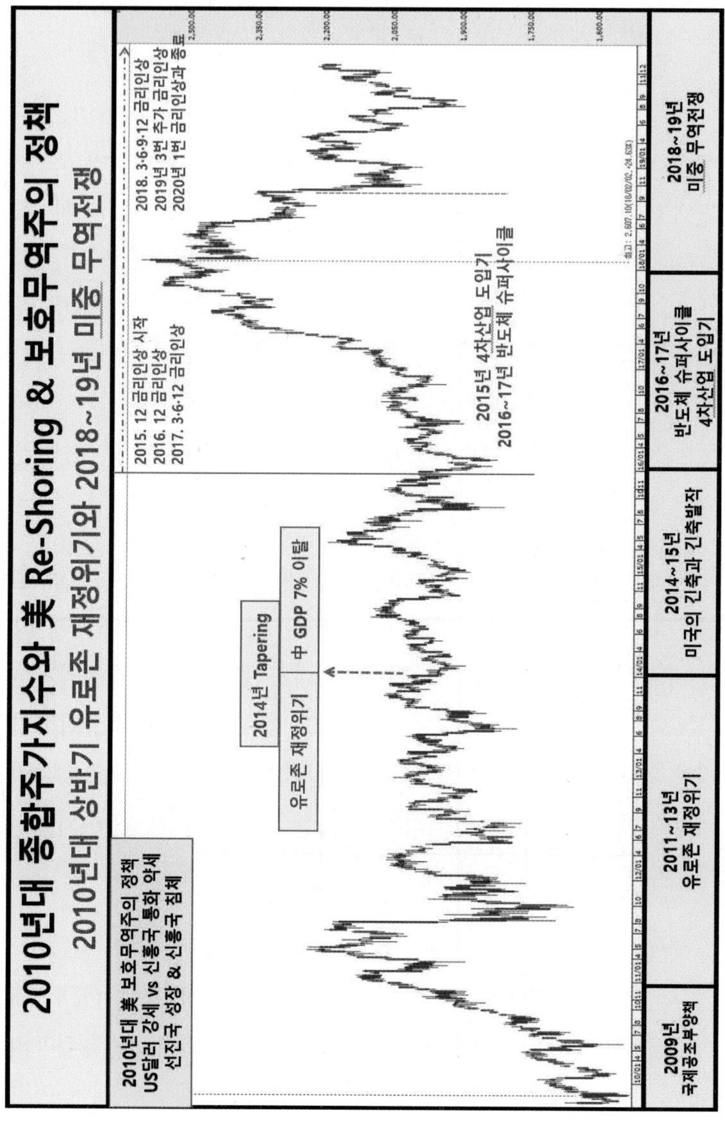

유럽의 재정위기는 2010년 초 그리스에 대한 구제금융 논의를 통해 처음으로 제기되었지만, 보다 근본적인 출발은 미국의 글로벌 금융위기에서 시작된 것으로 볼 수 있다. 유럽 재정위기는 그 추이에 따라 3개의 다소 다른 재정위기로 구분해 볼 수 있다.

첫째, 1차 재정위기는 그리스의 재정위기이다. 그리스 재정위기는 부족한 정부수입과 과도한 복지예산의 집행에서 비롯되었다. 그리스는 재정시스템의 노후, 납세자의 조세회피로 인한 지하경제 규모가 GDP의 25%를 넘는 부분이 재정수입을 감소시키고 있다. 이에 반해 연금이 GDP에서 차지하는 비율이 약 12%일 정도로 복지예산 집행은 지나치게 과도하다. 유럽 재정위기의 전개 과정 중에서 1차 재정위기는 2010년 그리스 구제금융을 전후한 기간으로 볼 수 있다. 그러나 그 여파가 그리스에만 한정되었다는 특징을 갖는다.

둘째, 그리스 구제금융 이후 유럽 재정위기는 조정국면을 보였으나 2010년 아일랜드와 포르투갈이 구제금융을 신청함에 따라 유럽 재정위기는 다시 부각되었다. 아일랜드의 재정위기는 부동산 버블의 붕괴에 따른 금융권의 부실과 이를 정상화하기 위한 공적자금의 투입이 결정적 원인이었다. 그리고 포르투갈의 재정위기는 무엇보다 만성적인 저성장으로 인한 세입과 세출의 불균형과 채무상환 능력의 감소가 주된 원인이었다.

셋째, 3차 재정위기는 2011년 이탈리아의 10년 만기 국채 금리가 급상승하면서 시작되었다. 이탈리아의 국가채무는 GDP 대비 120%로 총액 규모에 있어서 유럽 최대 규모였다. 이탈리아의 재정위기는 유로화 도입 이후 낮은 금리가 국가채무에 대한 이자

지급 비용을 낮춰 긴축을 통한 재정건전화의 동기를 약화시키면서 재정위기가 시작되었다고 볼 수 있다. 이러한 이탈리아의 재정위기는 단계를 거치면서 전체 유럽경제를 압박하였다.

유럽의 재정위기는 유럽통합이라는 구조적 원인과 더불어 2007년 발발한 미국 글로벌 금융위기라는 정세적 원인이 맞물려 발생한 위기이다.

유럽통합의 역사는 지금으로부터 60여 년 전으로 올라간다. 2차 세계대전 이후 재건 과정에서 프랑스와 독일의 갈등을 줄이고 전쟁을 예방하려고 한 미국의 의도에 따라 설립된 유럽석탄철강공동체(ESCS)가 유럽통합의 시초라 할 수 있다. ESCS 설립 이후 1960년대 후반 세계 자본주의의 구조적 위기 즉. 이윤율 하락으로 인한 세계 자본주의 위기와 브레턴우즈 체제의 해체 이후 환율변동으로 인해 경제적 영향이 확대되면서 안정적인 화폐공급과 금융에 대한 탈규제를 통해 위기를 관리하고자 하는 통화주의가 힘을 얻게 되면서 유럽화폐제도(EMC)가 도입되었다.

유럽연합의 출범은 신자유주의적 세계화를 유럽 차원에서 지역화 하는 구체적 지역 블록화의 과정이다. 1991년 소련의 해체 이후 세계적으로 냉전체제가 소멸되고 독일의 통일 이후 급격하게 유럽의 통합이 시작되었는데 결국 독일의 주도권을 인정한 1993년 마스트리히트 조약 체결 이후 유럽연합이 출범하였다.

유럽연합 출범 이후 곧 이어 작성된 유럽헌법 조약 초안은 유럽의 경제화폐동맹을 제도화 하는데 중점을 두었다. 유로존의 화폐동맹은 민족화폐를 공동통화로 대체하면서 통화주권을 포기하는 통화대체정책의 한 종류이다. 이러한 유로화 단일통화 체제는 국민국가 수준에서 경제 주권적 성격이 강한 조세제도, 재정지출 등이 단일화 되지 못함으로 인해 즉, 화폐동맹이 재정동맹으로까지 확장되지 못하면서 개별 국가 단위에서는 확장적 거시경제 수행이 불가피하게 되었고 이는 재정적자가 확대되는 구조를 만들었다.

다시 말해서 유럽연합은 유로라는 단일한 화폐를 공유하지만 재정을 공유하지 못함으로 인해 통일된 재정정책을 유로 차원에서 실행하지 못하는 구조적 한계를 가지게 되었다. 따라서 국가별 재정위기에 대한 유럽 차원의 단일한 대응 및 이를 조기에 수습할 구조를 가지지 못함으로 인해 유럽 재정위기의 확대에 구조적으로 일조하는 원인이 되었다.

한편, 2007년 미국 금융위기 직후인 2008년부터 유럽의 금융위기가 단계적으로 고조 되었다. 2008년 아일랜드에서 최초로 은행위기가 가시화 되었고 이후 영국 로던 록의 뱅크런 사태, 벨기에와 네덜란드 및 룩셈부르크 정부가 공동으로 소유한 포트리스의 파산, 독일의 히포레알 부동산 준 국유화 등이 발생하였다. 2011년 유럽은행 감독청이 실시한 스트레스 테스트를 높은 점수로 통과한 덱시아가 파산하면서 2007년 미국의 금융위기 직후인 2008년부터 유럽의 금융 위기가 단계적으로 고조되기 시작하였다.

이러한 금융위기가 각 국가별 실물경제로까지 파급되었으며 2008년 이후 유럽의 대부분의 나라가 마이너스(-) 성장을 경험하게 되었다. 이러한 마이너스 경제성장으로 인해 위기로까지 확산되었다. 1990년대 이후 지속된 감세로 유럽 각국의 조세수입 기반이 악화된 상태에서 미국발 금융위기의 영향으로 공공지출이 늘어나면서 재정수지가 급속도록 악화되었다. 2009년 그리스를 비롯한 유럽 주변국에서 국가채무가 급증하면서 신용등급이 하락하고 자금조달비용 상승의 악순환으로 이어지면서 재정위기가 초래하게 된 것이다.

15. 미국의 긴축정책

미국은 2008년 9월 리먼브라더스 파산에 따른 금융위기 이후 큰 경기 후퇴를 겪에 되는데 이를 대공황에 빗대어 대침체라고 한다. 미국 중앙은행인 미연준은 대침체에 빠진 미국 경제를 회복시키기 위해서 정책금리를 거의 영(zero)에 가깝게 통화정책을 운용하였다. 그러나 이러한 정책에도 불구하고 경기 진작효과가 기대에 미치지 못하자 국채 및 MBS를 직접 매입하여 대차대조표를 확대함으로써 장기금리를 낮추려는 정책을 시행하였는데, 이를 양적완화정책이라 한다.

미국에서 그동안 유일하게 테이퍼링을 경험했던 때가 유일하게 2013~2014년이다. 8년 전에 벤 버냉키 전 Fed 의장이 의회 청문회에서 불쑥 테이퍼링을 할 수 있다고 언급했다. 당시 버냉키 의장은 "경제 전망에 지속적인 개선이 보이고 그것이 지속될 것이라는 확신이 있다면 다음 몇 회의 회의에서 채권 매입의 속도를 한 단계 낮출 수 있다"고 밝혔었다. 이 이후 자산매입규모를 점차 줄여가는 정책을 테이퍼링이라고 부른다. 당시 양적완화축소를 실시 할 수 있다는 발언에 미국 뿐 아니라 자본

유출이 우려되는 신흥국에서도 금리가 큰 폭으로 오르고 주가가 하락하는 등 금융시장이 상당히 불안해졌었는데, 그것을 taper tantrum이라 부른다.

벤 버냉키의 발언 직 후 뉴욕 채권 시장에서 2.0% 수준이던 10년물 금리는 넉 달 만인 9월 초 3.0%까지 치솟았다. 또한 뉴욕 증시의 S&P 500 지수는 2013년 초부터 5월 22일까지 무려 16% 올라 1655에서 마감했다. 하지만 이후 5개월간은 횡보를 했고 10월 8일에야 1655를 다시 찍었다. 다만 이후에는 연말까지 다시 12% 상승했다. 그래서 그해 32.39%나 급등했다.

금융시장이 요동치는 바람에 당초 9월 FOMC에서 테이퍼링 시작을 결의하려던 것으로 알려졌던 Fed는 결국 그해 마지막 회의인 12월에야 결정을 내릴 수 있었다. 2014년 1월부터 매월 자산매입 규모를 850억 달러에서 750억 달러로 줄이기로 한 것이다. 그렇게 2014년 1월부터 10월까지 1년간 테이퍼링이 이뤄졌고, 금리 인상은 2015년 12월에야 이뤄졌다.

하지만 테이퍼링이 실제 시행된 2014년 당시 금리는 1월 연 3.0%에서 그해 말 연 1.99%까지 오히려 떨어졌다. 또 뉴욕 증시의 S&P 500 지수도 1월 1800대 초반에서 그해 말 2000을 넘었으며 연간 수익률이 13.69%에 달했다.

경기만 좋고 물가만 낮게 유지된다면 테이퍼링을 해도 금융시장은 괜찮다는 것을 보여준 것이다. 실제로 2013년 미국의 GDP 성장률은 연 1.84%였지만 2014년은 2.53%, 2015년은 2.91%에 달한 바 있다.

16. 2018~19년 미중 무역전쟁

미국과 중국의 무역전쟁 발발 조짐은 2017년 8월 14일 도널드 트럼프 미국 대통령이 미국무역대표부(USTR)에 중국의 지식재산권 침해와 기술 강제이전 요구 등 부당한 관행을 조사토록 하는 내용의 행정명령에 서명하면서 시작됐다. 그리고 2018년 3월 23일 트럼프 대통령은 연간 500억 달러 규모의 중국 수입품에 25%의 고율 관세 부과를 허용하는 행정명령에 서명했다.

이후 4월 3일 USTR은 중국 수입품 가운데 25%의 고율 관세를 부과할 500억 달러 상당의 1333개 대상 품목을 발표했는데, 여기에는 중국의 10대 핵심산업 육성 프로젝트인 '중국제조 2025'에 해당되는 ▷고성능 의료기기 ▷바이오 신약 기술 ▷통신 장비 ▷항공우주 ▷반도체 등이 대다수 포함됐다. 이에 중국은 다음날인 4월 4일 25%의 관세를 부과할 500억 달러 미국 수입품 106개 품목을 제시하면서 반격에 돌입했다.

미국은 2018년 7월 6일 340억 달러(약 40조 2050억 원)에 달하는 중국 상품(818개 품목)에 25%의 관세를 부과하면서 무역전쟁을 개시했다. 이에 중국도 즉시 동일 액수의 농산물과 자동차 등 545개 품목에 관세를 부과하며 맞대응한 데 이어 미국을 세계무역기구(WTO)에 제소했다. 이처럼 중국이 맞대응에 나서자 미국은 7월 10일 재보복 차원에서 별도의 2,000억 달러 규모의 수입품에 10%의 관세를 부과하겠다고 발표했다. 이후 8월 23일 양국은 추가로 160억 달러(18조 9,200억 원) 규모의 상대국 상품에 대한 추가관세를 부과했다. 이어 9월 24일에는 미국이 중국 수입품 2000억 달러 규모에 대해 10%의 관세를 부과했으며, 중국 역시 미국산 육류·화학제품 등 600억 달러 규모의 제품에 최고 10%(5~10%)의 관세를 부과했다.

5개월간 관세 부과 경쟁을 지속했던 두 나라의 무역전쟁은 2018년 12월 1일 아르헨티나에서 열린 G20 정상회의에서 양국 정상이 합의점을 찾기로 약속하며 휴전 국면에 돌입했다.

당시 트럼프 대통령과 시진핑 중국 국가주석은 2019년 3월 1일까지 90일 동안 두 국가의 무역전쟁에서 주요 쟁점이 된 ▷기술 강제이전 ▷지식재산권 보호 ▷비관세 장벽 ▷사이버 침입·절도 ▷서비스·농업 분야의 구조 변화 등에 대한 협상을 진행하고, 이 기간 추가 관세 부과 및 인상을 보류하기로 합의했다.

한편, 양국의 화해 양상 속에서도 미국은 멍완저우((孟晩舟) 화웨이 부회장 겸 최고재무책임자(CFO)를 체포하는 등 중국 기술기업을 공격했다. 멍 부회장은 이란 제재를 위반하고 물품을 우회 수출하는 과정에서 금융사기를 저지른 혐의를 받아 12월 1일 미국의 요청을 받은 캐나다 사법 당국에 체포됐다. 중국 정부는 이에 인권침해라고 강력 반발하면서 미국과 갈등을 빚었고, 또 중국에서는 멍 부회장을 체포한 캐나다 제품 불매 운동이 일어나면서 3국의 갈등이 깊어졌다. 그러다 이 갈등은 캐나다 법원이 12월 11일 1,000만 캐나다달러(약 84억 5,000만 원)의 보석금으로 멍 부회장을 석방하기로 결정하면서 일단락됐다.

미국과 중국의 차관급 무역 대표단은 2019년 1월 7~9일까지 중국 베이징에서 무역전쟁 휴전 이후 첫 무역협상을 진행했다.

당시 양국 간 뚜렷한 진전 성과는 없었으나, 치열하게 전개된 무역전쟁 휴전 뒤 처음으로 진행된 협상이라는 점에서 그 의의가 있었다. 이후 4월 10일 스티븐 므누신 미국 재무장관이 "미국과 중국이 향후 도출될 무역합의 이행을 점검하기 위한 이행 사무소를 설치하는 데 합의했다."고 밝히면서, 양국의 무역협상 타결이 임박했다는 전망이 일었다. 그리고 양국이 4월 30~5월 1일까지 무역합의 마무리를 위한 협상을 벌이고, 양측의 최종합의안이 5월 10일까지는 발표될 가능성이 있다는 보도가 나오면서 미중 무역전쟁이 종결될 것이라는 기대가 높아졌다.

그러나 2019년 5월 9~10일 미국 워싱턴 DC에서 열린 양국 무역협상이 결렬되면서 사태는 다시 악화됐다. 미국은 중국 내 지식재산권 보호 조치 미흡, 기술이전 강제, 과도한 국가보조금 등 구조적 문제를 해결하기 위해 합의안의 법제화를 요구했지만 중국은 주권 침해라고 맞섰다.

그리고 미국은 10일부터 2,000억 달러(236조 5,000억 원) 상당의 중국 상품(5,745개 품목)에 25%의 관세를 부과했다. 이에 대해 중국은 5월 13일, 6월 1일 0시를 기해 600억 달러(70조 9,500억 원) 상당의 미국 상품(5140개 품목)에 최대 25%의 관세를 매긴다고 맞대응했다. 그러자 트럼프 대통령은 추가로 3250억 달러(384조 3,125억 원)에 달하는 나머지 중국 상품(3,805개 품목)에 대해서도 25%의 관세를 물리겠다며 경고하고 나섰다.

17. 2020년 3월 코로나19 팬데믹 선언

★ 코로나19 팬데믹 선언과 한국 종합주가지수

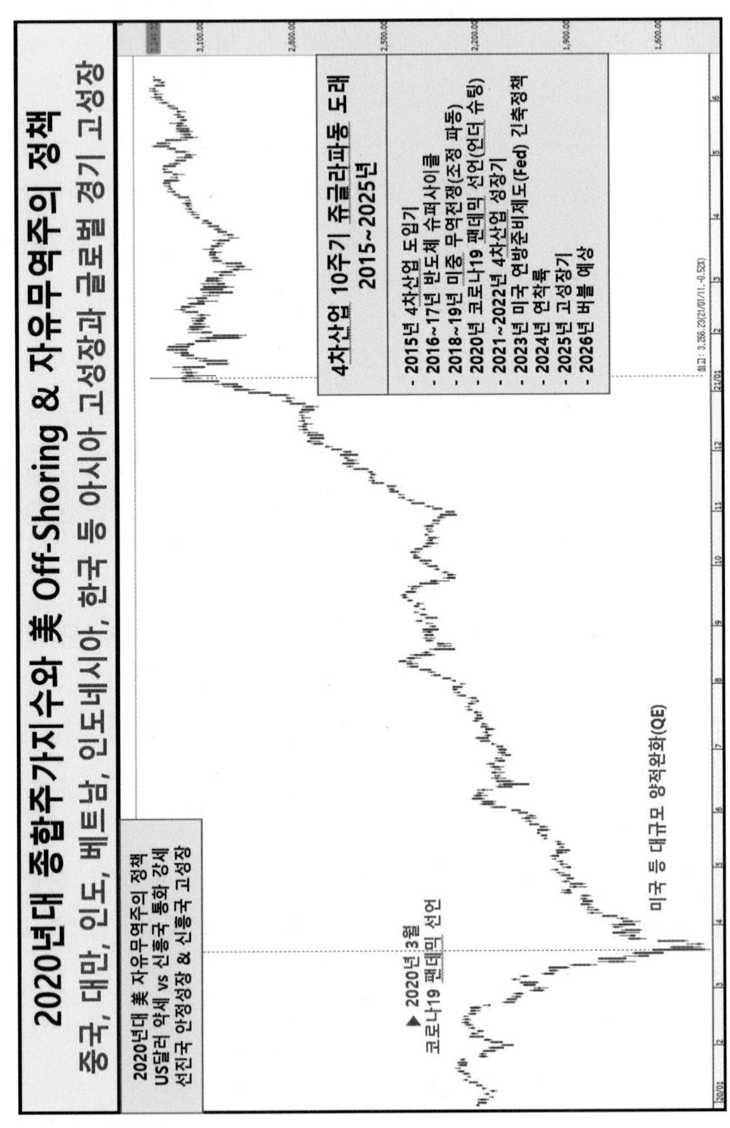

세계보건기구(WHO)가 2020년 3월 신종 코로나바이러스 감염증(코로나19)에 대해 세계적 대유행, 즉 '팬데믹(pandemic)'으로 선언했다.

테워드로스 아드하놈 거브러여수스 WHO 사무총장은 스위스 제네바 WHO 본부에서 열린 언론 브리핑에서 "코로나19가 팬데믹으로 특징지어질 수 있다는 평가를 내렸다"고 말했다.

WHO가 코로나19 사태와 관련해 팬데믹 판단을 내린 것은 2009년 신종 인플루엔자(H1N1) 대유행 이후 11년만이다. 1968년 '홍콩 독감', 더 거슬러 올라가 1918년 '스페인 독감' 등이 팬데믹의 정의에 부합하는 감염병 유행 사례다.

하지만 WHO가 여론의 압박에 따라 팬데믹을 선언했지만 그 의미, 방식, 시기를 놓고 혼란과 논란도 이어졌다. WHO가 주저하는 사이 2020년 3월 기준 12만 명에 달하는 사람이 감염됐고 110여개국이 피해를 봤다.

WHO가 지난 2009년 신종 인플루엔자로 74개국에서 3만 명의 확진자가 발생했을 때 팬데믹을 선포한 것과 비교하면, 팬데믹의 정의와 요건을 잘 모르는 일반인이 보기에 코로나19에 대한 판단은 늦은 것으로 볼 수도 있다.

2009년 WHO가 신종 플루 대유행 사태를 팬데믹으로 선언하면서 팬데믹의 정의를 "복수의 WHO 관할 지역에서 신종 병원균이 인간 대 인간 방식의 전파가 지속되는 상태"라고 규정했다. 이후 WHO는 이 정의를 폐지한 바 있다.

★ WHO, 바이러스 팬데믹 선포 사례

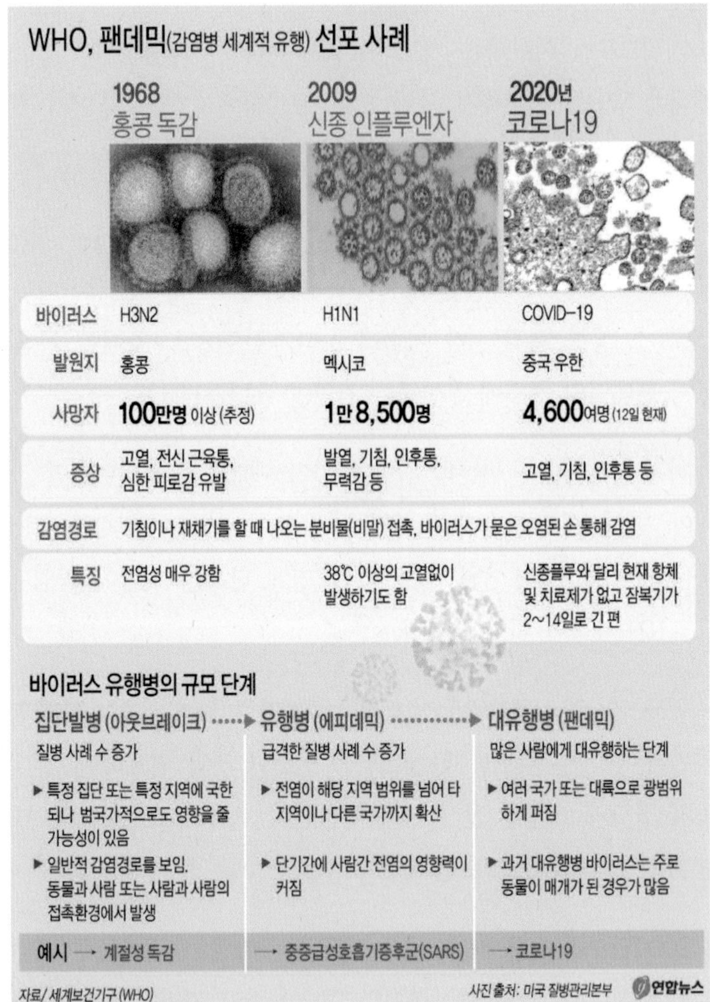

WHO, 팬데믹(감염병 세계적 유행) 선포 사례

	1968 홍콩 독감	2009 신종 인플루엔자	2020년 코로나19
바이러스	H3N2	H1N1	COVID-19
발원지	홍콩	멕시코	중국 우한
사망자	100만명 이상 (추정)	1만 8,500명	4,600여명 (12일 현재)
증상	고열, 전신 근육통, 심한 피로감 유발	발열, 기침, 인후통, 무력감 등	고열, 기침, 인후통 등
감염경로	기침이나 재채기를 할 때 나오는 분비물(비말) 접촉, 바이러스가 묻은 오염된 손 통해 감염		
특징	전염성 매우 강함	38℃ 이상의 고열없이 발생하기도 함	신종플루와 달리 현재 항체 및 치료제가 없고 잠복기가 2~14일로 긴 편

바이러스 유행병의 규모 단계

집단발병 (아웃브레이크)	유행병 (에피데믹)	대유행병 (팬데믹)
질병 사례 수 증가	급격한 질병 사례 수 증가	많은 사람에게 대유행하는 단계
▶ 특정 집단 또는 특정 지역에 국한되나 범국가적으로도 영향을 줄 가능성이 있음	▶ 전염이 해당 지역 범위를 넘어 타 지역이나 다른 국가까지 확산	▶ 여러 국가 또는 대륙으로 광범위하게 퍼짐
▶ 일반적 감염경로를 보임. 동물과 사람 또는 사람과 사람의 접촉환경에서 발생	▶ 단기간에 사람간 전염의 영향력이 커짐	▶ 과거 대유행병 바이러스는 주로 동물이 매개가 된 경우가 많음
예시 → 계절성 독감	→ 중증급성호흡기증후군(SARS)	→ 코로나19

자료/ 세계보건기구(WHO) 사진 출처: 미국 질병관리본부 연합뉴스

장성구, 장예진 기자 / 20200312
트위터 @yonhap_graphics 페이스북 tuney.kr/LeYN1

18. 미국의 대규모 양적완화(QE)

2020년 3월부터 코로나19가 전 세계적으로 확산되자 금융위기 및 경기침체 우려가 높아졌다. 주식시장을 중심으로 위험기피 현상이 심화됐고, 안전자산인 국채시장마저 극단적 현금화 과정에서 매도가 출회하는 등 불안심리가 고조됐다.

2020년 2월 말까지만 해도 미국의 스탠더드앤드푸어스(S&P)500은 3,300p를 넘었고 국내 코스피는 2,200p 수준이었다. 불과 3주 만인 3월 중반 S&P500은 2,230p대로 30%에 가까운 하락을 기록했고, 코스피 역시 1,450p대로 내려오면서 36%나 하락했다. 주요국 국채금리는 금융불안 초기에는 안전자산 선호로 매수세가 유입되면서 사상 최저 수준까지 하락했다. 미국채 10년 금리는 0% 중반 아래로, 한국채 10년 금리 역시 1% 초중반까지 내려왔다. 그러나 금융위기로 전이될 경우 유동성을 확보해야 한다는 불안감이 미국채 10년 금리는 1.3%까지, 한국채 10년 금리도 1.7%대로 끌어올렸다.

금 가격마저 하락하며 달러라는 현금 외에는 투자대상이 없는 듯 보였다. 원/달러 환율은 달러강세 기조에 외국인 주식매도 자금까지 더해지면서 1,200원 선을 지키지 못하고 1,290원까지 올라갔다. 미국과 한국 외에 유럽과 중국, 신흥국 모두 금융위기와 같은 현상이 유사하게 진행됐다.

민간경제와 금융시장이 스스로 유지될 수 있는 기능이 상실되고 주요 지표의 변동성이 걷잡을 수 없이 커지자 각국 중앙은행과 정부는 발 빠른 대응에 나섰다. 현재 미 연준(Fed)과 유럽중앙은행(ECB), 일본은행(BOJ)이 실시하고 있는 양적완화는 규모의 경우 무제한(infinity), 기간도 제한을 두지 않는(open-ended) 형태로 운영 중이다. 2조달러가 넘는 미국 재정정책과 여기에 더해진 통화정책의 조합은 경기침체를 완화하기 위한 기틀을 마련해 전염병의 공포를 낮추고 있다.

2008년 글로벌 금융위기 때 미국 정부는 재정정책에 당시 GDP의 10%인 1조 5천억달러를, 양적완화에 투여했다. 2020년 시행된 정책의 규모만 해도 2008년 금융위기 당시 수준을 넘어선 것이다.

양적완화와 같은 완화적 통화정책이 실물경제 충격을 상쇄할 안전판의 역할을 수행할 것이라는 기대감이 높아지고 있다. 2008년 금융위기 이후 미국은 2016년까지 3차례의 양적완화를 단행했고, 유럽과 일본은 미국이 금리를 올리는 과정에서도 양적완화를 통해 금융시장 안정을 도모하고 실물경제 개선의 밑천으로 활용했다. 현재 미국뿐만 아니라 유럽과 일본의 양적완화가 동시에 진행돼 달러약세가 제한되더라도 원/달러 환율 상승 부담은 줄어들 것이다.

양적완화의 목표는 단순히 금리를 낮추는 것이 아닌 공급된 유동성이 채권이라는 수단을 거쳐 위험자산 선호와 실물경제로 흘러가도록 하는 것이다. 결국 위험자산 선호를 지지하고 외환시장 변동성을 낮추며 완만한 금리상승을 수반할 것이라고 기대할 수 있다.

IV

2000년대 신재생에너지 급등주

IV. 2000년대 신재생에너지 급등주

21세기에 접어들어 온실가스로 인한 기후변화가 가속화되고 있고, 화석에너지의 고갈 문제도 심각히 거론되고 있다. 그리고 이러한 문제들을 해결하기 위해 신재생에너지의 중요성은 점점 더 커지게 되었다.

신재생에너지란 넓은 의미로는 석유를 대체하는 에너지원으로 좁은 의미로는 신·재생에너지원을 나타낸다. 신재생에너지는 미래에 사용될 에너지로 '신재생에너지 개발 및 이용·보급촉진법' 2조에 의거하여 신에너지와 재생에너지로 구분되어 있다.

〈신재생에너지 분류〉

구분	신에너지(3개)	재생에너지(8개)
종류	수소에너지, 연료전지,석탄액화 및 가스화	태양광, 태양열, 해양,폐기물, 바이오, 풍력, 수력, 지열,
특징	기존 화석연료를 친환경적으로 변환하여 에너지 생산	재생 가능한 에너지를 활용하여 에너지 생산

신에너지란 기존의 화석연료를 변환하여 이용하거나 수소·산소 등의 화학 반응을 통하여 전기, 열 또는 액체 연료를 생산하기 위한 용도로 사용되는 고갈되지 않는 에너지 자원을 말한다.

재생에너지원은 수력에너지, 바이오에너지, 지열에너지, 풍력에너지 및 태양에너지가 포함된다. 바이오매스를 제외한 신재생에너지는 오염이 거의 없다. 재생에너지 또한 햇빛·물·지열(地熱)·강수(降水)·생물유기체 등을 포함하는 재생 가능한 에너지를 변환시켜 이용하는 에너지로 정의되어 있다.

전 세계적으로 온실가스·대기오염 저감을 위해 깨끗한 에너지로의 전환 트렌드가 확산되는 가운데 재생에너지를 보급·확산 중이며, 탈석유화와 온실가스감축을 위한 주요 정책수단의 하나인 신·재생에너지 정책은 1997년부터 2012년까지 기술개발 및 보급중심의 기본계획을 추진하였고, R&D 집중분야는 단기적으로 보급목표 달성에 기여하기 힘들 것으로 판단되는 태양광, 수소·연료전지 등을 선정하였다.

많은 국가들은 신재생에너지의 보급을 확대시키기 위해 다양한 신재생에너지 정책을 시행하고 있는데, 전 세계적으로 가장 많이 시행하고 있는 신재생에너지 정책은 가격정책의 성격인 발전차액 지원제도(FIT, Feed-in Tariff)와 수량정책의 성격인 신재생에너지 의무할당제도(RPS, Renewable energy Portfolio Standard)이다. 신재생에너지 보급 측면에서 이 두 정책의 우위를 가리려는 노력은 학자들 사이에서 끊임없이 이뤄지고 있지만, 아직까지 어떠한 정책이 더 우위에 있다고 판단할 수 없는 상황이다.

우리나라는 2000년대 초 발전차액 지원제도를 시행하여 신재생에너지 보급 확산 및 신재생에너지 시장형성 등 신재생에너지

발전 측면에서 많은 성과를 이루었다. 하지만 발전소의 건설이 급격하게 증가하면서 정부 예산상 제약이 발생하였고, 결국 2012년 신재생에너지 의무할당제도로 정책 전환을 선언하였다.

정부는 2008년에 발표한 「제1차 에너지기본계획」에서 2030년까지 총 1차 에너지의 11%를 신재생에너지로 공급하겠다고 밝혔다. 이를 달성하기 위한 정책적 개입으로 2015년에는 1차 에너지 소비 대비 신재생에너지의 비중을 4.3%로 높이고 2020년에는 6.1%로 높여 2030년에 11%를 달성하는 것을 목표로 하였다. 그러나 실제 우리나라의 신·재생에너지 보급량은 이와 같은 목표에 미치지 못하였다. 따라서 「제2차 에너지기본계획」은 1차 에너지 11%를 신재생에너지로 충당하겠다는 목표를 5년 늦춘 2035년으로 조정하였다. 2014년 발표된 「제4차 신재생에너지기본계획」도 이에 따라 신재생에너지 보급목표를 2035년까지 11%로 하고 연도별 목표는 2020년에는 6.1%에서 5.0%로 낮아지고 2030년에는 11%에서 9.7%로 조정하였다. 이와 같은 우리나라의 신재생에너지 보급률은 국제에너지기구(IEA) 기준을 따를 경우 더 낮아지게 된다.

국제에너지기구(2014)에 따르면 우리나라의 재생에너지 보급률은 1.0%로 34개 OECD 국가 중 34위를 기록하였다. 그런데 세계 주요 국가의 신재생에너지 비중은 우리나라보다 높음에도 불구하고 더 많은 보급을 위하여 보다 도전적인 목표를 제시하고 있다. 우리나라는 2035년까지 일차 에너지의 11%를 신재생에너지로 충당할 계획이나, 국제에너지기구의 분류에 따른 재생에너지 목표치는 8%에 해당한다.

일본은 2013년 4.7%이나 2030년의 목표를 20%로 설정하였다. 유럽연합은 2020년까지 최종에너지의 20%를 재생에너지로 하되, 발전량의 34%, 수송용의 10%를 재생에너지로 공급할 목표를 갖고 있다.

미국은 오바마 대통령의 청정전력계획(Clean Power Plan)을 통해 2030년까지 각주는 2005년 배출량의 32%를 줄이는 목표를 제시하였다.

〈OECD 국가의 1차에너지 대비 재생에너지 비중〉

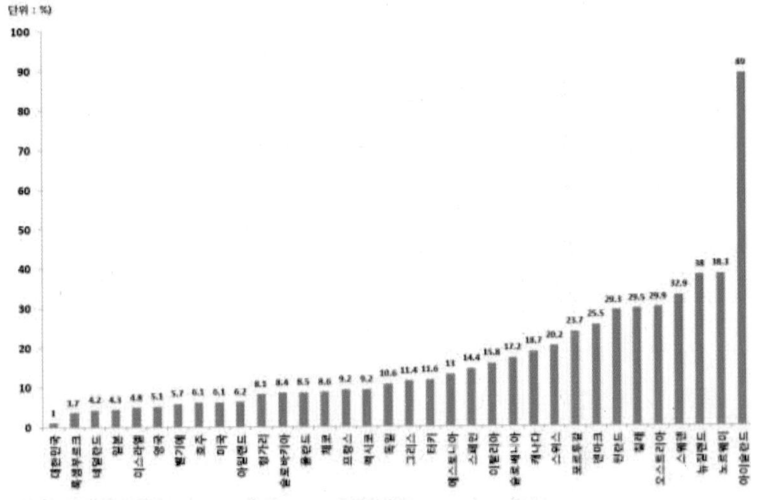

자료: IEA/OECD, Energy Balances of OECD countries, 2014.

<주요 국가의 신재생에너지보급 목표>

(단위: %)

	2010	2012	2013 (e)	2020 (목표)	2030 (목표)	2035 (목표)
한 국	1.6	1.9	2.1			11
일 본	4.1	4.5	4.7	13.5	20	
미 국	5.9	6.3	6.4	5~30[1)]	~40[1)]	
프랑스	8.4	8.9	9.7	EU 20	EU 27	
독 일	9.8	11.9	11.9			
이탈리아	11.3	13.8	16.5			
중 국		9.8		15	30[2)]	

주: 1) 미국의 신재생에너지보급 목표는 주별로 차이가 있음. 오하이오 주는 원자력을 포함하며 그 외 지역은 원자력을 포함하지 않음.
2) 중국의 목표는 비화석(non-fossil)에너지로 신재생에너지와 원자력발전을 포함함.

자료: IEA/OECD, *Energy Balances of OECD countries*, 2013 (실적치)
http://www.tokyofoundation.org/en/articles/2014/energy-policy-in-post-3-11-world#11(일본)
http://www.eia.gov/forecasts/aeo/table_3.cfm (미국)
http://ec.europa.eu/clima/policies/2030/index_en.htm (EU)
http://www.reeep.org/projects/china-roadmap-30-renewable-energy-penetration-2030 (중국)

즉, 신재생에너지 보급은 국내 상황에 따라 유연하게 접근하기 보다는 국제 상황의 변화와 국제 기술개발 방향을 통해 선도적으로 대응할 필요가 있다. 국제적으로 신재생에너지의 비중이 확대되면 신재생에너지가 새로운 설비시장을 만들 수 있기 때문에, 국내 설치된 신재생에너지 설비의 운영효율을 평가하여 보급의 효율성과 기술개발 방향을 설정하여 전략적으로 접근해야 하는 것이다. 지금까지 신재생에너지에 대한 정부의 목표치가 달성되지 못한 이유 중 하나는 낮은 경제성으로 인해 민간부문에서 충분한 시장이 형성되지 못했다는 점에 있다. 경제성이 낮으므로 재정으로 지원하는 보급사업 규모가 신재생에너지 설비시장규모를 결정하였다.

〈2007년 신재생에너지 급등주〉

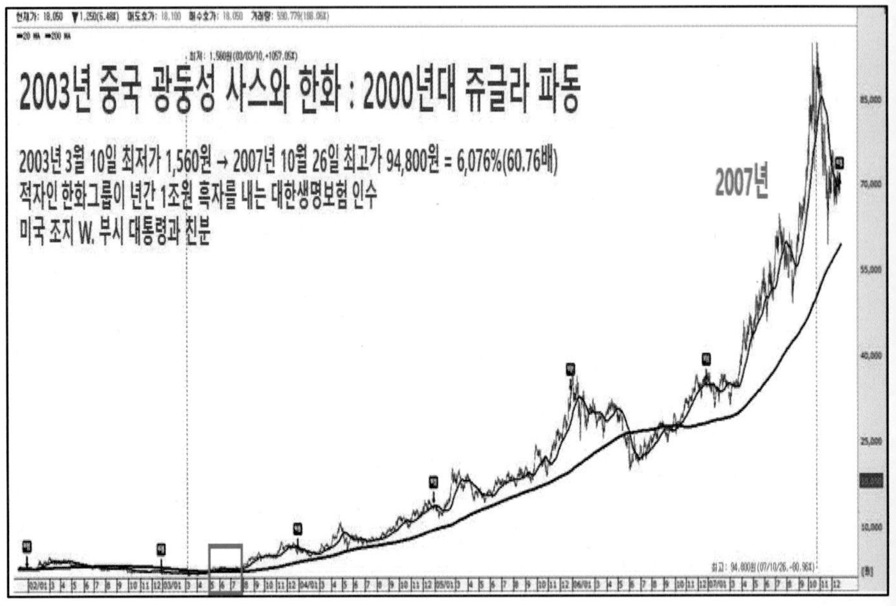

1. M&A 재료 : 한화

금융당국은 1999~2001년까지 3조5500억 원이 넘는 혈세를 쏟아 부은 뒤 정부주도의 매각을 단행했다. 이후 2001년 10월 8일 한화컨소시엄과 미국의 Met Life가 금융당국에 대한생명 인수의향서를 제출했고 예보는 2002년 3월 11일 대한생명 매각관련 투자자 자격요건에 대한 질의서를 보냈다.

하지만 Met Life가 9일 뒤인 3월 20일 돌연 인수의사 철회를 통보했다. 이미 한화컨소시엄은 Met Life가 인수의사 철회

통보하기 5일 전에 최종 투자제안서를 제출했다. 결국 대한생명 인수에 대한 경쟁자가 없어진 한화는 2002년 12월 12일 대한생명 주식 51%(3억 6,210만주)를 주당 2274.65원의 가격으로 총8236억 원에 인수했다. 그러나 투입된 공적자금 3조 5,500억 원 중 회수되지 못한 2조 7,000여억 원에 대한 비판이 거세게 일어났다. 이때 당시의 한화는 '아들 부시'의 취임식에 직접 참석해 축하할 정도로 두터운 친분을 자랑했다.

한화 주식은 2003년 3월 10일 최저가 1,560원이었던 것이 2007년 10월 26일 최고가 94,800원으로 60배가 상승했다.

2. 해외시장 진출 : 삼성엔지니어링

지난 2005년 이후 중동 지역의 맹주인 사우디아라비아에 국내 최초로 진출했던 삼성엔지니어링은 초기 수행 프로젝트들의 성공적 완공으로 사업주로부터 신뢰를 얻게 됐다. 이는 연계 수주로 이어져 사우디 한 국가에서만도 총 10여개의 대형 플랜트를 수주하는 등 중동 내 입지를 확고히 다졌다. 이는 다른 지역에서의 적극적인 입찰 제의로 이어지는 선순환을 낳았다. 이후 삼성엔지니어링은 말레이지아의 가스오일 분리 플랜트 및 멕시코 발전플랜트 사업 등 중동 이외 분야에서의 수주 행진을 이어갔다. 영업이익률도 업계 최고 수준이다.

3. 태양광

1) OCI(구 동양제철화학)

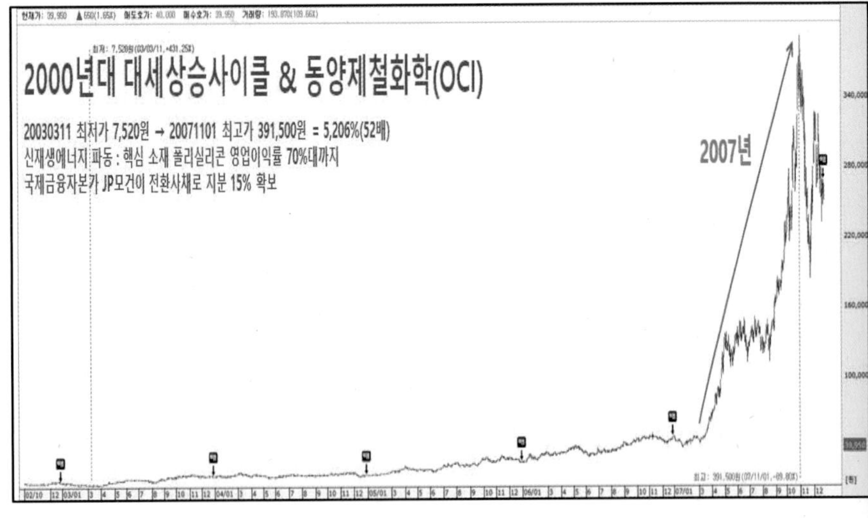

동양제철화학은 59년 설립된 이후 지금까지 47년간 화학분야에만 주력해온 기업이다. 주요생산제품으로는 카본블랙, 소다회, 과산화수소, 과탄산소다, 피치 등이다. 2001년 동양화학과 제철화학의 합병을 통해 탁월한 기술력과 우수한 인력을 바탕으로 R&D 능력을 제고했으며 이를 바탕으로 기초화학, 정밀화학, 석유화학, 탄산화학 등 다양한 사업분야에서 경쟁력을 강화함으로써 환율, 유가 등 경영여건 변화에 탄력적으로 대응할 수 있는 위험분산 능력을 확보했다.

이후 2006년부터 태양광 산업의 핵심 원료인 폴리실리콘 사업을 추진했다. 유럽, 미국, 일본의 소수 회사만이 제조하던 폴리실리콘의 상업 생산에 성공했으며, 태양광용 제품을 시작한 뒤로 지속적으로 기술 개발하여 국내 최초로 반도체용 제품까지 사업을 확대했다. 이로 인해 2003년 3월 11일 최저가 7,520원이던 것이 2007년 11월 1일 최고가 391,500원으로 52배 상승했다. 이 당시에 국제금융자본가 JP 모건이 전환사채로 지분을 15% 확보한 바 있다.

2) SK머티리얼즈(구 소디프신소재)

소디프신소재는 반도체 및 LCD공정에서 필수적으로 사용되는 삼불화질소(NF3), 모노실란(SiH4), 육불화텅스텐(WF6) 등 전자화학 분야의 국내 유일의 특수 가스소재기술을 보유하고 있는 기업이다. 이들 신소재는 반도체 및 LCD산업과 동반 성장하는 사업으로 매년 25% 이상 꾸준한 성장세를 유지하고 있다. 반도체 및 LCD산업은 세계시장의 90%이상이 한국과 대만, 일본, 중국에 집중돼 있어 앞으로 사업성도 매우 밝다.

이러한 이유로 동양제철화학은 2005년 12월 소디프 신소재의 경영권을 인수했고, 이로 인해 동양제철화학과 소디프 신소재는 고부가가치 미래 성장산업인 전자화학 분야에 진출할 수 있는 기본적인 토대를 확보하게 되었다. 이로 인해 2007년 신재생에너지 파동으로 2002년 10월 10일 최저가 2,870원이었던 것이 2007년

10월 16일 최고가 107,300원으로 37배 폭등했다. 현재 SK머티리얼즈로 이름을 바꾼 소디프 신소재는 최근 초고순도(순도 99.999%) 불화수소(HF) 가스 양산을 시작했다. 초고순도 불화수소 가스는 반도체 제조에 쓰이는 세정 가스로, 반도체 공정 미세화로 수요가 급증하고 있지만 해외 의존도가 100%에 달하는 제품이다.

SK머티리얼즈는 초고순도 불화수소 가스 시제품 개발에 성공한 후, 경북 영주 공장 내 15톤 규모의 생산시설을 건설하는 등 국산화 작업을 진행해왔다. 이번 양산을 통해 2023년까지 국산화율을 70%까지 끌어올린다는 목표다.

4. 풍력

1) 한국조선해양(구 현대중공업)

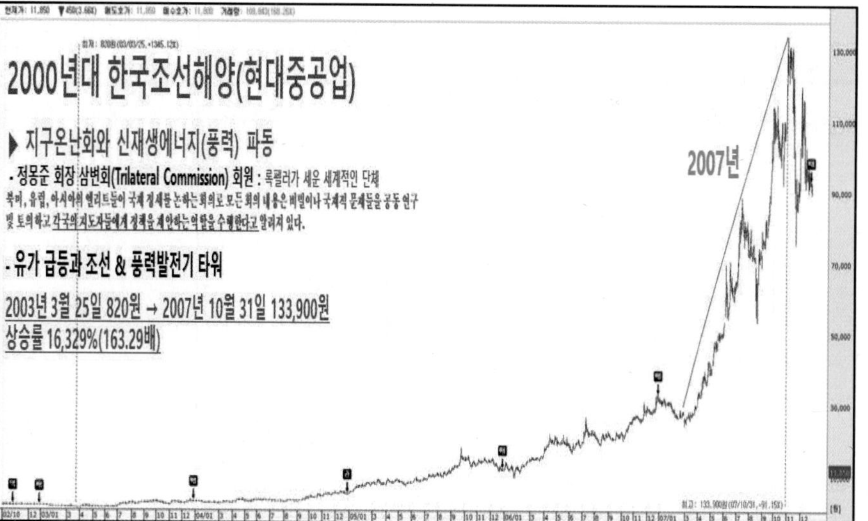

정몽준 회장은 '삼변회 (trilateral commission)' 회원이다. 삼변회는 1973년 7월 데이비드 록펠러와 즈비그뉴 브레진스키에 의해 창설된 단체이다. 삼각은 (Trilateral)은 북아메리카, 유럽, 일본을 뜻한다.

현대중공업 주가는 2004년 2만원에서 불과 3년 만에 27배인 54만원까지 치솟았다. 중국 경제 급성장으로 글로벌 무역이 활황세를 나타냈고 때문에 뱃삯이 치솟으며 글로벌 선주로부터 선박 주문이 물밀듯 들어왔다. 현대중공업은 2002년 이후 무차입 경영도 이어나갔다. 주체할 수 없을 만큼 현금이 쏟아져 들어왔기 때문이다. 2007년 당시에는 현대중공업 시가총액 순위가 삼성전자, POSCO에 이은 3위권이었다. 글로벌 금융위기로 급락했던 주가는 이후 발 빠르게 회복되면서 2011년 4월에는 55만 4000원까지 오르며 사상 최고가를 찍었다.

2) 태웅

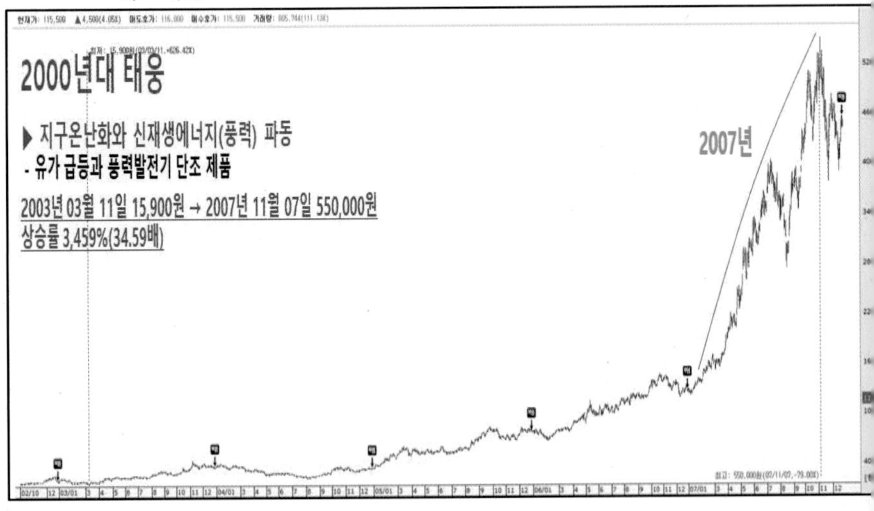

태웅은 1981년 설립돼서 2001년에 코스닥에 상장된 회사이다. 선박엔진과 풍력설비, 산업플랜트 등에 들어가는 단조부품들을 만들어서 판매하는 사업을 하고 있다. 뿐만 아니라 풍력에너지와 원자력 발전, 우주항공산업에도 진출하고 있다.

태웅은 세계 풍력발전시장 1위업체인 Vestas Wind System (점유율 34%)에 풍력발전 타워플랜지 약 2,800세트를 1억 달러에 2007년~2008년 동안 공급하는 계약을 체결했다. 이후 태웅의 주가는 2003년 3월 11일 15,900원이었던 것이 2007년 11월 7일 550,000원으로 약 35배나 급등했다. 2007년엔 시가총액 2조 1,114억원으로 코스닥시장 시가총액 1위 '대장주'였다.

V

2020년대 탄소배출제로와 그린카 시대

Ⅴ. 2020년대 탄소배출제로와 그린카 시대

탄소중립이 전 세계적 화두가 되고 있다. 탄소중립이란 기후변화, 더 나아가 기후위기의 주요 원인으로 주목되고 있는 이산화탄소의 실질적 배출량을 제로(0)로 만드는 것을 의미하며 '넷제로(Net-Zero)'라고도 부른다. 즉, 배출되는 탄소를 최대한 줄이고 남은 탄소는 흡수 또는 제거해 탄소의 순배출을 제로화하려는 것이다. 탄소중립은 현재의 지구 평균온도 상승 추세를 방치할 경우 지구와 인류에 돌이킬 수 없는 재앙을 초래하는 기후위기를 막기 위한 인류의 노력이다.

이를 목표로 2016년 파리협정이 발효된 이후 120여개국이 '2050 탄소중립 목표 기후동맹'에 가입하였다. 작년부터 세계를 강타하고 있는 코로나19 팬데믹도 환경 파괴와 연관성이 있다는 주장이 설득력을 얻으며 기후변화에 대한 관심을 고조시키고 파리협정에서 탈퇴했던 미국이 바이든 대통령 취임과 함께 복귀하면서 전 세계의 탄소중립 정책은 급물살을 타고 있다. 미국, 유럽연합(EU), 일본과 함께 우리나라도 2050년 탄소중립 선언을 하고 중국은 2060년 탄소중립을 선언하였다.

우리 정부는 2030년 국가온실가스감축목표(NDC), 2050년 장기 저탄소발전전략(LEDS)과 함께 2050년 탄소중립 추진전략을 발표하는 등 탄소중립을 위한 범부처 정책을 수립 및 실행하고 있다. '적응적 감축'에서 '능동적 대응'으로 전환하여 탄소중립과 경제성장, 삶의 질 향상을 동시에 달성하는 목표로 경제구조의 저탄소화, 신유망 저탄소산업 생태계 조성, 탄소중립사회로의 공정 전환의 3대 정책에 탄소중립 인프라 강화를 더한 '3+1' 전략이 그 골자이다. 현대 사회에서 지구온난화를 비롯한 각종 환경문제의 중심에는 화석연료의 사용 및 온실가스 배출로 인한 기온 상승이 있다. OECD 국가의 국내총생산(GDP)은 1990년 대비 2.6배 상승하였으나, 온실가스 배출량은 2007년 이후 점차 감소하여 2017년 배출량은 1990년과 유사한 수준이다. 즉, 경제는 성장하고 있지만 온실가스 총배출량과 1인당 배출량은 모두 감소하는 추세인 것이다.

〈OECD국가의 온실가스 배출량과 GDP의 탈동조화 경향〉

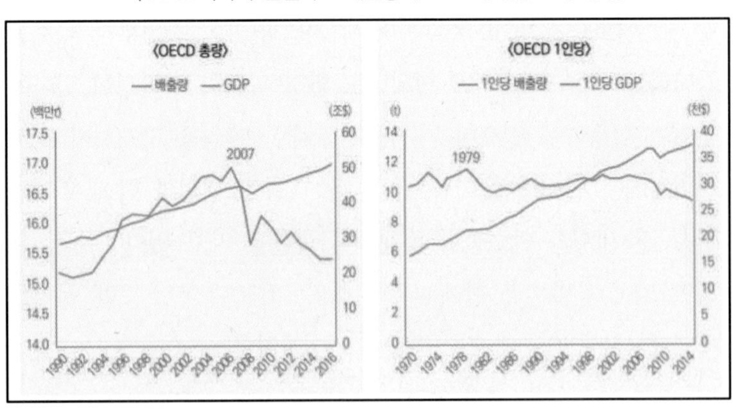

자료: worldbank, IEA

경제가 지속적으로 성장하고 있음에도 온실가스 배출량이 감소하는 현상을 탈동조화(decoupling)라고 부른다.

OECD(2001)는 「21세기 환경전략」에서 탈동조화를 경제성장률보다 에너지소비 증가율 혹은 온실가스 배출량 증가율이 낮아지는 현상으로 정의했다. OECD 국가의 탈동조화는 산업부문 온실가스 배출량의 감소가 가장 크게 기여했으나, 수송부문과 건물부문의 배출량도 전반적으로 감소한 것으로 나타났다. 2017년 산업부문 배출량은 정점(2007년) 이후 15.3%, 수송부문은 3.2%, 건물부문은 16.7% 감소했다.

주요 OECD국가의 GDP와 온실가스 배출량의 변화 추이를 비교한 결과, GDP는 증가하고 있음에도 불구하고, 2000년 이후 온실가스 총배출량이 하락 추세에 있다. 미국의 배출량은 2007년을 정점(peak)으로 하락세이며, 일본은 2004년, 독일은 1991년, 프랑스는 1979년, 영국은 1971년 이후 배출량이 감소하고 있다.

1인당 배출량의 경우 일본을 제외한 국가들은 1970년대에 정점을 지났으며, 일본은 2004년에 정점을 기록했다. 우리나라는 경제성장률보다 온실가스 배출량 증가율이 낮은 약한 탈동조화 단계에 들어섰으나, 여전히 경제규모에 비해 온실가스 배출량이 많은 상황이다. 2017년 기준 우리나라의 경제규모는 세계 12위인데 비해, 총에너지 소비량은 10위, 온실가스 배출량은 7위를 기록했다.

〈주요국의 GDP와 온실가스 배출량〉

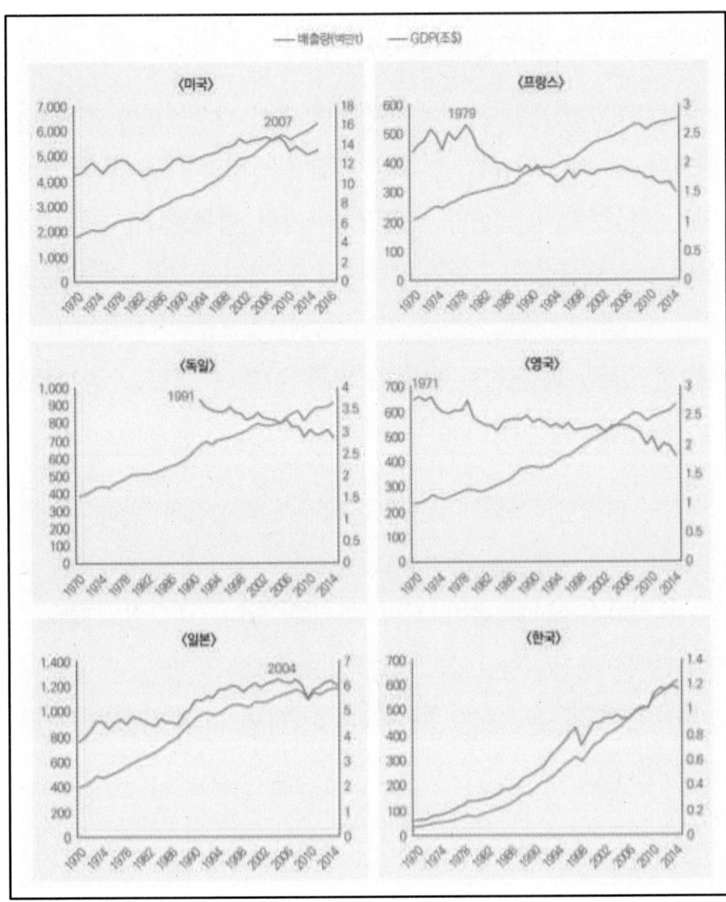

자료 : 세계은행(Worldbank)

〈국가별 GDP, 에너지소비량, CO_2 배출량 순위〉

(단위: 십억$, 백만toe, Mt CO_2)

	GDP		총에너지 소비량		CO_2 배출량	
	국가명	십억US$	국가명	Mil.toe	국가명	Mt of CO_2
1	미국	20,544	중국	1,995	중국	9,257
2	중국	13,608	미국	1,520	미국	4,761
3	일본	4,971	인도	591	인도	2,161
4	독일	3,948	러시아	487	러시아	1,536
5	영국	2,855	일본	292	일본	1,132
6	프랑스	2,778	브라질	227	독일	718
7	인도	2,719	독일	226	한국	600
8	이탈리아	2,084	캐나다	195	이란	567
9	브라질	1,869	이란	194	캐나다	547
10	캐나다	1,713	한국	183	사우디아라비아	532
11	러시아	1,658	인도네시아	173	인도네시아	496
12	한국	1,619	프랑스	154	멕시코	445
13	오스트레일리아	1,434	사우디아라비아	140	브라질	427
14	스페인	1,419	나이지리아	132	남아프리카공화국	421
15	멕시코	1,221	영국	127	오스트레일리아	384

자료 : 세계은행(GDP, 2018년), IEA(총에너지소비량, CO_2 배출량, 2017)

이에 따라 정부는 친환경에너지 확대, 에너지 효율 향상, 에너지 안보 강화라는 기본방향을 두고 다양한 정부 정책을 추진하고 있다. 서울시는 지난 2022년까지 2조 6,000억 원을 투입하는 대대적 '그린뉴딜' 추진 계획을 발표했다. 그 중 핵심은 바로 그린카라고 할 수 있다. 서울시 관용차량과 시내버스, 택시는 단계적으로 전기차·수소차로 전면 교체한다. 2035년부터는 배출가스가 '0'인 전기·수소차만 등록 가능하도록 법 개정을 추진하고, 사대문 안 녹색교통지역 내에서는 전기·수소차만 운행이 가능하도록 한다. 2050년부터는 서울 전역에 전기·수소차만 운행할 수 있도록 관련 법령 개정을 정부와 국회에 요청할 예정이다.

〈그린카 보급 현황〉

현재 상황		미래 모습	
"석유 중심 수송 체계로 온실가스 · 미세먼지 多 배출"		"전기 · 수소 중심 그린 모빌리티 확대로 오염물질 감축 및 미래 시장 선도"	
성과지표	'20년	'22년	'25년
전기차 보급 대수	9.1만대('19)	43만대	113만대
수소차 보급 대수	0.5만대('19)	6.7만대	20만대
노후 경유차 등 조기폐차	106만대	172만대	222만대('24)
노후 경유 화물차 LPG 전환	1.5만대	6만대	15만대

자료 : 서울시 그린 뉴딜

실제로 정부의 수송에너지 전환 로드맵의 진행 속도는 매우 빠르다. 코로나 19 극복 수단 중 하나로 그린 뉴딜을 추진 중인 정부는 전기차와 수소차로 대표되는 그린모빌리티 확대 전략을 제시했다.

환경부에 따르면 오는 2025년까지 전기차는 113만대, 수소차가 20만대 등 총 133만대의 그린 모빌리티가 보급된다. 현재 보급된 전기차가 9만대 수준인 것을 감안하면 5년 사이 12배 넘게 성장하게 된다. 중장기 로드맵에서는 2030년까지 전기차 300만대, 수소차는 85만대 등 총 385만대를 보급할 계획이다.

2020년 6월 자동차 등록대수가 2400만대 규모인 것을 감안하면 약 16%에 달하는 규모이다.

〈친환경차 누적 보급량〉

(단위 : 만대)

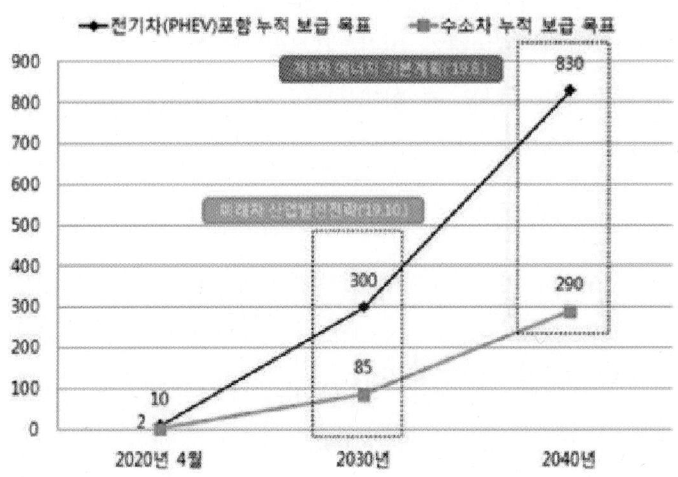

자료 : 정부 친환경자동차 보급목표

미국을 움직이는 가장 영향력 있는 사상가이자 미래학자로 꼽히는 사람을 꼽자면 유대인 제러미 리프킨을 빼놓을 수 없다. 미국 내 유대인은 그야말로 소수 인종이다. 〈예루살렘포스트〉의 추정에 따르면 미국 내 유대인의 인구는 대략 6백 40여만 명이다. 미국 내 전체 인구의 2% 남짓에 불과하지만 일반인들도 미국에서 유대인이 가지는 파워에 관해서는 어느 정도 알고 있을 정도로 그 영향력은 막강하다.

그런 그가 '글로벌 그린 뉴딜'에서 인류 문명이 '탄소 후 녹색 시대'로 넘어가기 위해 필요한 것들이 무엇인지를 알려주고 있다. 그는 "우리는 전 세계적인 비상사태에 직면하고 있다"는 경고의 메시지를 말하고 있다.

그가 말한 '비상사태'는 무엇을 의미할까. 정답은 바로 기후변화다. 실제로 기후변화가 머지않은 미래에 인류 문명을 결딴낼 것이라는 전망이 나온 건 어제오늘의 일이 아니다. 지구 기온은 산업혁명 시절보다 1도 상승했다. 지금 같은 추세라면 머지않은 미래에 많은 생명체가 지구상에서 사라질 것이다.

리프킨은 화석연료 산업이 앞으로 8년 뒤인 2028년이면 종말을 맞을 것으로 예상한다. 이유는 친환경(탈탄소) 녹색 성장이 빠르게 진행되고 있어서다. 예컨대 리프킨은 태양력과 풍력으로 에너지를 만드는 비용이 훨씬 저렴해지면서 화석연료 업계가 궁지에 몰릴 것으로 예상하고 있다. '그린 뉴딜'은 1930년대 대공황에서 벗어나기 위해 미국이 추진한 '뉴딜 정책'에서 빌려온 개념으로, 리프킨은 그린 뉴딜이 본격화되면서 화석 연료 산업에서 엄청난 좌초 자산(수요 감소로 채굴되지 않게 되는 화석연료)이 발생할 것으로 전망한다. 그는 "탄소 버블은 역사상 가장 큰 경제 거품이 될 전망이다. 화석연료 부문의 붕괴는 불과 2~3년 전에는 상상할 수도 없었던 속도와 규모로 벌어지고 있다."고 말했다.

인류사에서 경제적 변혁은 ①커뮤니케이션 매개체 ②에너지 ③운송 메커니즘의 발전이 동시에 진행될 때 일어나곤 했다.

1차 산업혁명의 끌차 역할을 한 것은 인쇄와 전신(①)+증기력

(②)+철도망(③)의 구축 혹은 발전이었다. 리프킨은 재생 에너지로 구동되는 전기와 연료 전지, 자율주행차량 등이 상호작용하는 '그린 뉴딜 스마트 인프라'가 화석연료 시대를 끝장내는 변혁의 "구명 밧줄"이 될 것으로 전망하고 있다.

유럽 주요 국가별 친환경차 지원 정책

국가	주요 정책
독일	2030년 내연기관 판매 금지 계획 • 친환경 자동차에 대한 자동차 등록세 10년 면제 • 2016년 5월 18일 이후 전기차 구매자 대상 보조금 지원(2022년 종료 예정→2025년까지 연장) • 독일 정부는 2019년 11월 4일 정부 보조금 인상 계획 발표, 2020년 2월 11일 EU 허가, 2019년 11월 4일 이후 신규 등록 차량에 소급 적용 –4만 유로 미만 차량 : 4000유로→6000유로 –4만 유로 이상 6만5000유로 이하 차량 : 5000유로
프랑스	2040년 내연기관 판매 금지 계획 • 2023년 전기자동차 · 하이브리드 240만 대 보급 목표 • 전기차 · 수소차 구매 시 자동차 가격의 27% 이하에 한해 최대 6000유로까지 할인 • 파리, 2024년부터 디젤차 사용 금지
영국	2035년 내연기관(하이브리드 포함) 판매 금지 계획, 예정(2040년)보다 앞당겨 • 전기차 보급 확산과 충전 인프라를 구축하기 위해 8억4100만 파운드 책정(~2021년) • 이산화탄소 배출 100g · km 미만 차량 자동차 보유세 면세 • 2020년부터 EU의 대기질 기준 충족하지 못하는 내연기관차에 '공해세' 부과
네덜란드	2025년 내연기관 판매 금지 계획 • 2025년부터 디젤과 가솔린차 퇴출
노르웨이	2025년 내연기관 판매 금지 계획 • 2025년부터 전기차와 플러그인 하이브리드차만 허용
덴마크	2030년 내연기관 판매 금지 계획 • 2030년부터 디젤과 가솔린차 퇴출
스웨덴	2030년 내연기관 판매 금지 계획 • 2030년부터 디젤과 가솔린차 퇴출 • 2019년 이미 신규 등록 차량의 약 절반이 전기차

자료 : KOTRA 프랑크푸르트 무역관 자료 종합

제레미 러프킨의 전망에서도 알 수 있듯이 글로벌 에너지 활용의 중심이 화석연료에서 친환경으로 이동하는 중이다. 이에 따라 전기차 시장이 급성장하고 있다. 일반적으로 언급되는 전기차는 100% 모터로만 움직이는 순수 EV(전기차)를 의미한다. 엔진이 들어가지 않기 때문에 내연기관이 없고, 배터리(2차전지)만 들어간다. 2차전지란 한 번 쓰고 버리는 것이 아니라, 충전을 통해 반영구적으로 사용하는 전지를 의미한다. 이에 따라 내구성과 안전성을 충족시킬 수 있는 부품소재에 대한 중요성이 부각되고 있다. 전기차 핵심부품은 에너지를 담는 2차전지인 리튬이온전지다. 이는 양극재와 음극재, 분리막, 전해질로 구성된다. 글로벌 전기차 시장은 2040년에 판매되는 승용차의 57%, 전 세계 승용차의 30% 이상이 전기차가 될 것이고, 새로 판매되는 시내버스의 전기차 비중은 81%에 달할 것으로 전망된다. 또한 미국과 중국의 상업용 자동차 시장에서는 경량급에서 56%, 중형에서는 31%가 전기차가 될 전망이다.(BNEF)

▣ 전기차 배터리 & 장비 주요 기업

▶ LG에너지솔루션(일봉, 2021년 6월 기준)

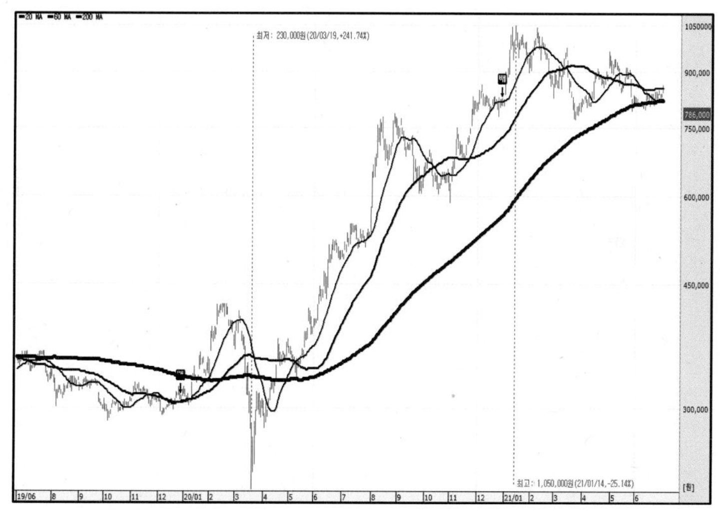

LG화학은 석유화학 사업부문, 전지 사업부문, 첨단소재 사업부문, 생명과학 사업부문, 공통 및 기타부문의 사업을 영위하고 있다. 2020년 12월 1일 전지 사업부문을 단순·물적 분할하여 (주)LG에너지솔루션 및 그 종속기업을 설립하였다.

동사는 양극재, 엔지니어링 소재, IT소재의 경쟁력을 바탕으로 고부가 제품을 중심으로 한 포트폴리오 전환을 추진 중에 있다.

2021년 6월 전년동기 대비 연결기준 매출액은 54.5% 증가,

영업이익은 356.3% 증가하였으며 당기순이익은 593.4% 증가하였다. 20년 당기에 유리기판 사업 중단 및 LCD 편광판 사업 매각을 결정하였으며, 첨단소재 사업부문의 일부 사업을 공통 및 기타부문으로 재분류. 고부가 제품 비중을 확대하고 있다. 또한 원가 경쟁력 강화 등을 통해 경기 변동에 따른 사업 Risk를 최소화하고 사업의 Fundamental을 강화하고 있다.

- GM과 LG에너지솔루션이 배터리 생산 합작밴처 '얼티엄셀즈'가 미국 오하이주 로즈타원에 배터리 1공장 건설
- '얼티엄셀즈' 배터리 제 2합작공장 설립에 총 2조 7000억원 투자
- 2023년까지 '루시드 에어' 라인에 배터리 공급
- 미국 전기버스 제조업체 프로테라에 원통형 배터리 셀 공급 확대 계약
- 스텔란티스와 북미에 연간 40GWh 규모 전기차 배터리 셀·모듈 생산 능력을 갖춘 합작법인 설립

▶ 삼성SDI(일봉, 2021년 6월 기준)

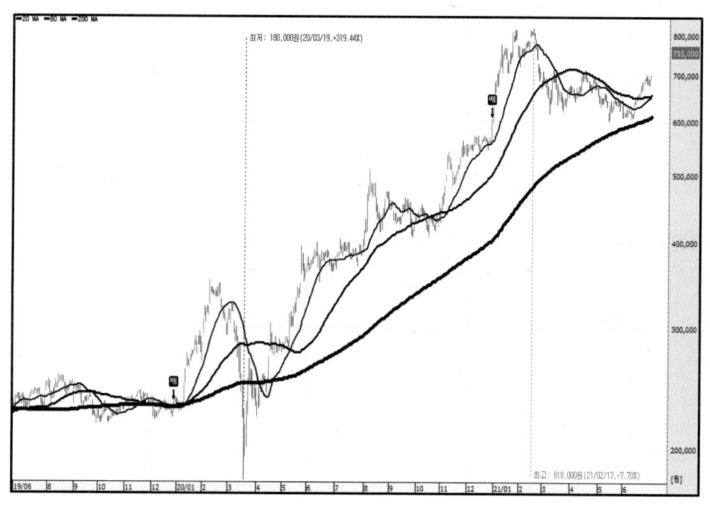

삼성SDI는 삼성그룹에 속한 계열회사이다. 1970년 삼성-NEC 주식회사로 설립되었다. 1999년 상호를 삼성SDI로 변경하였다. 주요 사업은 에너지솔루션 부문과 전자재료 부문으로 분류되고 있다. 에너지솔루션 부문은 중, 대형전지 등을 생산해 판매하고 있으며 전자재료 부문은 반도체 및 디스플레이 소재 등을 제조, 판매하고 있다. 2000년 리튬이온 2차전지 사업을 시작한 이래 품질 개선, 안전성 확보 등을 위해 노력해 온 결과 현재까지 업계 선두권을 유지하고 있다.

2021년 6월 전년동기 대비 연결기준 매출액은 27.1% 증가, 영업이익은 171.5% 증가, 당기순이익은 1110.4% 증가했다. 전년동기 대비 판관비와 매출원가가 상승했음에도 불구하고 매출액이 큰 폭으로 상승하여 영업이익과 당기순이익이 개선되었다. 신규 고객 및 신규 시장 탐색과 함께 새로운 제품의 선행개발도 병행하고 있으며, 원가 경쟁력 확보를 위한 활동도 지속적으로 수행하고 있다.

- 미국의 전기차 스타트업 '리비안' 에 픽업트럭 R1T와 스포츠유틸리티(SUV) R1S 전기차용 배터리 공급

- 전고체 배터리 특허 2위, 2027년 상용화 목표

- 에코프로비엠과 합작법인 설립을 통해 양극재 내재화율 50% 이상 확대

- 올해 하반기부터 전기차 스타트업 리비안에 픽업트럭 R1T와 스포츠유틸리티 R1S 전기차용 배터리 공급

- 스텔란티스와 미국에 23GWh 규모 전기차 배터리 합작공장 설립

▶ SK이노베이션(일봉, 2021년 6월 기준)

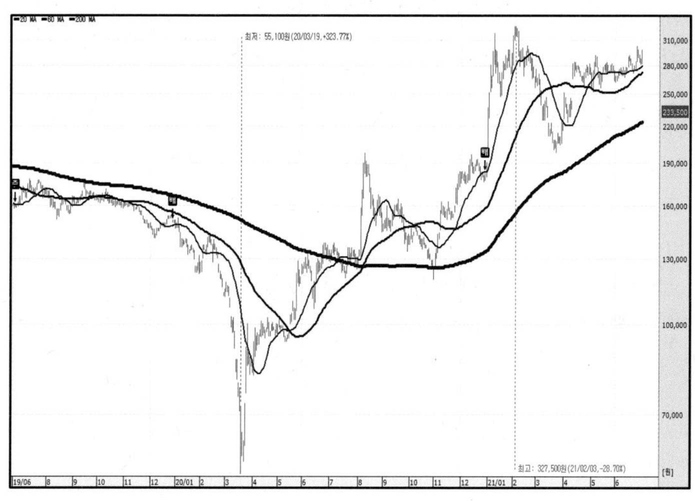

SK(주)가 2007년 투자사업부문을 영위할 SK(주)와 석유, 화학 및 윤활유 제품의 생산 판매 등을 영위할 분할신설법인인 동사를 인적 분할함으로써 설립되었다. 2009년 10월 윤활유 사업부문을, 2011년 1월 석유 및 화학 사업부문을 각각 물적 분할하였다. 동일자를 기준일로 사명을 SK에너지(주)에서 SK이노베이션(주)로 변경하였다. 2018년 9월 말에 회사의 전략적 판단에 따라 FCCL사업을 넥스플렉스에 매각 완료하였다.

2021년 6월 전년 동기 대비 연결기준 매출액은 12% 증가, 영업이익 흑자전환, 당기순손실은 90.1% 감소하였다. 석유제품은 내수판매와 수출판매하고 있고, 내수판매의 경우, 직매처, 주유소 및 중간 판매업자에게 도매로 판매하고, 주유소 및 충전소를 통해 국내 소비자들에게 석유제품을 공급하고 있다. 윤활유 사업은 자동차의 엔진 및 트랜스 미션용 윤활유(기어유) 제조에 주로 사용되는 윤활기유와 자동차용 윤활유를 생산하고 있다.

- 포드와 배터리 합작사 블루오벌에스케이 설립
- 폭스바겐 MEB플랫폼 배터리 제품 생산계약(2,500억원 규모)
- 中 EVE 에너지(배터리)·BTR(소재)과 합작법인 설립
- SK이노베이션과 포드가 미국 배터리 제1공장에 이어 동유럽에 최대 12조원 규모의 제2공장 건설

▶ 에코프로비엠(일봉, 2021년 6월 기준)

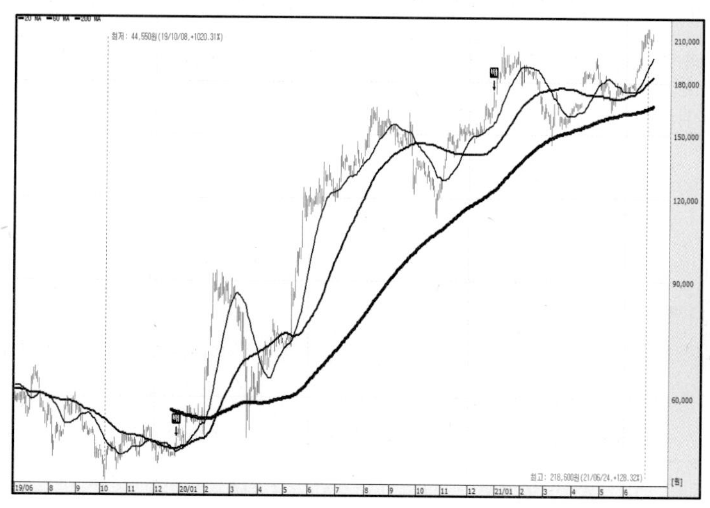

동사는 2016년 5월 1일을 분할기일로 하여 에코프로의 이차전지소재 사업부문이 물적분할되어 신설되었다. 2019년 3월 코스닥 시장에 상장하였다. 2013년 하이니켈계 양극소재 중심으로 사업을 재편한 이후 NCA 분야에서 시장점유율을 꾸준히 높여 왔다. 글로벌 Non-IT용 NCA 양극재 수요 확대와 국내외 EV용 하이니켈계 양극재 판매 호조가 계속되는 가운데 세계 시장 점유율을 지속적으로 확대해나가고 있다.

2021년 6월 전년동기 대비 연결기준 매출액은 60.4% 증가, 영업이익은 106.4% 증가, 당기순이익은 61.5% 증가하였다. 과거에는 삼성SDI향 매출 비중이 95% 이상으로 압도적이었으나 2020년 2분기부터 가동된 CAM5 1만 톤 NCM 라인의 SK이노베이션향 매출이 급증하였다. 또한 EV 향 생산 물량 확대와 함께 CAM5 신공장 NCM 라인 가동률 정상화에 따른 고정비 부담 감소로 예상보다 큰 수익성 개선 효과가 발생하였다.

- SK이노베이션과 2024년부터 2026년까지 10조 원대 양극재 공급 계약체결
- High-Ni NCA, NCM 양극재를 동시에 양산하는 유일기업
- 계열사들의 시너지 효과 : 에코프로GEM(전구체), 에코프로이노베이션(리튬), 에코프로CNG(리사이클링)
- 에코프로가 2조원을 투입해 미국·유럽 진출을 공식화 하면서 연산량 48만 톤 규모 확대

▶ 에코프로(일봉, 2021년 6월 기준)

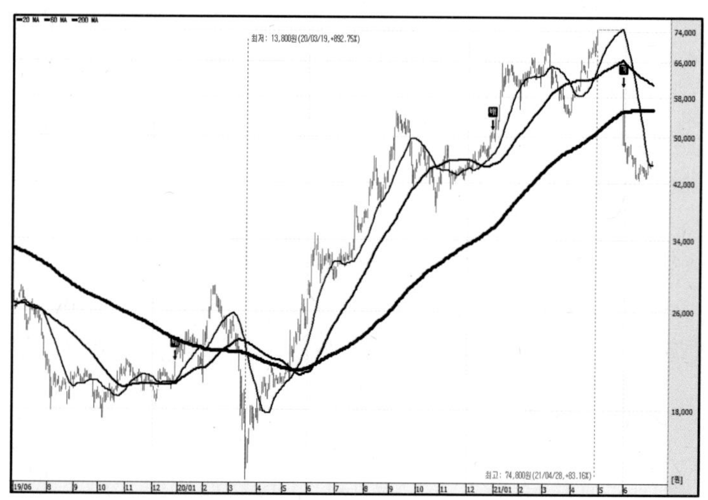

1998년 10월 설립, 2001년 2월 주식회사 에코프로로 사명을 변경했으며 2007년 7월 코스닥 시장에 상장했다. 1998년부터 유해/온실가스 저감장치, 대기환경 플랜트 등 환경사업을, 2003년부터 이차전지 전구체, 양극소재 등 전지재료 사업을 영위해왔다. 2016년 5월 양극소재 부문을 물적 분할(에코프로비엠 설립)하고, 2021년 5월 대기환경 부문을 인적 분할(에코프로에이치엔 설립)함으로써 지주회사로 전환했다.

2021년 6월 전년동기 대비 연결기준 매출액은 47.7% 증가, 영업이익은 63.7% 증가, 당기순이익은 3230.1% 증가하였다.

2013년 하이니켈계 양극재 중심의 사업 재편 이후부터 NCA 분야에서 시장점유율을 꾸준히 높이고 있으며, 현재 테슬라의 EV용 배터리 소재로 납품하고 있는 스미토모금속광에산 뒤이어 세계 2위의 시장점유율을 확보하고 있다. 주력 제품인 하이니켈계 NCA와 Advanced NCM 계열은 장과 함께 동반 성장할 것으로 예측된다.

- 삼성SDI와 에코프로 합작사 에코프로EM 설립
- 경북 포항에 '에코 배터리 포항캠퍼스'라는 이차전지 종합 생산 클러스터 조성
- 에코프로GEM은 중국 전구체 및 양극재 업체 GEM사와 합작 설립
- 에코프로CnG는 LG에너지솔루션과 올 해부터 4년간 폐배터리 장기공급계약 체결
- 삼성SDI와 합작으로 건설중인 캠퍼스7까지 완공되면 연간 약 12만 톤의 양극재 생산규모, 세계 1위로 올라설 전망

▶ 엘앤에프(일봉, 2021년 6월 기준)

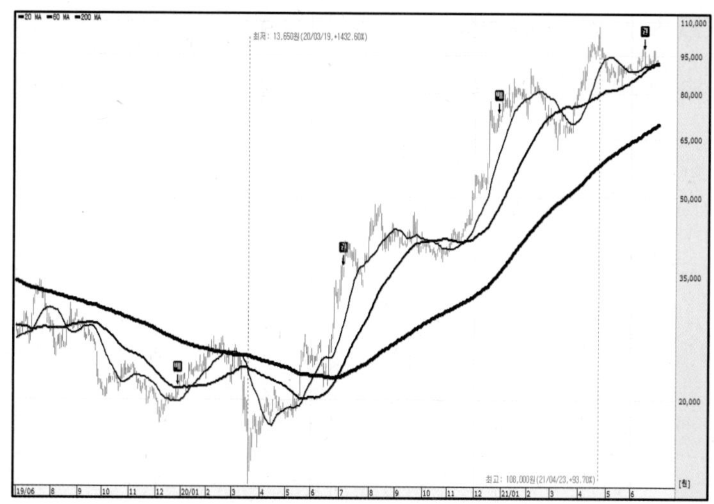

2000년 설립돼 2003년 코스닥 시장에 주식을 상장했다. 2차 전지 양극활물질과 그에 관련된 소재 제조 및 판매를 주요 사업으로 영위하고 있다. 스마트기기, ESS 등을 만들고 있으며, 중국에 위치한 무석광미래신재료유한공사와 경북 김천에 위치한 제이에이치화학공업을 연결대상 종속회사로 보유하고 있다. 대구 달서구와 경북 칠곡군 등에 생산시설을 운영 중이고 매출은 수출 96.97%, 내수 3.03%로 구성되어 있다.

2021년 6월 전년동기 대비 연결기준 매출액은 104.5% 증가, 영업이익은 38.9% 감소했으며 당기순이익이 적자로 전환되었다. 동사의 사업 부문 중 대형 전지향 양극재 부문은 한국판 뉴딜

프로젝트 관련 수혜 분야이고 배터리 소재 고객사들이 국내 EV/ESS 배터리 사업을 모두 영위하고 있다는 점에서 그린 뉴딜 수혜 확대가 전망되고 있다.

그린 뉴딜 성과 지표에 따라 국내 전기차 누적 보급대수는 지속 증가가 전망되고 있다.

- 세계 최초 NI-90% NCMA 양극재 테슬라 모델Y 납품
- 中 CNGR과 양극재 원재료 구매선 확보
- 880억 신규투자 "양극활물질 수요 대응을 위한 CAPA증설"
- LG에너지솔루션에 올해 1월부터 내년 말까지 1조 4,547억 원 수주
- SK이노베이션에 2023년 말까지 1조 2,176억 원에 이르는 양극재 공급계약 체결

▶ **새로닉스(일봉, 2021년 6월 기준)**

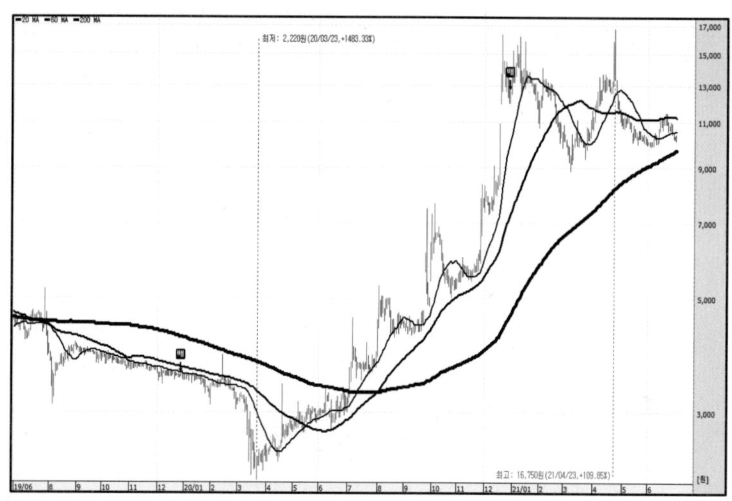

디바이스를 비롯하여 FFC, 광학시트, 주방용TV 생산과 DID 및 홈네트워크기반의 시스템 제품을 생산 판매하고 있다. 동사는 종속회사를 통해 국내와 북미에 전자부품 사출물 및 태양전지용 부품 판매사업도 병행 중이다. 전자부문 LCD TV 입력장치인 디바이스와 전선인 FFC, 주방용TV 등을 주력사업으로 하고 있으며 광학시트 임가공 사업을 겸하여 영위 중에 있다.

2021년 6월 전년동기 대비 연결기준 매출액은 33% 증가, 영업손실은 77.2% 감소, 당기순손실은 12.9% 감소했다. 매출은 전년 동기 대비 큰 폭으로 증가했지만 매출 증가에 따라 매출원가 부담이 커지면서 판관비와 인건비 감소 노력에도 불구하고 영업이익은 적자 기조가 유지되고 있다. 다만 적자 규모는 큰 폭으로 감소하였다 영업적자 기조가 유지되고 이자비용 등에 대한 부담이 커지면서 당기순손실 역시 지속되고 있는 상황이다.

- 엘앤에프의 모회사인 새로닉스가 52주 신고가 경신
- 엘앤에프 양극재가 탑재된 LG에너지솔루션의 배터리는 전량 테슬라 전기차에 공급 예정

▶ 코스모신소재(일봉, 2021년 6월 기준)

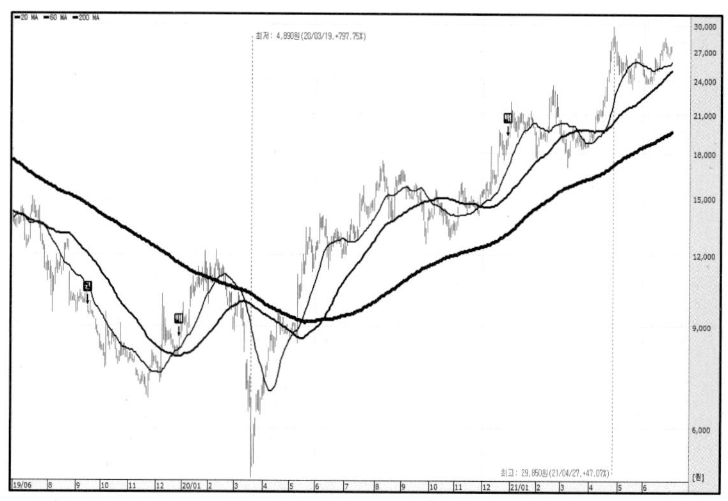

1967년 설립되어 기능성필름(이형필름, 점착필름, 인슐레이션 필름)과 2차전지용 양극활물질, 토너, 토너용 자성체 등을 제조 판매하는 사업을 영위하고 있다. 2010년에 GS그룹에 인수되어 법률상 GS그룹에 속한 계열회사이었으나, 독점규제 및 공정거래에 관한 법률시행령 제 3조의 2 제 1항에 의거 2015년 7월 22일자로 상호출자제한기업집단 'GS'에서 분리되었다. 삼성전기, 삼성SDI 등의 메이저브랜드들이 최대 매출처이다.

2021년 6월 전년동기 대비 별도기준 매출액은 97% 증가, 영업이익은 214.1% 증가, 당기순이익은 310% 증가하였다. 매출 대부분이 수출에서 발생하는 사업구조이다. 주력제품인 토너 및

LCO의 수출이 확대되면서 큰 폭의 매출 상승세를 시현하였다. 원가율 소폭 상승에 그쳐 수익성 또한 크게 상승한 모습이다. 복합기 기종 토너개발 및 마케팅에 집중하고 있으며, 고부가가치 제품 개발에 총력을 기울이고 있다.

- 1500억원을 투자하여 2차전지 NCM 신규공장 증설
- LG에너지에 하이니켈 양극재 첫 공급(니켈83% 하이엔드제품)
- LG에너지솔루션과 손잡고 니켈 94% 함량의 NCM 하이엔드 양극재 개발

▶ 코스모화학(일봉, 2021년 6월 기준)

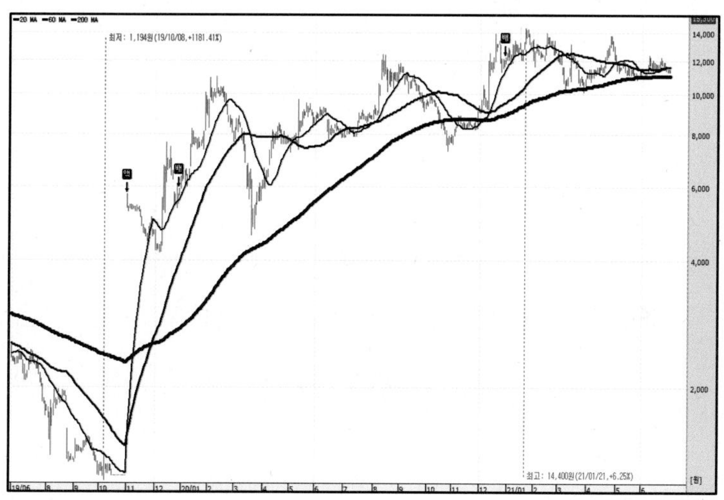

1968년 2월에 설립되었으며, 이산화티타늄(아나타제, 루타일), 폐수처리제 등을 제조 및 판매하고 있다. 종속기업으로는 기능성필름, 2차전지용양극활물질 등을 생산 및 판매하는 코스모신소재와 유기 및 무기 화학공업 제품제조, 시스템 인터그레이션서비스업을 영위하는 코스모촉매 및 코스모에코켐이 있다. 국내 유일의 이산화티타늄 제조업체이며, 수입제품 외 국내 경쟁 생산업체는 없다고 볼 수 있다.

2021년 6월 전년동기 대비 연결기준 매출액은 66.3% 증가, 영업이익은 434.9% 증가, 당기순이익은 흑자전환에 성공했다.

신소재 부문을 포함한 대부분의 사업 부문에서 괄목할만한 성장으로 큰 폭의 매출 상승세를 기록하였으며, 원가율 및 고정비 비중 하락으로 수익성 또한 확연히 개선된 모습이다. 루타일형, 장섬유용 제품 및 상품판매 등 신제품 개발에도 박차를 가하고 있는 점 등이 긍정적으로 평가되고 있다.

- 코스모화학, 100% 자회사 코스모에코켐 흡수합병 결정(전구체 생산에서부터 양극활물질 생산까지 소재의 안정적 공급이 무엇보다 중요한 현재 시점에서 중국에 대부분을 의존하고 있는 경쟁업체에 비해 국산화에 따른 수혜가 기대되는 부분)

- 향후 크로노스(KRONOS)와 협업을 통한 Special Grade TiO2 개발에 힘쓰고 있어 구조적 체질 강화 및 미래 성장성까지 확보

▶ 포스코케미칼(일봉, 2021년 6월 기준)

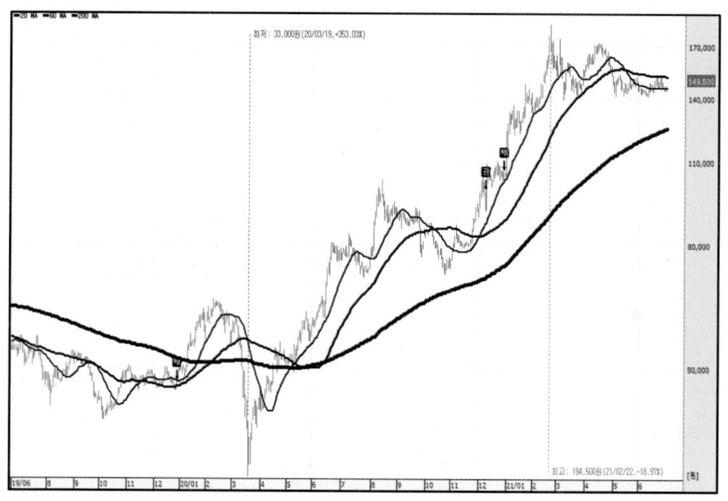

주요 사업은 이차전지소재, 첨단화학소재, 산업기초소재로, 이차전지용 양극재와 음극재, 탄소소재 원료와 제품, 내화물과 생석회 등을 제조, 판매하고 있다. 포스코그룹 계열의 소재 전문회사로 2021년 약 1조 2천 7백억원의 유상증자를 통해 대규모 투자 재원을 확보하고 있다. 이차전지소재 분야에서 포스코 그룹의 리튬, 니켈 등 원료, 이차전지소재연구센터 등 R&D 인프라, 글로벌 마케팅 네트워크를 연계해 사업경쟁력을 높여 나가고 있다.

2021년 6월 전년동기 대비 연결기준 매출액은 30.2% 증가,

영업이익은 248.1% 증가, 당기순이익은 978.4% 증가하였다. 에너지부문을 필두로 주력부문에서 꾸준한 외형 성장세를 기록하고 있으며, 원가율 하락 영향으로 영업수익성은 비교적 크게 상승한 모습이다. 포스코, OCI 등 대형 거래선을 기반으로 한 안정적 수주를 바탕으로 향후 꾸준한 성장세 계속 유지할 것으로 전망되고 있다.

- POSCO 아르헨티나 리튬 염호 인수 및 호주 리튬광산 투자

- 1.2조원 넘는 규모로 유상증자 성공

- LG화학 GM의 얼티엄셀즈향 양극재 공급선 2022년 양상

▶ 대주전자재료(일봉, 2021년 6월 기준)

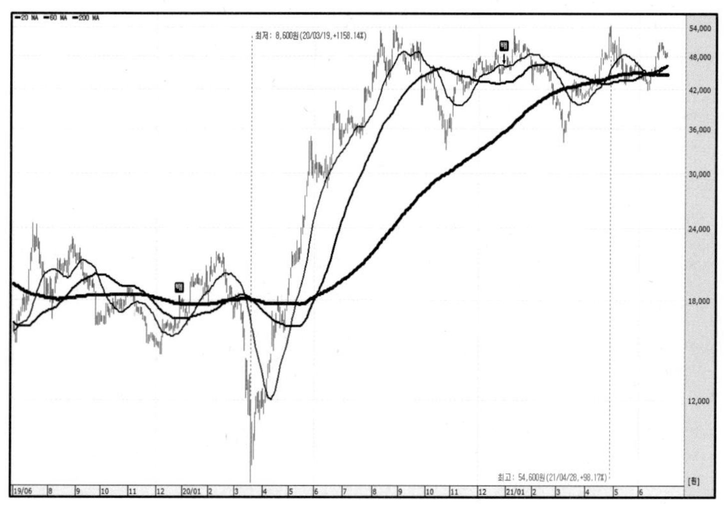

전자제품에 필수적으로 사용되는 전자부품용 소재를 종합적으로 개발, 제조, 양산할 수 있는 전자재료 전문기업이다. 생산 제품들은 스마트폰, 노트북 등에 사용되는 칩형 전자부품에 응용되는 칩부품용 전극재료와 LED용 형광체, AMOLED 재료, 태양전지용 전극재료, 이차전지 음극재료 등이 있다. LED용 형광체는 LG화학 형광체 사업부를 인수하여 세계 2위의 생산능력을 확보하고 있다.

2021년 6월 전년동기 대비 연결기준 매출액은 27.4% 증가,

영업이익은 111.7% 증가, 당기순이익은 208.7% 증가했다. 최근 글로벌 배터리 시장에서는 에너지 밀도 향상을 통한 배터리 용량확대를 위해 양극의 High-Nickel 화가 활발히 이루어지고 있기 때문에, 실리콘 음극활물질의 음극 적용 확대가 불가피할 것으로 전망된다. 향후 실리콘 음극활물질에 대한 공격적인 증설을 감안한다면 매출 비중은 꾸준히 확대될 것으로 전망된다.

- IMM크레딧솔루션으로부터(LG화학) 799억원 규모 투자 유치

- 실리콘 음극재를 상용화한 국내 유일 회사.

실리콘 음극재는 현재 전기차용 배터리에 주로 사용되는 '흑연 음극재'보다 주행 거리가 향상되고 충전시간이 단축돼 차세대 배터리 소재로 주목

- LG화학은 대주전자재료와 협력해 포르쉐 전기차(타이칸)용으로 실리콘 음극재가 적용된 배터리를 상용화하는 등 긴밀한 협력 관계

▶ 동진쎄미켐(일봉, 2021년 6월 기준)

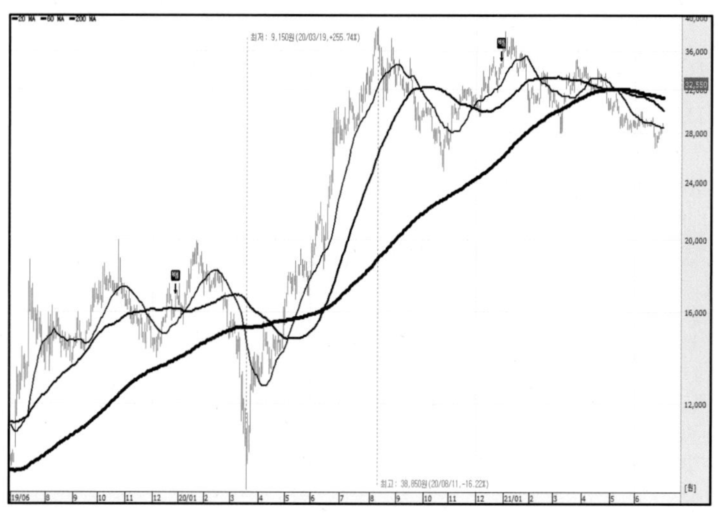

1973년 법인 설립되어 반도체 및 TFT-LCD 노광공정에 사용되는 포토레지스트 관련 전자재료사업과 산업용 기초소재인 발포제 사업을 영위하고 있다. 반도체, 평판디스플레이용 감광액과 박리액, 세척액, 식각액, 태양전지용 전극 Paste 등 전자재료를 제조업체에 납품함. 신발밑창, 장판지 등 건설자재, 자동차 내장재에 주로 사용되는 산업용 기초소재인 발포제를 국내외 화학회사에 주로 납품하고 있다.

2021년 6월 전년동기 대비 연결기준 매출액은 17.4% 증가,

영업이익은 5.9% 감소, 당기순이익은 18.9% 감소했다. 전년동기 대비 매출액이 증가했으나 판관비와 인건비, 매출원가의 증가로 영업이익과 당기순이익은 감소했다. 최근 전자재료 분야에서 쌓아온 기술력을 바탕으로 차세대 신재생에너지인 연료전지, 이차전지 분야에 집중 투자, 개발을 진행하고 있다. 차세대 재료인 CNT 도전재, 실리콘 음극재 개발에 집중하고 있다.

- 폭스바겐의 전기자동차 파트너인 노스볼트에 음극재를 공급하기 위해 스웨덴 법인설립

- 노스볼트사와 10년 음극재 공급 장기계약

▶ 한솔케미칼(일봉, 2021년 6월 기준)

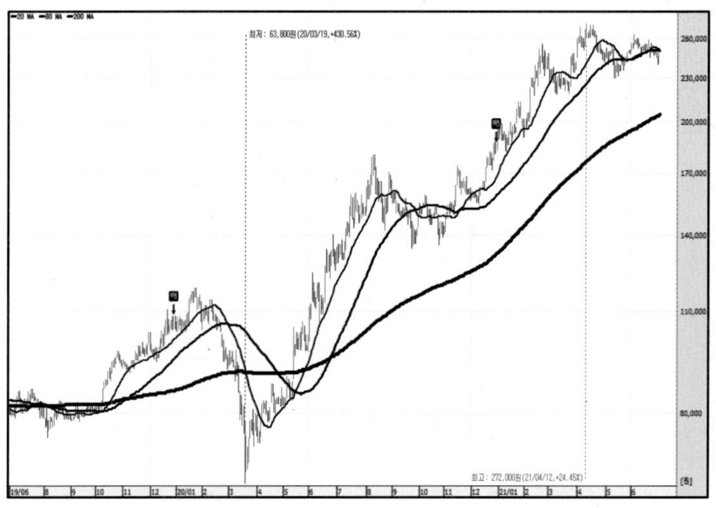

1980년 3월 13일 설립되어 1989년 5월 20일 유가증권시장에 상장되었다. 동사의 주요 사업내용은 라텍스, 과산화수소, PAM, 차아황산소다, 전자재료, Precursor, 기타 화공약품 등의 판매이다. 정밀화학 산업은 각종 첨가제, 제지약품, 수처리제, 염료, 도료, 안료, 반도체약품, 계면활성제, 접착제, 화장품, 의약품 등을 생산하는 공업을 포괄하는 화학산업으로 가공형 산업의 특징을 지니고 있다.

2021년 6월 전년동기 대비 연결기준 매출액은 23.4% 증가,

영업이익은 43.8% 증가, 당기순이익은 30.2% 증가했다. 원가율 상승과 판관비 증가에도 불구하고 매출 확대에 힘입어 수익성이 개선되었다. 전자재료 사업에서 2차전지 성능 향상을 위하여 지속적으로 신소재에 대한 수요가 커지고 있어 이러한 변화가 동사의 신규시장 확보에 긍정적인 영향을 줄 것으로 기대되고 있다.

- 2020년 한 해 실적 모두 사상 최대를 기록하면서 올해 큰 폭으로 성장

- 2차전지 소재인 분리막용 바인더(Binder)를 국산화하여 삼성SDI, SK이노베이션에 지난해부터 납품 시작

- 2022~23년부터 한솔케미칼은 3만 평 규모의 신공장에서 전고체 배터리 소재의 생산라인 구축 예상

- 21년 분리막용 바인더 → 22년 실리콘 음극재 → 23년 황화물계 고체 전해질

▶ 나노신소재(일봉, 2021년 6월 기준)

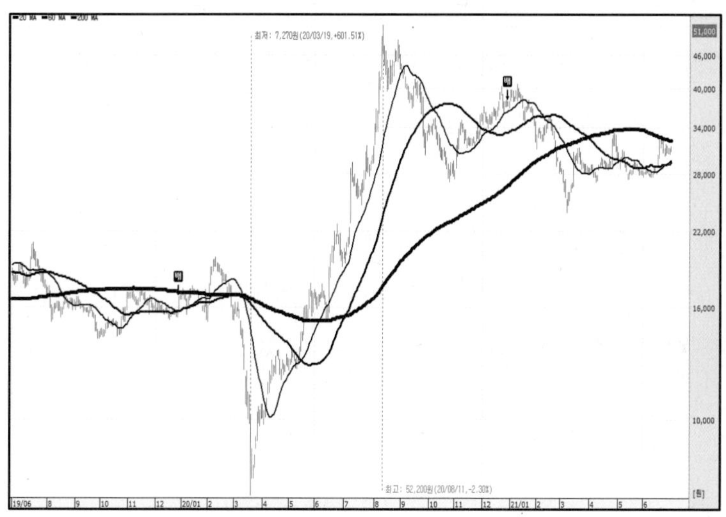

디스플레이, 반도체, 태양전지 등의 소재 제조업을 목적으로 하며, 2000년 3월 15일 설립되었다. 동사는 디스플레이 산업에서 Target 제품 이외에 인쇄전자산업에 적용할 수 있는 Silver nano ink/paste 소재를 공급하고 있다. 태양전지 산업에서 주로 공급하고 있는 분야는 박막태양전지 분야이며, 고효율의 전지 개발과 원가 절감을 통한 생산성 확보에 노력하고 있다.

2021년 6월 전년동기 대비 연결기준 매출액은 31.9% 증가, 영업이익은 140.4% 증가, 당기순이익은 213.2% 증가했다. 매출은 전년 동기 대비 증가했으며 매출 증가에 따라 매출원가 및 판관비 부담은 늘었지만 인건비 부담은 감소했고 각종 비용 절감 노력에 힘입어 영업이익은 전년 동기 대비 큰 폭으로 증가하였다. 법인세와 이자비용 부담이 늘었지만 영업이익 증가폭이 커 당기순이익 역시 전년 동기 대비 큰 폭으로 증가하였다.

- 음극재용 탄소나노튜브(CNT) 도전재 세계최초 상용화
- 현대중공업과 57억 8,000만원 규모 LNG연료탱크 공급계약 체결

▶ SKC(일봉, 2021년 6월 기준)

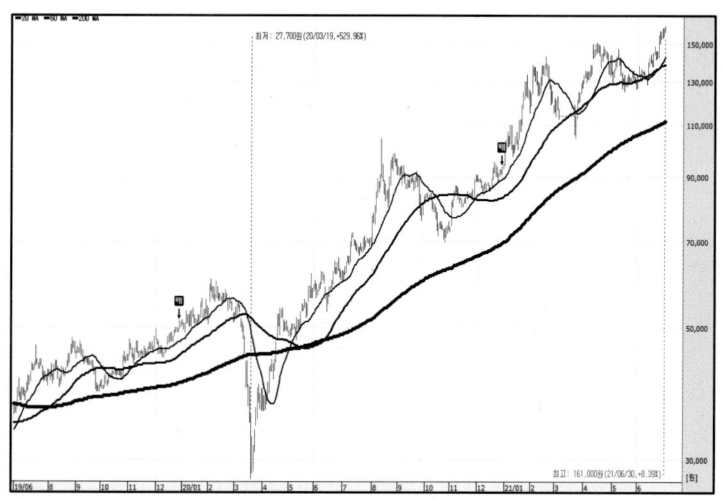

1976년 설립된 소재전문기업으로 모빌리티, 반도체, 친환경 분야 고부가가치 소재를 생산하였다. 2차전지 음극집전체에 사용되는 동박 등을 생산하는 모빌리티 소재사업, 반도체 공정 소재를 생산하는 반도체 소재사업을 영위하고 있다. PET필름을 생산하는 Industry소재사업, 폴리우레탄의 원료인 PO 등을 생산하는 화학사업을 영위하고 있다. 주요 연결대상 종속회사로 SK넥실리스, SK피아이씨글로벌 등이 있다.

2021년 6월 전년동기 대비 연결기준 매출액은 34.8% 증가,

영업이익은 167.2% 증가, 당기순이익은 8.2% 증가하였다. 원가율 상승과 판관비 증가에도 불구하고 매출 확대에 힘입어 영업이익이 증가하였다. 모빌리티 소재사업에서 동사는 신규 생산라인 증설을 계획하고 있다. 2020년 하반기에는 신규 4공장이 가동되었으며, 2021년 하반기 이후 양산을 목표로 5공장 및 6공장 투자를 진행하고 있다.

- 8,000억원 투자해 유럽에 동박공장 신설(폴란드 유력)
- 유럽과 미국에 투자로 동박 생산량 2025년까지 20만 톤 이상으로 확대
- 내년 초 예정이었던 5공장 상업가동도 반년 앞당겨 6월부터 본격 가동하고, 건설 중인 6공장 역시 가동 일정 앞당길 계획 추진

▶ **일진머티리얼즈(일봉, 2021년 6월 기준)**

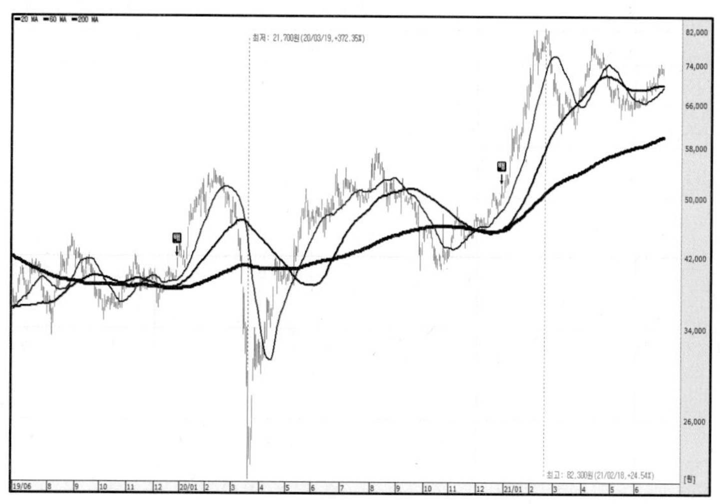

스마트폰, 텔레비젼 등 모든 IT 전자제품과 리튬이온2차전지용 음극집 전체에 사용되는 일렉포일의 제조 및 판매 목적으로 1987년 8월 11일 설립되었다. 판매중인 I2B제품이 리튬2차전지 음극집전체용 Elecfoil으로 사용되고 있으며, 전북 익산과 말레이시아에 위치한 공장을 통해 제품을 생산하고 있다. 삼성SDI와 LG화학을 주요 고객사로 보유하고 있으며 매출은 일렉포일 90.03%, 기타 9.97%로 구성되어 있다.

2021년 6월 전년동기 대비 연결기준 매출액은 13.4% 증가,

영업이익은 37.8% 증가, 당기순이익은 16.9% 증가하였다. 매출원가, 판매비와 관리비, 인건비 등 비용이 늘었으나 매출 성장폭이 커 영업이익이 개선되었다. 코로나19 여파로 디지털 기기 수요가 늘어난 것이 실적 개선에 기여한 것으로 분석되고 있다. 새로운 시장인 전기자동차, ESS 등 중대형 전지 시장을 위주로 영업을 하는 등 지속 성장을 위한 시도를 하고 있다.

- 2차 전지용 동박 생산능력은 2022년 연간 약 6만 톤 규모에서 2025년에는 10만 톤 이상으로 확대될 것으로 전망

- 노스볼트와 1만 7000톤의 대규모 공급 체결

- 전고체 배터리용 고체전해질 이르면 2025년 상용화

- 삼성전자 반도체 패키지에 사용되는 2㎛ 초극박(Ultra Thin Copperfoil) 초도 출하

▶ **솔루스첨단소재(일봉, 2021년 6월 기준)**

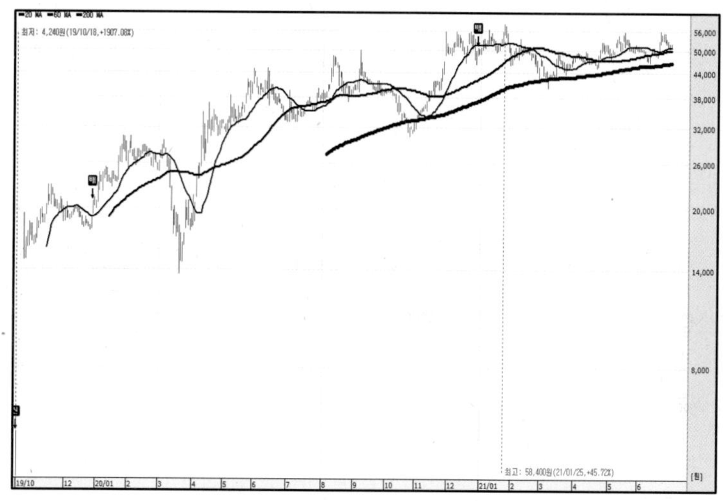

2020년 12월 솔루스첨단소재로 상호명을 변경하였으며, 전지박, 동박, OLED, 화장품, 제약소재 사업부문을 영위하고 있다. 2014년 전지박 원천기술을 보유한 룩셈부르크 동박업체 서킷포일(CFL)을 인수, 2019년 헝가리 공장을 신설하며 전지박 사업을 본격화했다. '20년 헝가리 타타반야 지역에 총 1.2만톤 규모의 전지박 생산 공장을 완공하였으며, 추가 1.9만톤 규모의 증설을 진행하고 있다.

2021년 6월 전년동기 대비 연결기준 매출액은 23.9% 증가,

영업이익은 87.9% 감소, 당기순이익은 36.1% 감소했다. 전지박 사업부는 매출 지속 증가를 보이고 있으며, 첨단소재사업부도 계절적 비수기에도 불구하고 연결 매출 전년 동기 대비 23%, 금년 1분기 대비 4% 증가하였다. 동사가 확고한 입지를 보유하고 있는 고부가 제품은 5G 시장의 본격 개화로 향후 지속적인 성장이 예상되고 있다.

- 솔루스첨단소재는 동박업계 후발주자지만, 일본 토요타그룹과 손잡고 미국시장에 먼저 진출해 선두권 업체와 격차를 좁혀 나갈 것으로 전망

- 솔루스첨단소재의 미국 동박 생산규모는 진출 초기 4만~6만 톤으로 예상되며, 2024년 14만 톤까지 늘어날 전망

- 유럽 헝가리 제1공장 준공에 앞서 연간 1만 톤의 공급처 확보

- 2025년까지 LG화학에 전지박 공급

▶ 고려아연(일봉, 2021년 6월 기준)

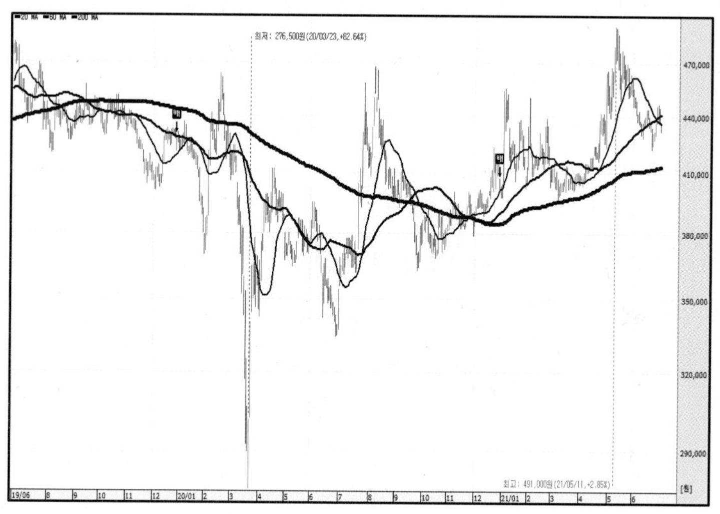

종합비철금속 제련회사로서 1974년 8월 1일에 설립되었으며, 1990년 7월 28일 기업공개를 실시했다. 아연, 연, 금, 은, 동 등을 제조 및 판매하는 종합비철금속제련회사로 비철금속을 제련하는 사업을 영위하고 있다. 비철금속 산업은 철강업과 함께 대표적인 국가 기간산업이며, 최근에는 원자재로서 중요성이 더욱 커지고 있는 산업으로 지속적으로 발전해 나가고 있다.

2021년 6월 전년동기 대비 연결기준 매출액은 36.4% 증가, 영업이익은 47.5% 증가, 당기순이익은 59.4% 증가했다. 기존

안정적 수익모델을 갖추고 있는 아연 제련업을 기반으로 실적 우상향 추세가 이어지고 있다. 최근 들어 2차 전지 소재 사업에도 진출해 미래 성장성을 갖추고 있다는 긍정적인 평가가 나오고 있는 만큼, 안정적인 외형 성장이 가능할 것으로 전망되고 있다.

- 2022년 10월 가동 예정으로 연산 1만 3,000톤 규모 동박·전구체 등 배터리 핵심소재 공략
- 오는 2025년까지 연간 생산능력 5만 톤까지 확대 전망

▶ 동화기업(일봉, 2021년 6월 기준)

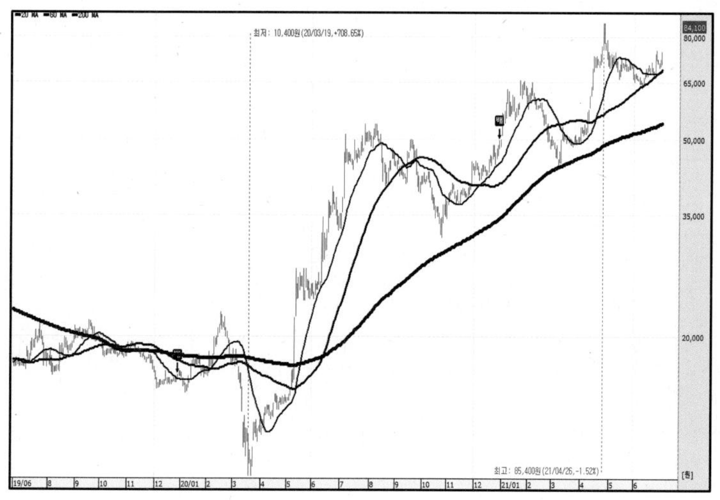

1948년 4월에 설립되었으며, 1995년 8월 7일 코스닥시장에 상장했다. MDF, PB, MFB, 화학, 건강재 사업을 영위하고 있으며, 파티클보드 및 MDF 국내 점유율 1위를 보이고 있다. 2019년 8월 전해액 등 전자재료의 제조 및 판매를 주요 사업으로 하고 있는 동화일렉트로라이트 (구,파낙스이텍)를 인수하여 2차 전지 전해액 제조 사업을 시작하였다.

2021년 6월 전년동기 대비 연결기준 매출액은 21.7% 증가, 영업이익은 119.3% 증가, 당기순이익은 507.7% 증가하였다.

매출원가, 판매비와 관리비, 인건비 및 복리후생비 등 주요 비용이 증가하였다. 하지만 매출 증가폭이 비용 증가폭을 뛰어 넘어 수익성은 개선되었다. 유통판매와 특판 건설 시장을 접목한 영업망을 구축하여 직판 및 관급공사, 건설사 수주 확대를 통한 매출확대를 이루고 있다.

- 전세계 공장 증설⇒ 한해 전해액 생산량 5만 3,000t 확장

- 톈진 2공장 1만t 준공, 헝가리 공장 2만t 규모 공장신설

- 삼성SDI의 리비안 배터리공급 (동화기업 최대 고객사)

▶ 천보(일봉, 2021년 6월 기준)

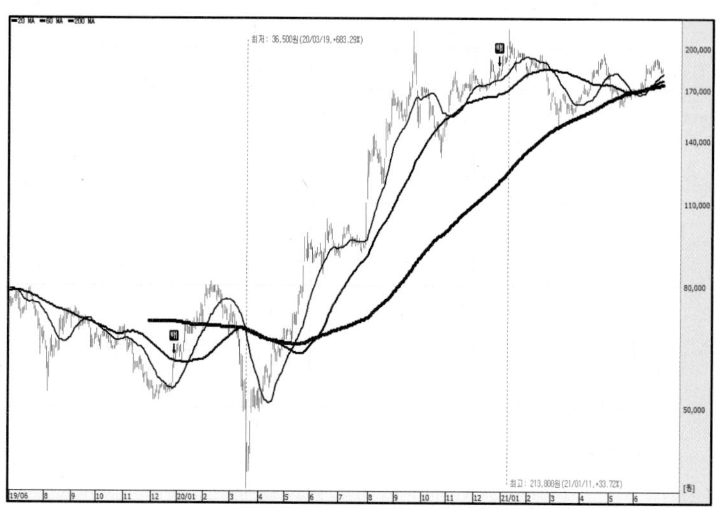

2007년 10월 8일에 설립되었으며, 전자소재, 이차전지 전해질 등의 개발, 제조 및 판매를 주요사업으로 하고 있다. 동사의 사업분야는 크게 전자소재(LCD식각액첨가제, OLED소재, 반도체공정 소재 등), 2차전지 소재(전해질, 전해액첨가제), 의약품 소재(의약품중간체), 정밀화학 소재이다. OLED 부문에서 동사는 3원색 중 적색(R) 발광재료 등의 중간체 및 완제품을 생산하고 있다.

2021년 6월 전년동기 대비 연결기준 매출액은 51.7% 증가,

영업이익은 41.3% 증가, 당기순이익은 55.3% 증가하였다. 동사 매출은 전년 동기 대비 큰 폭으로 증가했으며 매출 증가에 따른 매출원가와 판관비, 인건비 부담이 늘었지만 매출 증가 효과가 커 영업이익 역시 전년 동기 대비 큰 폭 확대되었다. 전반적인 수익성이 개선되면서 법인세 비용 부담 영향에도 불구하고 당기순이익은 전년 동기 대비 큰 폭으로 확대되었다.

- 전해질 국내 3사 모두납품(전해액 첨가제 등)

- 올해 상반기까지 4,000톤, 2022년에서 2023년까지 공격적인 투자로 인해 1만 2,000톤 생산 계획

▶ 후성(일봉, 2021년 6월 기준)

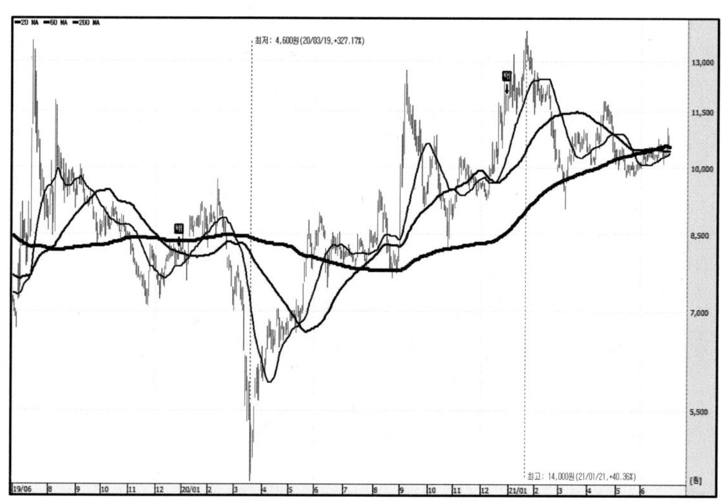

2006년 11월 23일에 설립되었으며, 2006년 12월 22일 한국거래소 유가증권시장에 상장되었다. 동사는 냉매가스, 반도체용 특수가스, 2차전지 전해질 소재 'LiPF6'를 국내에서 유일하게 전문적으로 제조, 판매하는 업체이다. 동사는 '후성폴란드유한회사'를 신규연결 하여 총 4개의 연결대상 종속회사를 가지고 있으며 기업집단 '후성그룹'에 속해 있는 기업이다.

2021년 6월 전년동기 대비 연결기준 매출액은 13.3% 증가, 영업이익 흑자전환, 당기순이익 흑자전환에 성공했다. 원가율 상승과 판관비 증가에도 불구하고 매출 확대에 힘입어 영업이익이 흑자로 전환했다. 반도체 수요 증가와 함께 갈수록 반도체의 미세공정이 더욱 중요해지는 상황에서 반도체 미세화 및 3D 공정이 도입될수록 동사가 생산하는 반도체 특수가스 C4F6 및 WF6 수요는 더욱 증가할 것으로 예상되고 있다.

- 2차전지 전해질인 LiPF6을 국내에서 독점 생산
- 중국(후성과기)에서 400톤의 전해액 첨가제(LiPF6) 생산능력을 3,800톤 증설, 올해 4분기 말 완공 예정

▶ DI동일(일봉, 2021년 6월 기준)

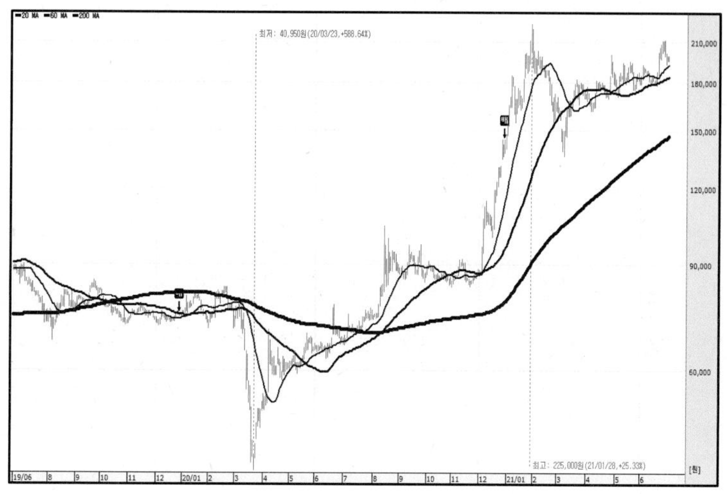

사업은 섬유소재 부문, 의류, 알루미늄, 플랜트 및 환경, 가구 도소매, 화장품 부문으로 분류되고 있다. 섬유소재 시장은 인력난, 저가 수입제품 유입으로 인한 경쟁 심화 등으로 경쟁이 가중되고 있다. 이에 노후 설비 보완, 생산시설 자동화 등 실적 개선을 위한 시도를 이어가고 있다. 알루미늄 부문은 전기차, 2차전지 시장이 성장하면서 수혜가 기대된다는 분석이 있다.

2021년 6월 전년동기 대비 연결기준 매출액은 14.2% 증가, 영업이익은 93.6% 증가, 당기순이익은 62.5% 증가했다. 전기차 시장이 성장하고 배터리 수요가 늘어나면 동사 알루미늄 사업

부문이 수혜를 누리며 실적 개선으로 이어질 가능성이 있다. 코로나19 확산세가 진정되면 경제활동이 재개되고 소비 심리가 회복되면서 섬유소재 부문 역시 실적이 개선될 수 있다.

- 2차전지 소재로 쓰이는 알루미늄 수요 증대에 발맞춘 증설 투자

- 현재 국내에 4개 생산라인을 보유한 DI동일이 추가로 알루미늄박 제조라인을 확보할 것으로 예상

▶ 삼아알미늄(일봉, 2021년 6월 기준)

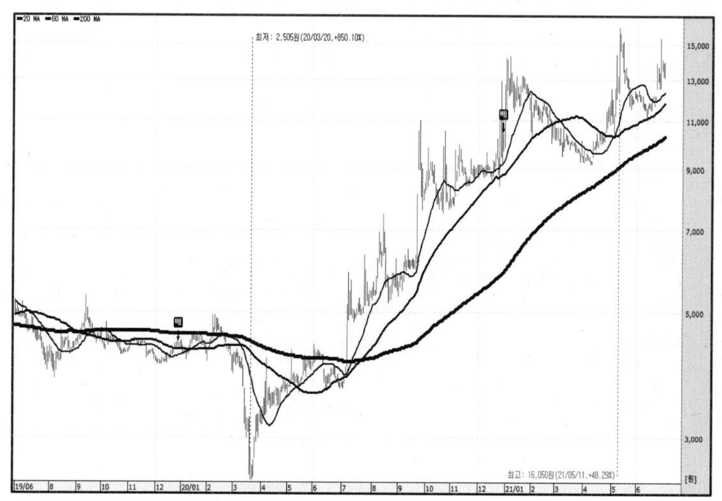

1969년 설립되어 알미늄 압연제품과 가공제품을 생산, 판매하는 것을 주요 사업으로 하는 기업으로, 1980년 상장되었다. 일반포장재용, 전지용, 콘덴서용, 음극박재용 및 산업용인 자동차용, 에어컨용, 전선용박의 압연제품과 알미늄 박을 포함한 필름, 종이, 이와 관련된 가공제품을 생산, 판매하고 있다. 가장 오래된 총판으로서 경험과 신용을 밑바탕으로 한국 총판 중 가장 포괄적으로 다양한 업체와 거래하고 있다.

2021년 6월 전년동기 대비 연결기준 매출액은 24.4% 증가,

영업이익은 81.8% 증가, 당기순이익은 122.2% 증가하였다. 코로나 19로 인해 온라인 판매는 증가하여 매출액, 영업이익, 당기순이익이 모두 증가하였다. 2차전지 업체들이 올 2분기 대부분 예상치를 웃도는 실적을 냈고 하반기에도 전기차 성수기 효과, 친환경 정책 강화, 미국 진출 기대 등으로 실적 흐름 개선이 기대되고 있다.

- 리튬이온배터리(LIB)용 알루미늄 제품들이 매출 성장
- 배터리 소재용 알루미늄 제품을 LG에너지솔루션, SK이노베이션, 삼성SDI 등 배터리 제조사로 공급

▶ **피엔티(일봉, 2021년 6월 기준)**

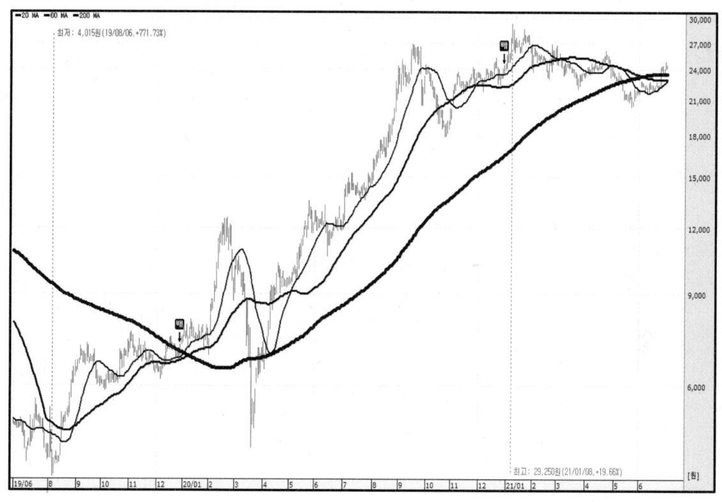

2003년에 설립된 회사로 Roll to Roll 기술을 바탕으로 IT용 소재, 2차 전지의 음극 및 분리막 소재, Copper 등의 코팅 및 슬리터 장비의 제작 판매를 주요 사업으로 하고 있다. 디스플레이 소재용 필름 및 전자전기와 소형 및 ESS용 중대형 2차전지의 분리막/음극/양극 소재, 그리고 회로소재 및 2차전지용 극박 등 생산하는 장비 등을 개발 및 생산하고 있다. 국내 Copper 생산업체 중 LS엠트론에 독점 공급 중에 있다.

2021년 6월 전년동기 대비 연결기준 매출액은 1.9% 증가,

영업이익은 23.5% 증가, 당기순이익은 63.4% 증가하였다. 동사의 국내외 주요 고객사의 지속적인 CAPA 증설은 수주잔고 증가로 이어질 것으로 기대되고 있다. 최근 소재단의 수주잔고가 꾸준히 증가하고 있으며 수주 대부분은 전지용 동박 생산 장비로 추정. 글로벌 2차전지 시장 확대에 따른 수혜는 장기간 지속될 전망되고 있다.

- 중국 동박 생산업체(Nanjing Longxin Electronic Technology) 505억원 규모 동박 장비 납품 계약 체결

- 중국의 리튬배터리 제조사 허페이 궈쉬안배터리(Hefei Guoxuan Battery)와 423억 원 규모의 2차전지 전극공정 장비 공급계약 체결

- 구미공단에 1,000억 투자해 2차전지 공장증설

▶ 켐트로스(일봉, 2021년 6월 기준)

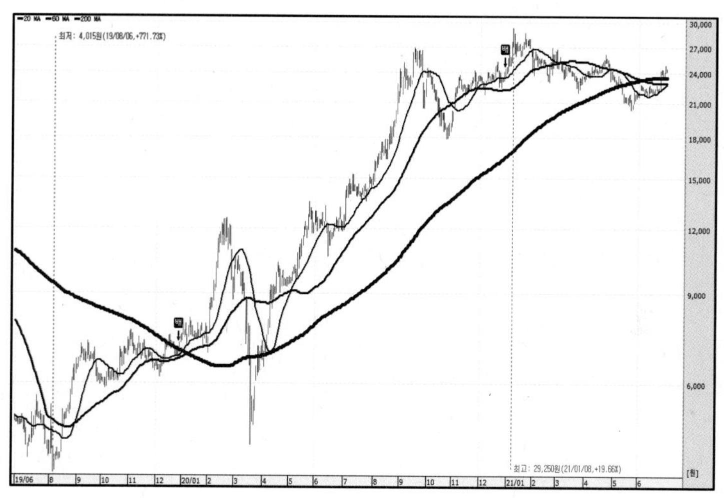

유기합성기술 및 합성연구 개발 역량을 기반으로 2006년 3월 7일 설립되었으며, IT소재 및 의약소재 등 유기합성분야에서 차별화된 기술과 품질로 고객가치 향상에 기여하고 있다. 주력제품들은 정밀화학 산업 각 분야에서 필요로 하는 주요 케미칼 소재들로 구성되어 있다. 제품은 전해액 첨가제로 기본적인 역할(리튬이온의 이동 및 안정성 확보) 뿐 아니라 보조적인 기능을 위해 전해액에 추가로 사용되는 재료이다.

2021년 6월 전년동기 대비 별도기준 매출액은 16% 증가, 영업이익 흑자전환, 당기순이익 흑자전환에 성공했다. 원가율 상승에도 불구하고 매출 확대와 판관비 절감 노력에 힘입어 영업이익이 흑자로 전환했다. 정부가 2050탄소중립 시나리오를 발표하면서 향후 2차전지 배터리 생산에 필요한 소재 및 부품 관련 수요가 확대될 것으로 기대되고 있다. 실리콘 제품은 기능성 중심의 제품을 중심으로 시장점유율을 확대해 나갈 계획이다.

- 열폭주로 인한 배터리 화재를 막아주는 첨가제는 2차전지 전해액의 구성재료로 3.6%의 낮은 구성비율에 비해 원가는 26%를 차지하며 전해액 기술의 핵심

- 제 2의 천보로 2차전지 메인 소재업체로 재평가 받으며, 고객사 물량 확대와 3공장 완공 비용은 선 반영돼 가파른 실적 우상향 전망

▶ 씨아이에스(일봉, 2021년 6월 기준)

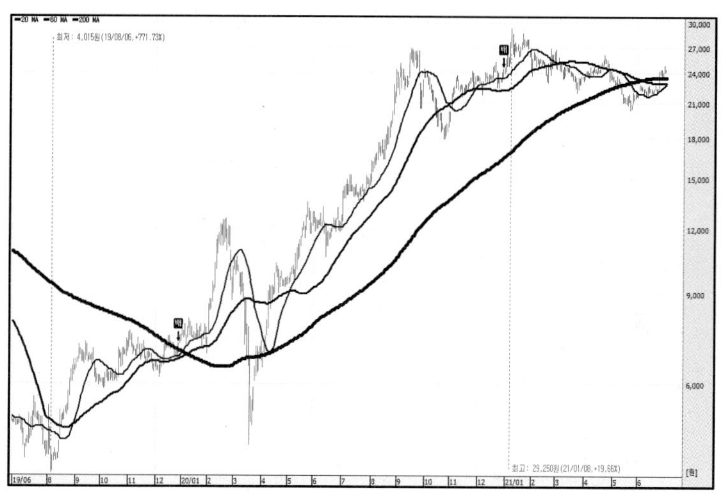

2002년 9월 설립되었으며 리튬 이차전지 생산을 위한 전극 제조관련 장비를 전문 제작하며 2차 전지 전공정인 Coater, Calender, Slitter, Tape Laminator 및 기타설비 등을 생산하고 있다. 코팅공정에서 기존 열풍 방식의 건조 시스템의 틀에서 벗어나 과열증기를 이용한 건조 방식의 코터를 개발하여 생산성을 높이고 있다. 슬리팅 공정에는 불량 부분을 식별하는 라벨러에 대한 특허를 보유하고 있다.

2021년 6월 전년동기 대비 연결기준 매출액은 116.8% 증가, 영업이익은 282.6% 증가, 당기순이익 흑자전환에 성공했다. 전방산업의 투자규모 확대에 따른 매출액 증가 대비 개발라인 매출 증가에 따른 원가 상승 및 코로나19로 인한 해외 물류비용 및 해외 출장비(외주 인건비 포함) 등이 증가하였다. 유럽을 중심으로 전기차 산업의 발전 흐름 가속화 될 것으로 보이며 주요 2차 전지 셀업체들의 대규모 증설이 예정되어 있다.

- 218억 규모 2차전지 전극 공장 장비 판매계약(계약 상대방은 상대방의 기업경영상 비밀보호 요청에 따라 공개되지 않음)

- LG에너지솔루션이 전고체 배터리 사업을 추진하기 위해 2차전지 장비업체 씨아이에스의 지분투자 검토 중

▣ 수소차(연료전지) & 수소산업 주요 기업

▶ 현대차(일봉, 2021년 6월 기준)

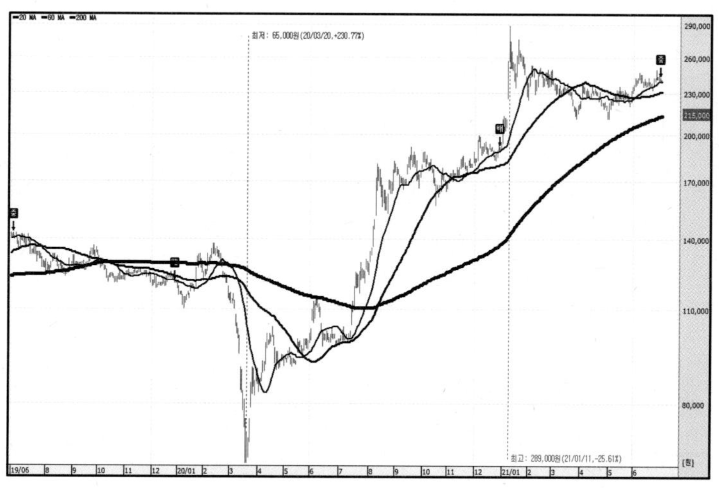

1967년 12월에 설립되어 1974년 6월 28일에 유가증권시장에 상장되었다. 자동차 및 자동차부품을 제조 및 판매하는 완성차 제조업체로, 현대자동차그룹에 속하였으며, 현대자동차그룹에는 동사를 포함한 국내 53개 계열회사가 있다. 소형 SUV인 코나, 대형 SUV인 팰리세이드, 제네시스 G80 및 GV80 등을 출시하여 SUV 및 고급차 라인업을 강화 하였으며, 수소전기차 넥소를 출시하였다.

2021년 6월 전년동기 대비 연결기준 매출액은 22.3% 증가, 영업이익은 143.6% 증가, 당기순이익은 347.2% 증가하였다. G80, GV80 등 신차 효과로 내수는 지난해 같은 기간 대비 판매량이 비교적 크게 증가하였으며, 코로나19 기저효과로 해외시장의 경우 또한 판매량이 증가한 상황이다. 코로나19로 인한 불확실성이 지속되고 있으나, 우수한 품질과 상품성으로 바탕으로 실적 회복 및 브랜드 가치 상승하고 있는 점은 긍정적으로 평가되고 있다.

- 2030년까지 수소사업에 11조 투자계획 발표
- 2021년 글로벌 수소차 판매량 1위 기록
- 현대차·기아차 전기차-수소차 투트랙 전략을 앞세워 中 시장 진출
- 中 내연기관차 모델을 줄이고 하이브리드, 수소전기차 등 전동화모델을 21개로 늘림
- 해외 첫 수소연료전지 시스템 생산공장 'HTWO 광저우' ⇒ 수소연료전지 생산 법인
- 한국 유럽 미국 중국 등 4개 지역에 연료전지 시스템 거점을 구축하여 시장을 선도한다는 방침

▶ 기아(일봉, 2021년 6월 기준)

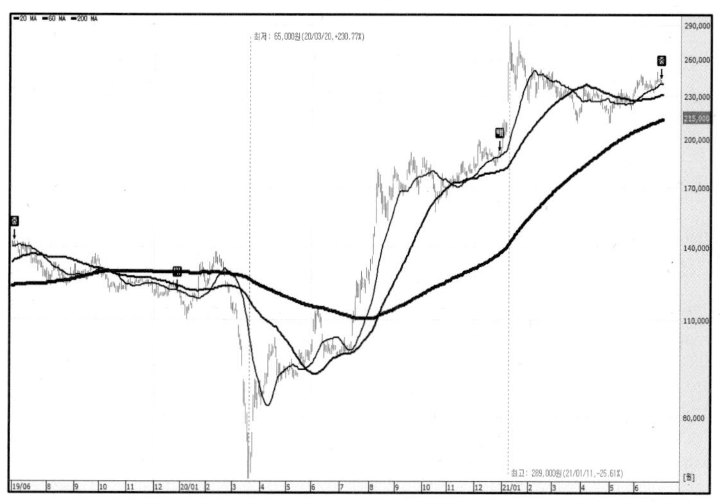

1999년 아시아자동차와 함께 현대자동차에 인수되었고, 기아차판매, 아시아자동차, 기아대전판매, 아시아차판매 등 4개사를 통합하였다. 국내(소하리, 화성, 광주)와 미국, 슬로박, 멕시코 공장의 생산능력을 모두 합하면 연간 263만대 규모이다. 전체 매출액의 약 40% 내외를 내수시장에서 판매하고 있으며, 북중미 및 유럽시장 등 해외에서의 판매비중은 60%를 상회하는 수준이다.

2021년 6월 전년동기 대비 연결기준 매출액은 34.6% 증가,

영업이익은 334.8% 증가, 당기순이익은 506.2% 증가하였다. 북중미 및 유럽 등 해외시장에서의 매출 증가와 더불어 내수 선전으로 외형 비교적 큰 폭으로 증가하였다. 원가율 하락 및 비용 축소로 수익성 또한 크게 확대된 모습이다. 2021년도에는 쏘렌토 및 카니발 등의 견조한 판매 확대와 함께 K8, 전기차 EV6 등의 신차 출시 등으로 견조한 상승세를 이어갈 것으로 기대되고 있다.

- 군용 수소연료전기차(FCEV)를 먼저 선보인 다음 2028년 수소전기차 출시

- 수소전기차로는 주로 '다목적 차량(multi-purpos)'으로 SUV 또는 MPV모델

- 글로벌 누적판매 5,000만대 돌파. 지난 1962년 1월 국내 최초 삼륜 소형트럭 'K-360'을 출시한 이후 59년 만에 세운 대기록.

- 수출과 해외 현지 판매가 전체 판매 비중의 70% 이상을 차지하는 등 명실상부한 글로벌 브랜드로 자리 매김

▶ **현대모비스(일봉, 2021년 6월 기준)**

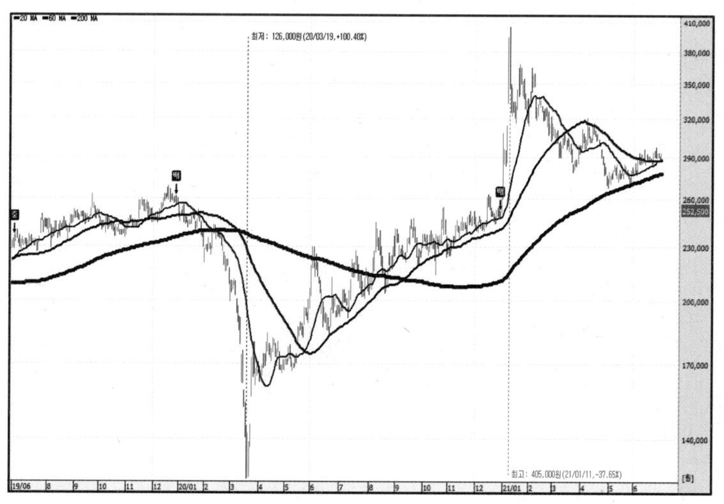

1977년 6월 설립되었으며, 1989년 9월 5일 한국거래소 유가증권시장에 주식을 상장하였다. 고무용 도료 기술로 출발해 폴리우레탄 수지 및 전자, 자동차, 생명과학 등에 사용되는 다양한 정밀화학제품을 생산 및 판매하는 것을 목적사업으로 하고 있다. A/S부품 사업을 영위하고 있으며 부품의 책임공급을 위한 물류센터 등의 대단위 인프라 구축과 244개차종, 270만품목을 관리하고 있다.

2021년 6월 전년동기 대비 연결기준 매출액은 26% 증가, 영업이익은 99% 증가, 당기순이익은 117.3% 증가하였다. 코로나19로 인한 기저효과와 전방산업의 부진 탈피 등으로 비교적 양호한 실적 시현이다. 중장기적으로 안정적인 성장 흐름 유지하고 있다. 현대/기아차에 새시/캇핏/프런트엔드모듈 등 3대 핵심모듈과 제동/조향/램프/에어백 등 핵심부품과 각종 미래 핵심부품 등을 공급하고 있어 지속 성장 가능할 것으로 기대되고 있다.

- 세계 최대 규모 수소연료전지 양산 능력을 보유
- 2023년 하반기 부터 수소 연료전지 생산량 12만 3,000대로 늘어날 전망
- 충주·울산·평택 공장을 수소차 핵심 부품 공장을 운영하며, 공장 신규 설립 검토
- 2030년까지 수소차 연구개발과 설비 확대에 7조 6000억원 투입

▶ 현대위아(일봉, 2021년 6월 기준)

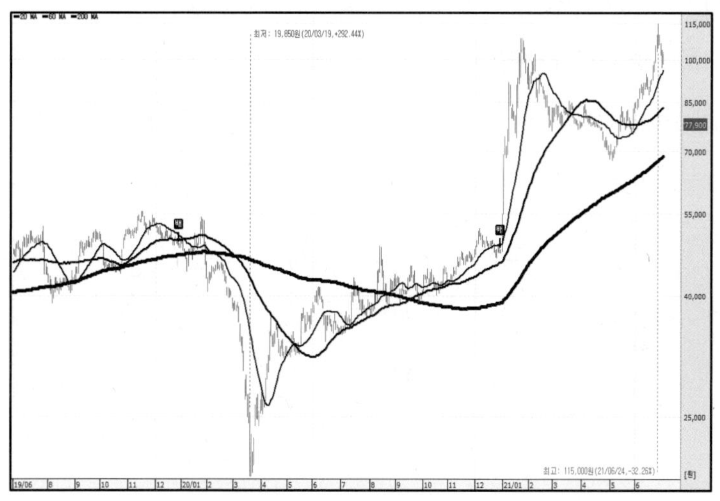

사업은 자동차부품과 기계 사업으로 구분되며, 자동차부품은 엔진, 구동부품, 친환경 부품으로 구성되어 있다. 기계사업 부문은 공작기계 사업과 특수 사업으로 운용되고 있다. 부품 사업은 엔진, 4WD(PTU, ATC, e-LSD 등), 등속조인트 등을 주력 사업으로 영위 중에 있다. 최근 친환경차량 용 부품인 열관리시스템과 수소차 부품 공기압축기 등의 개발에 나섰다. 기계 부문에서는 스마트팩토리, 협동로봇 등으로 점유율 확대에 나서고 있다.

2021년 6월 전년동기 대비 연결기준 매출액은 34% 증가, 영업이익은 57.9% 증가, 당기순이익은 144.6% 증가하였다. 주력 사업인 자동차부품사업부문의 매출 확대로 외형 증가세를 시현하고 있으며, 원가율 하락 영향으로 수익성 또한 비교적 큰 폭으로 상승한 모습이다. 공작기계업종의 업황 자체가 부진하여 기계사업부문 또한 부진을 거듭하고 있으나, 향후 자동차부품사업부문이 이를 상쇄하고 동사의 성장을 견인할 것으로 기대되고 있다.

- 현대차 그룹에서 수소차용 공기압축기와 수소저장 탱크 등 개발을 담당하며, 2023년 양산
- 공기압축기 등 수소차 필수 부품생산
- 수소저장시스템 개발을 추진하고 있으며, 향후 수소탱크 글로벌 업체와 협력을 통해 기술 내재화

▶ **현대오토에버(일봉, 2021년 6월 기준)**

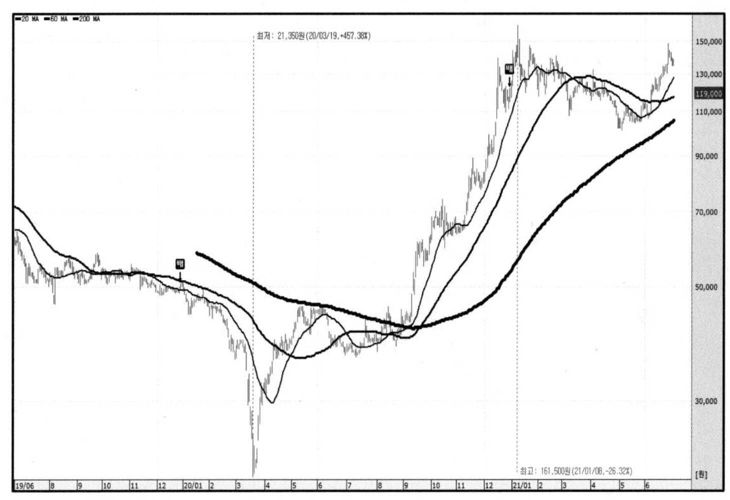

2000년 4월 10일에 설립되어 컴퓨터 네트워크 장비 도소매업과 전산시스템 설계, 관리 등의 사업을 영위하고 있다. SI는 기업이 비즈니스를 수행하기 위해 필요한 정보화 시스템을 구축하는 사업이다. 컨설팅 서비스 및 H/W, S/W를 포함한 시스템 구축에서부터 ASP사업, 데이터센터, 클라우드, 네트워크 등 IT 인프라와 서비스를 제공하고 있다.

2021년 6월 전년동기 대비 연결기준 매출액은 21% 증가, 영업이익은 18.8% 증가, 당기순이익은 13.2% 증가하였다. IT 서비스 부문에서는 디지털 트랜스포메이션을 통한 IT 역할 확대와 핵심 IT 시스템 고도화를 추진하고 있음. 실적에 중대한 영향력을 행사하는 기업인 현대자동차(주)를 포함한 계열회사에 대한 매출액은 전체 매출액의 96%를 차지하고 있다.

- 미래 모빌리티 소프트웨어 역량 향상을 위해 마이크로소프트(MS)와 손잡고 글로벌 최고수준의 검증된 인공지능(AI) 디지털 트랜스포메이션(DT)학습 커리큘럼 콘텐츠 강화에 나설 전망

▶ 만도(일봉, 2021년 6월 기준)

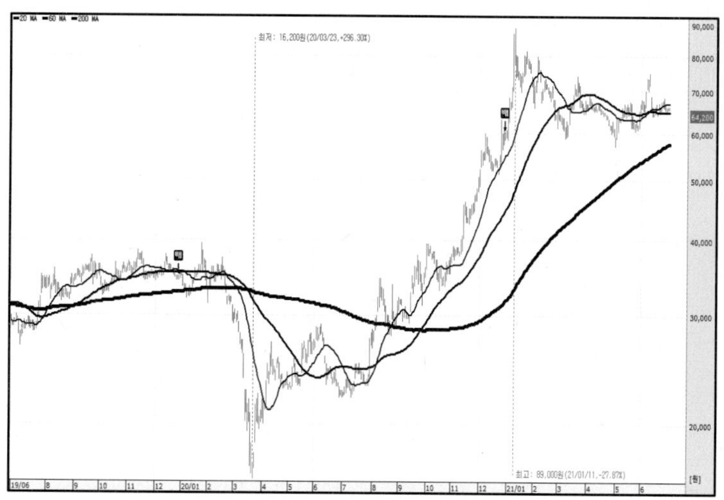

2014년 한라홀딩스의 자동차부품 제조·판매업 부문이 인적 분할되어 설립되었으며, 2014년 한국거래소 유가증권시장에 주식을 상장하였다. 자동차 제동장치, 조향장치, 현가장치 등을 생산하는 자동차 샤시부품 전문 제조회사이다. 주요 매출처는 현대자동차, 기아자동차 및 현대모비스, 현대위아이며 이에 대한 매출액은 2020년 기준, 약 58%를 차지하며, 북미거점 OEM에서 20%의 비중을 차지하고 있다.

2021년 6월 전년동기 대비 연결기준 매출액은 28.6% 증가,

영업이익 흑자전환, 당기순이익 흑자전환에 성공했다. 각 부문 전반적인 매출 성장을 바탕으로 영업이익은 전년 동기 대비 3배가 넘는 비약적인 성과를 이뤘다. 해외 OEM법인의 지속적인 수주를 통하여 유럽시장매출의 향상과 중국 지리자동차, 인도에서 GM, FORD, Renault, Nissan과 더불어 로컬브랜드인 TATA 마힌드라의 수주도 강화하고 있다.

- 첨단 운전자 보조시스템(ADAS)과 전동화 부품에 집중
- 지난 3월 폴크스바겐그룹과 5,000만개 규모의 서스펜스 부품 공급계약
- 국내 최초로 수소트럭용 100㎾급 수소연료 전지용 DC(직류)-DC 컨버터(FDC3)를 개발해 연내 양산에 들어갈 계획, 200㎾급 제품과 승용 수소차용인 40㎾급 제품도 현재 개발 중에 있음

▶ 한온시스템(일봉, 2021년 6월 기준)

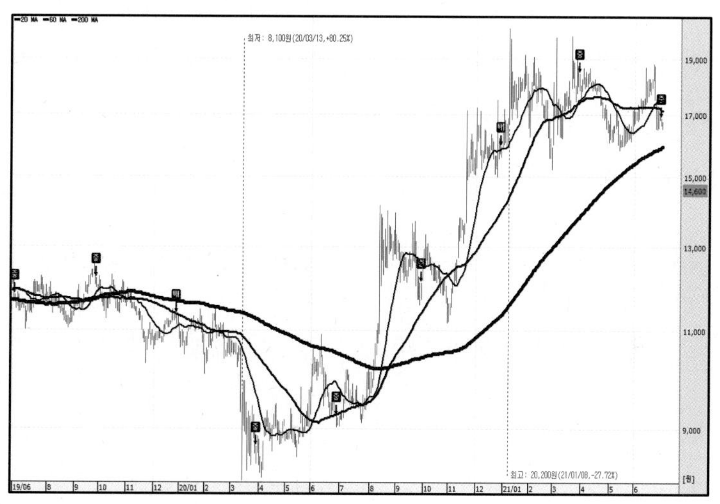

자동차용 부품 및 시스템, 전자전기 기계기구용 및 기타 산업용 부품, 시스템의 제조, 수출입 및 교역 등의 목적으로 1986년 3월 11일에 설립되었으며, 1996년 7월 31일 유가증권 시장에 상장되었다. 자동차의 열 관리 시스템을 생산하는 단일 사업부문을 영위하고 있다. 자동차 품질 및 성능을 결정 짓는 공조부품 분야에서 독보적인 기술력을 자랑하며, 업계 1위를 지키고 있다.

2021년 6월 전년동기 대비 연결기준 매출액은 29.6% 증가,

영업이익은 10,049.3% 증가, 당기순이익 흑자전환에 성공했다. 매출액과 매출원가가 비슷한 비율로 증가하였으나 판관비 절감에 성공하며 영업이익이 크게 증가하였다. 환경친화적 소재 및 차세대 연료 대응 기술 등 미래형 공조 시스템 개발에 최선을 다하고 있으며, 지구온난화 방지를 위해 친환경 기술개발과 탄소절감을 위한 녹색성장 전략을 수립하여 추진하고 있다.

- 국내 자동차 공조제품 시장에서 48% 가량의 점유율 차지
- 전기차·하이브리드에 적용되는 '전기차 수랭식 콘덴서', '전기차 히트펌프시스템' 등 개발·양산

▶ SK(일봉, 2021년 6월 기준)

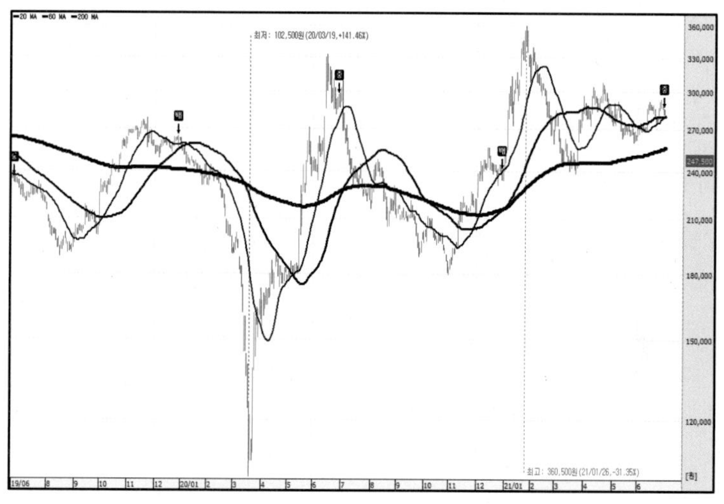

1991년에 설립되었으며 2009년 유가증권 시장에 상장되었다. 2015년 8월 (구)SK주식회사를 흡수합병하고 사명을 SK C&C에서 SK주식회사로 변경하였으며, SK그룹의 지주사이다. 주요 사업은 별도 재무제표 기준으로 자회사의 제반사업 내용을 관리하는 지주사업 및 IT서비스 등을 영위하는 사업부문으로 구분되어 있다. 연결대상 종속회사는 SK이노베이션, SK텔레콤, SK네트웍스, SKC, SK머티리얼즈, SK바이오팜, SK E&S 등 총 349개사이다.

SK E&S, SK실트론, SK팜테코 등 비상장 자회사들의 실적 개선으로 상반기 매출액은 전년동기 대비 8.9% 증가했으며, 영업이익은 대규모 흑자로 전환되었다. SK이노베이션은 10월 1일을 기일로 배터리 사업 부문과 E&P 사업 부문을 물적 분할하기로 결정하였다. 신주를 발행해 SK머티리얼즈 주식과 교환하는 형태로 흡수합병할 계획이다. SK머티리얼즈가 특수가스 등 사업 부문을 물적 분할한 후 존속 지주 부문이 동사와 합병되었다.

- SK그룹은 앞으로 5년간 국내 수소 사업에 약 18조 원을 투자해 세계 1위 수소 기업으로 거듭나겠다고 밝힘
- 2025년까지 세계 최대 규모 액화수소 플랜트와 청정수소 생산기지를 건설해 총 28만 톤의 친환경 수소 생산 계획
- 친환경 사업에 100조 투입하여 탄소중립을 실현하고, 2035년 전후로 SK의 누적 배출량과 감축량이 상쇄되는 '탄소발자국 제로' 달성

▶ POSCO(일봉, 2021년 6월 기준)

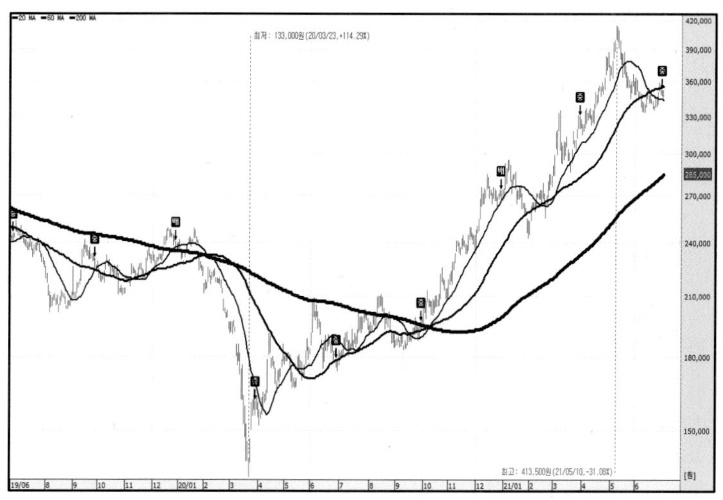

열연, 냉연, 스테인리스 등 철강재를 단일 사업장 규모로 세계 최대 규모인 포항제철소와 광양제철소에서 생산하고 있다. 철강산업은 자동차, 조선, 가전, 건설 등 철강 수요 산업에 기초 원자재를 공급하는 산업으로서, 70년대 이후 경제발전에 중추적인 역할을 수행해 온 국가 기간산업이다. 매출은 철강부문 53%, 무역부문 33%, E&C부문 8%, 기타부문 5% 등으로 이루어져 있다.

2021년 6월 전년동기 대비 연결기준 매출액은 21.6% 증가,

영업이익은 329.9% 증가, 당기순이익은 517.2% 증가하였다. 2021년 2분기 판매량은 전분기비 18만 7천 톤 감소한 899만 9천 톤이며 내수 판매 비중은 59.9%이다. 수익성 향상으로 영업이익이 증가하여, 차입금 대비 EBITDA는 연결과 별도기준 모두 전분기 대비 개선되었다.

- 포스코와 롯데케미칼, 삼성엔지니어링은 국내외 수소산업 개발을 위한 파트너십 구축에 관한 양해각서(MOU) 체결

- 포항광양제철소에서 운영중인 트럭 등 차량 1500대를 단계적으로 현대차 수소전기차로 전환

- 포스코-KIST-RIST 3자간 암모니아 수소 추출 기술 개발 위한 업무협약(MOU) 체결

- 호주 최대 전력가스 기업 오리진과 그린수소 생산을 위한 업무협약(MOU) 체결

- 2050년까지 그린수소 500만t 생산체제를 갖추고 탄소배출이 많은 고로 대신 수소환원제철 기술을 상용화해 2050년까지 단계별로 대체

▶ 포스코케미칼(일봉, 2021년 6월 기준)

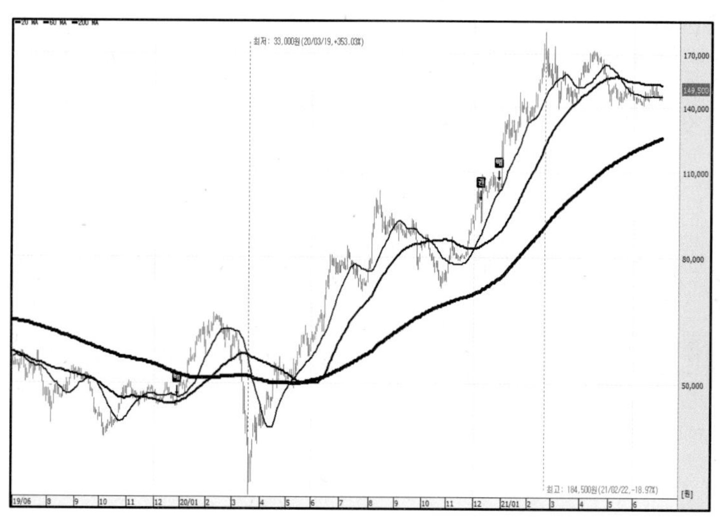

주요 사업은 이차전지소재, 첨단화학소재, 산업기초소재로, 이차전지용 양극재와 음극재, 탄소소재 원료와 제품, 내화물과 생석회 등을 제조, 판매하고 있다. 포스코그룹 계열의 소재 전문회사로 2021년 약 1조 2천 7백억 원의 유상증자를 통해 대규모 투자 재원을 확보하였다. 이차전지소재 분야에서 포스코 그룹의 리튬, 니켈 등 원료, 이차전지소재연구센터 등 R&D 인프라, 글로벌 마케팅 네트워크를 연계해 사업경쟁력을 높여 나가고 있다.

2021년 6월 전년동기 대비 연결기준 매출액은 30.2% 증가,

영업이익은 248.1% 증가, 당기순이익은 978.4% 증가하였다. 에너지부문을 필두로 주력부문에서 꾸준한 외형 성장세를 기록하고 있으며, 원가율 하락 영향으로 영업수익성은 비교적 크게 상승한 모습이다. 포스코, OCI 등 대형 거래선을 기반으로 한 안정적 수주를 바탕으로 향후 꾸준한 성장세 계속 유지할 것으로 전망되고 있다.

- 포스코케미칼과 OCI가 합작사 피앤오케미칼에 745억원을 투자해 전기차 배터리 핵심소재인 음극재 코팅용 피치 시장 진출

- 피앤오케미칼은 2022년 5만t 규모의 반도체 세정용 고순도 과산화수소 생산과 더불어 2024년 음극재 코팅용 피치 생산

- 1.2조 원 넘는 규모로 유상증자 성공

▶ OCI(일봉, 2021년 6월 기준)

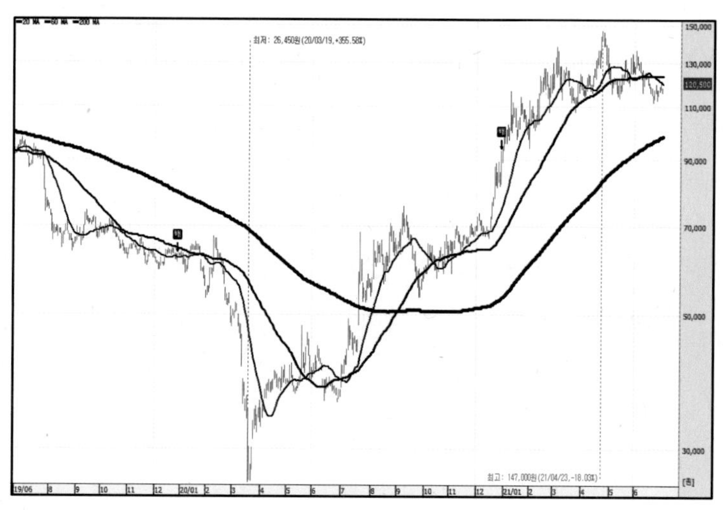

특수화학제품을 생산하는 업체로 1959년에 설립돼 2009년 상호를 동양제철화학에서 OCI로 변경하였다. 주요 사업 부문으로 베이직케미컬 사업 부문, 카본케미컬 사업 부문, 에너지솔루션 사업 부문, 기타 사업 부문이 있다. 2018년 7월 바이오사업 본부를 신설하였으며, 자체 투자 또는 합작사를 통한 신약개발 및 원료물질 확보, M&A와 라이선스 인 혹은 파이프라인 개발 등을 통해 신규 수익원을 발굴하고자 노력 중에 있다.

2021년 6월 전년동기 대비 연결기준 매출액은 38.2% 증가,

영업이익 흑자전환, 당기순이익 흑자전환에 성공했다. 판관비 증가에도 불구하고 매출 확대와 원가율 개선에 힘입어 영업이익이 흑자 전환하였다. 향후 케미칼 부문과 에너지솔루션 부문에서 기술력과 원가 절감 등을 앞세워 실적을 개선시켜 나갈 계획이다. 특히 태양광 소재인 폴리실리콘 생산 능력을 증가시키는 투자가 진행 중에 있다.

- 세계 최대 폴리실리콘 기업인 GCL 등 중국 기업들이 화재, 홍수 등으로 인해 공급 과잉 해소

- 포스코케미칼과 손잡고 과산화수소(피앤오케미칼) 생산공장 착공

▶ 한화(일봉, 2021년 6월 기준)

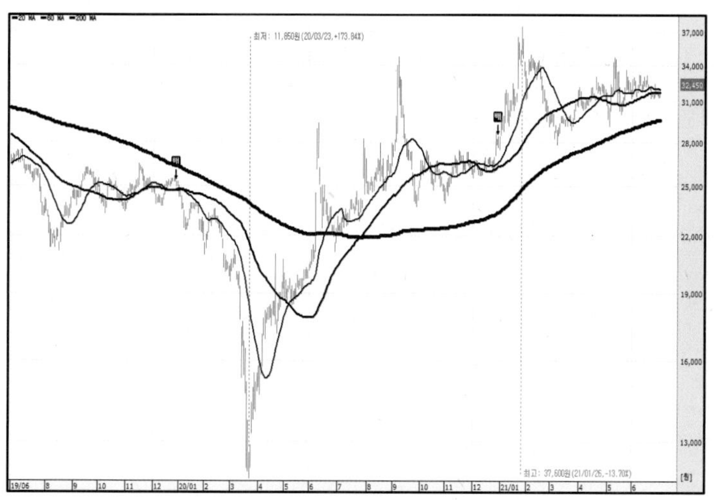

한화그룹의 지주회사 역할을 하고 있으며 한화생명, 한화에어로스페이스, 한화케미칼 등 계열사 지분 보유, 자체사업은 화약/방산/기계/무역 부문이 있다. 화약 부문은 발파기술사업, 발파해체사업, 불꽃프로모션사업 등으로 사업영역을 확대, 방산 부문은 정밀유도무기를 포함한 정밀타격 전 분야로 사업영역을 확대하고 있다. 기계 부문은 주요 산업별 핵심설비 개발 및 프로젝트 수행능력을 확보, 무역 부문은 자체 영업권과 전문성을 보유한 사업의 확대하고 있다.

2021년 6월 전년동기 대비 연결기준 매출액은 0.2% 증가, 영업이익은 102.7% 증가, 당기순이익은 117.9% 증가하였다. 한화 기계부문은 한화정밀기계 협동로봇 사업을 양수했으며, 한화시스템은 에어모빌리티 사업과 위성통신 사업을 미래 신수종 사업으로 선정하여 적극 추진. 금융투자업 분야에서는 빅데이터 분석 기술 확보를 위해 '데이터애널리틱스탭'을 설립하는 등 신규 사업을 추진하고 있다.

- 모든 사업 부문을 동원하여 수소의 생산부터 저장, 유통, 충전까지 수소 밸류체인 전반 구축

- 시마론 지분 100% 인수 계약체결 (미국에서 대형 수소탱크, 항공 우주용 탱크생산 업체)

▶ 효성(일봉, 2021년 6월 기준)

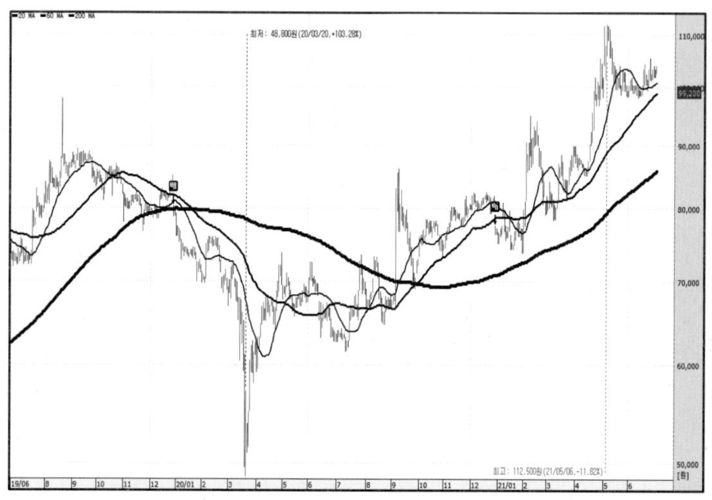

1966년 11월에 설립되었으며 2018년 6월 인적분할을 실시, 2019년 1월 1일자로 공정거래법상의 지주회사로 전환되었다. 영위하던 사업 중 섬유/무역 사업부문, 중공업/건설 사업부문, 산업자재 사업부문, 화학 사업부문을 분할하여 각각 효성티앤씨, 효성중공업, 효성첨단소재, 효성화학으로 설립하였다. 연결대상 종속회사는 효성T&S, 공덕경우개발, FMK, 효성굿스프링스 등이 있으며 효성캐피탈은 새마을금고중앙회에 매각하였다.

정보통신, 펌프제조 등의 매출은 줄었으나, CI로열티, 지분법 손익 등 기타부문 실적이 크게 늘어남에 따라 상반기 매출액은 전년동기 대비 20.4% 증가하였다. 효성티앤씨(스판텍스), 효성첨단소재(타이어 보강재), 효성화학(PP) 등 소재 삼총사의 실적호조에 따른 지분법 이익과 CI로열티 수입 증가로 영업이익은 큰 폭으로 늘어났다. 효성T&S는 매장형 로봇 키오스크, 무인계산대 공급과 지연된 고객주문의 매출 반영으로 실적회복이 예상되고 있다.

- 국내 유일의 신소재 탄소섬유 업체
- 올해부터 현대차의 넥쏘 연료탱크에 탄소섬유 적용
- 액화수소 1위 기업인 '린데그룹'과 세계 최대규모의 액화수소 공장건설 예정

▶ 효성첨단소재(일봉, 2021년 6월 기준)

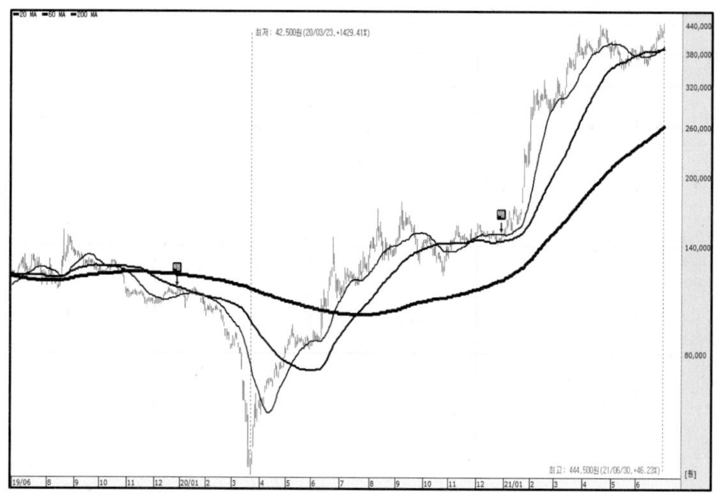

2018년 6월 1일 주식회사 효성이 영위하는 사업 중 산업자재 사업부문이 인적 분할하여 신설되었다. 동사의 주요 제품이자 세계 시장을 이끌고 있는 폴리에스터 타이어코드 및 Seatbelt용 원사, Airbag용 원단과 자동차용 카페트 사업은 자동차 시장의 성장과 더불어 동반 성장이 예상되고 있다. 타이어보강재, 각종 산업용 원사, 상업용/자동차용 카페트 등을 종합 제조할 수 있는 생산규모와 기술력을 갖추고 있다.

2021년 6월 전년동기 대비 연결기준 매출액은 54.1% 증가,

영업이익 흑자전환, 당기순이익 흑자전환에 성공했다. 원가율 상승과 판관비 증가에도 불구하고 매출 확대에 힘입어 영업이익이 큰 폭으로 늘어나며 흑자 전환하였다. 오랜 역사를 통해 얻은 사업 노하우와 업계 선두의 기술력을 바탕으로 산업자재 부문의 탄섬, ALKEX 등 다수 브랜드를 보유하고 있다. 스판덱스의 Creora는 글로벌 시장점유율 1위를 유지하고 있다.

- 한화솔루션에 2021년부터 6년간 수소 차량용 연료탱크 보강에 쓰일 고강도 탄소섬유를 공급하는 장기 계약

- 탄소섬유 시장은 일본과 미국이 주도하고 있으나, 순수 국산 소재인 효성첨단소재의 탄소섬유는 경쟁사 대비 우수한 고강도 물성을 바탕으로 고압용기 용도를 집중 공략

- 2028년까지 전주공장에 1조 원을 투자해 연산 2만 4,000t 규모의 탄소섬유 생산능력을 확보할 계획

▶ 두산퓨얼셀(일봉, 2021년 6월 기준)

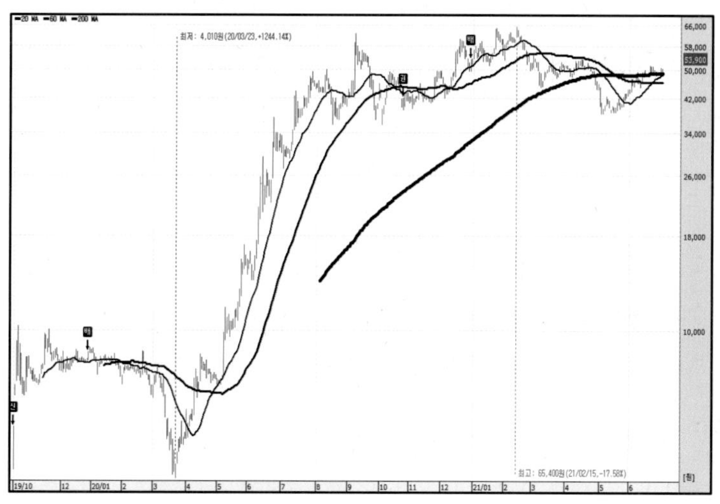

핵심 사업은 발전용 연료전지 사업으로, 발전용 연료전지 기자재 공급 및 연료전지 발전소에 대한 장기유지보수 서비스 제공을 주요 사업으로 영위하고 있다. 매출 비중은 최근 사업연도를 기준으로 기자재 공급 86% 및 장기유지보수 서비스 14%로 구성되어 있으며, 주요 고객사는 공공 및 민간 발전사업자이다. 미래 성장을 위하여 익산공장 PAFC 생산시설 증설에 착수하였고, 차세대 SOFC 시스템 개발 및 생산설비 구축을 진행 중에 있다.

2021년 6월 전년동기 대비 별도기준 매출액은 2% 감소, 영업이익은 82.8% 감소, 당기순이익은 적자로 전환되었다. 동사가 제작·공급하는 연료전지는 전기 및 열효율을 포함하는 복합효율이 높고 안정성이 우수하며 분산 발전이 가능한 친환경 발전원으로, 국내 발전용 연료전지 시장 누적 점유율 1위를 기록한 바 있다. 탄소배출이 전혀 없는 수소경제의 이상적 발전소 모델을 실현하였고, NG/LPG Duel Fuel 모델을 사업화하였다.

- 연료전지 시장에서 세계적인 기술력을 기반으로 세계 1위 발전 연료전지 시장에서 우리나라의 입지를 구축해 나가고 있으며, 산업통상자원부에서 올해 2월 기술력과 성장 잠재력을 인정해 수소 전문기업으로 지정

▣ 자율주행차 주요기업

▶ 삼성전자(일봉, 2021년 6월 기준)

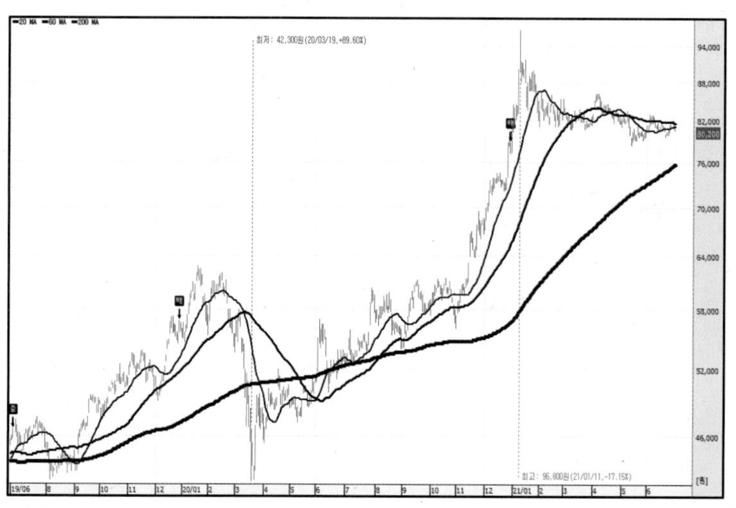

▶ 기업 내용

한국 및 CE, IM부문 해외 9개 지역총괄과 DS부문 해외 5개 지역총괄, Harman 등 234개의 종속기업으로 구성된 글로벌 전자기업임. 세트사업에는 TV, 냉장고 등을 생산하는 CE부문과 스마트폰, 네트워크시스템, 컴퓨터 등을 생산하는 IM부문이 있음. 부품사업(DS부문)에서는 D램, 낸드 플래쉬, 모바일AP 등의 제품을 생산하는 반도체 사업과 TFT-LCD 및 OLED 디스플레이 패널을 생산하는 DP사업으로 구성됨.

메모리시장이 호황인 가운데 폴더블폰과 OLED 판매가 늘어나 3분기 매출액은 70조를 넘어서며 사상 최대의 실적을 달성함. 첨단공정 확대와 환율 영향으로 영업이익률도 20%를 넘어섬. 4분기 메모리시장은 당초 예상 대비 부품 수급 이슈 장기화에 따른 수요 리스크 확대가 우려됨. 북미 서버업체들의 반도체 재고가 3분기 대비 30% 이상 축소되며 반도체 재고 소진 속도가 예상을 상회하여 반도체 가격 반등 시점이 앞당겨질 전망임.

- 자율주행 시스템에 적용되는 차량용 메모리 솔루션 5종을 개발, 글로벌 자동차 제조사에 공급
- 테슬라와 폭스바겐, 아우디 등 글로벌 완성차 업체와의 협력
- 삼성전자는 로봇, 인공지능·AI 등을 포함한 미래 기술 산업에 향후 3년간 약 240조원을 투자

▶ 삼성전기(일봉, 2021년 6월 기준)

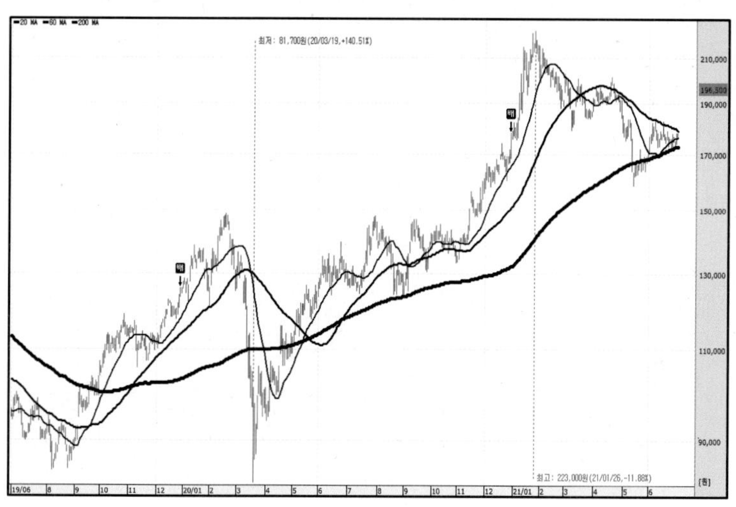

▶ 기업 내용

동사 주요 사업은 수동소자(MLCC, 칩인덕터, 칩저항)를 생산하는 컴포넌트 사업부문, 카메라모듈과 통신모듈을 생산하는 모듈 사업부문, 반도체패키지기판과 경연성인쇄회로기판을 생산하는 기판 사업부문으로 구성됨. 수원, 세종시, 부산에 공장을 보유함. 국내외에 자회사 15개, 손자회사 1개를 보유함. 삼성전자와 그 종속기업, 중국 샤오미가 주요 고객사로, 주요 매출처에 대한 매출비중은 전체 매출액 대비 약 38.5% 수준임.

2021년 9월 전년동기 대비 연결기준 매출액은 23.1% 증가, 영업이익은 95.8% 증가, 당기순이익은 101% 증가. 매출액 증가와 함께 비용 절감을 동시에 달성하며 수익성이 크게 개선되었음. 주요 Application인 스마트폰, 태블릿PC, 스마트 TV 등의 고기능화 추세로관련 부품의 수요가 증가할 것으로 전망되며, 자동차 시장의 제품 수요 또한 증가할 것으로 예상됨.

- 1조원 가량을 투입해 베트남 생산법인에 FC-BGA(플립칩-볼그리드어레이) 생산 설비 및 인프라 구축

- 삼성전기는 앞으로 메타버스시장과 관련된 확장현실(XR)기기용 카메라모듈과 부품, 자율주행차용 전장부품 등 다양한 신사업 진출 계획

▶ LG전자(일봉, 2021년 6월 기준)

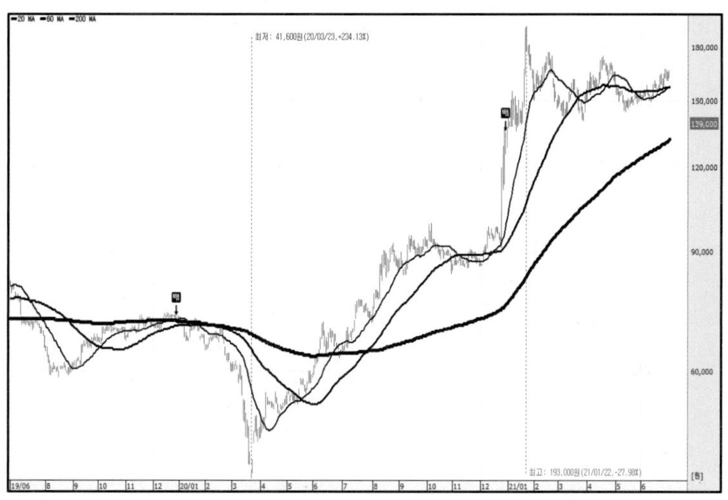

▶ 기업 내용

동사와 종속기업의 주요사업부문은 Home Appliance & Air 솔루션, Home Entertainment, Mobile Communications, Vehicle component 솔루션 등 6개로 구분. OLED TV는 초슬림, 월페이퍼, 롤러블 TV 등 지속적인 혁신 제품 출시로 프리미엄 시장을 지속 선도하고 있음. 디스플레이 오디오와 내비게이션 영역에서는 동사의 디스플레이 및 소프트웨어 역량을 활용하여 제품 차별화중.

2021년 9월 전년동기 대비 연결기준 매출액은 32.1% 증가,

영업이익은 4.7% 증가, 당기순이익은 41.9% 감소. H&A(가전)은 코로나바이러스가 재확산된 일부 지역에서 수요가 주춤하였으나, 미국, 유럽 등 프리미엄 비중이 높은 선진시장에서의 판매 호조로 높은 수익성을 보여줌. 각종 지원금 및 자산 가격 상승 등으로 소비양극화가 심화되면서, 프리미엄 제품의 수요층이 넓어지고 있음.

- ZKW·LG마그나 이파워트레인 등 전장 사업을 담당하는 자회사를 주축으로 차량용 인포테인먼트 시스템을 강화

- 세계 3위 자동차 부품회사 '캐나다 마그나 인터내셔널'과 합작법인 '엘지 마그나 이파워트레인'을 설립

- 국내 자율주행 소프트웨어 업체 '스트라드비젼' 과 첨단운전자보조시스템(ADAS) 기술 개발

▶ LG디스플레이(일봉, 2021년 6월 기준)

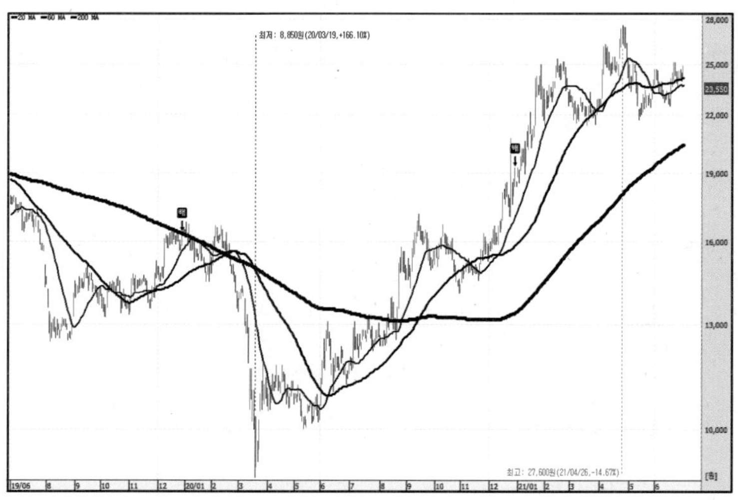

▶ 기업 내용

동사는 TFT-LCD 및 OLED 등의 기술을 활용한 Display 관련 제품을 생산, 판매하는 사업을 영위하고 있으며, Display 단일 사업부문으로 구성되어 있음. 대부분의 제품을 해외로 판매하고 있으며, 플렉서블 OLED 스마트폰, Wearable용 원형 OLED 패널 등을 출시하고 있음. 파주와 구미에 TFT-LCD 및 OLED 공장과 연구소를 보유하고 있으며, 미주, 유럽 및 아시아에 해외 현지법인을 두고 있음.

2021년 9월 전년동기 대비 연결기준 매출액은 25.7% 증가, 영업이익 흑자전환, 당기순이익 흑자전환. 동사는 전년동기 대비 LCD가격 상승이 실적개선에 큰 기반이 되었으나, 최근 LCD TV 패널 가격이 큰폭으로 하락함. 또한, LCD TV 패널 수요 및 부품 수급이 원할치 않아서 4분기에도 하락세를 전환할것으로 예상됨. 하지만 동사는 IT 패널 경쟁력이 높아서 패널 가격 하락에도 영업흑자를 유지하는데는 어려움이 없을것임.

- 글로벌 시장조사기관 옴디아에 따르면, 차량용 OLED 패널 시장은 작년 약 5,000만 달러(한화 560억원)에서 오는 2025년에는 약 6억100만 달러(6,800억원) 규모로 1,100% 가까이 성장할 전망

- '차량용 유기발광다이오드(OLED) 패널'이 독일 'TUV 라인란드(TUV Rheinland)'로부터 '우수 시인성 차량용 OLED' 인증

- 애플이 출시할 것으로 예상되는 XR 기기와 2025년 공개 예정인 '애플카'에도 LG디스플레이의 OLED가 탑재될 것으로 전망

▶ LG이노텍(일봉, 2021년 6월 기준)

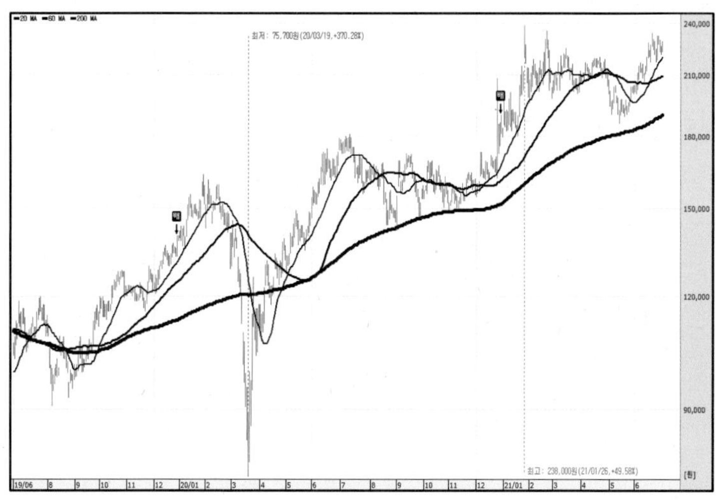

▶ 기업 내용

동사는 글로벌 소재부품기업으로 광학솔루션, 기판소재, 전장부품, 기타 부문의 사업을 영위하고 있음. 광학솔루션 부문은 카메라 모듈을, 기판소재 부문은 Photomask, Tape Substrate, 반도체기판을, 전장부품 부문은 모터, 센서, 차량통신 등을 판매함. 기타 부문은 전자부품이 주요 제품임. 동사의 스마트폰용 카메라모듈, 디스플레이용 서브스트레이트 및 포토마스크, 통신용 반도체 기판은 세계 시장을 리딩하고 있음.

2021년 9월 전년동기 대비 연결기준 매출액은 61.8% 증가, 영업이익은 146.4% 증가, 당기순이익은 443.8% 증가. 매출비중이 가장 큰 광학솔루션사업부에서 매출이 크게 증가하며 외형 성장을 이끌었으며, 판관비 증가 억제에 성공하며 수익성이 개선되었음. 국내외 규제 및 저탄소 녹색성장을 선도적으로 대응하기 위해 안전환경 개선/혁신 활동을 지속적으로 추진하고 있음.

- 자율주행차 부품의 출하 확대로 2022년 전장부품 사업의 실적 턴어라운드가 예상

- LG이노텍 사업구조는 아이폰 부품 중심에서 메타버스·자율주행차로 확장

▶ LX세미콘(일봉, 2021년 6월 기준)

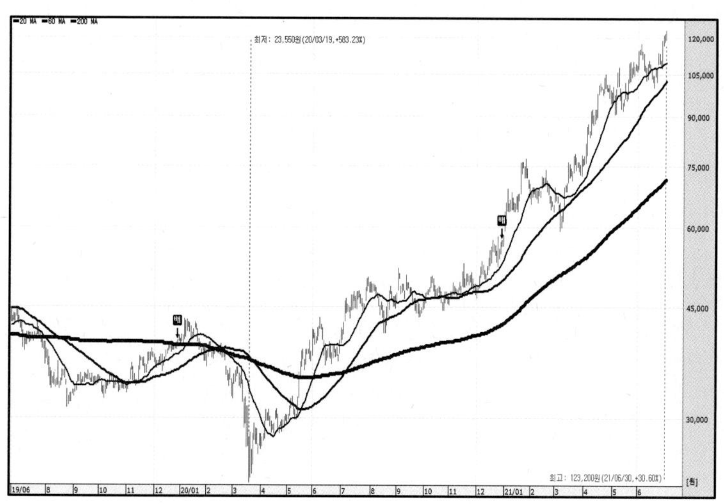

▶ 기업 내용

동사는 반도체 개발 및 제조, 판매를 주요사업으로 영위, LG 그룹에 소속되어 있음. Display Panel을 구동하는 핵심부품(System IC)을 생산, 판매하는 사업을 영위하고 있으며, Display 단일 사업 부문으로 구성되어있음. 동사의 주력제품은 Driver-IC, T-CON, PMIC이며 Mobile향 P-OLED DDI, Touch Controller 등으로 제품 라인업 확대를 통해 매출성장 중에 있음.

2021년 9월 전년동기 대비 연결기준 매출액은 70.3% 증가, 영업이익은 308.3% 증가, 당기순이익은 303.8% 증가. 동사 주요 제품인 Driver-IC는 당 분기 전체 매출액의 87.8%(전 분기 84.2%)를 차지하고 있음. Display 시스템 반도체 핵심 부품을 Total Solution으로 제공함은 물론 수입의존도가 높았던 제품들을 국산화하였음.

- LX세미콘, TSMC 40나노 노드 선점, 월 1만장 캐파 확보
- 기존 디스플레이 구동칩(DDI)에 편중된 사업 구조를 SiC와 차량용 마이크로컨트롤러(MCU) 등으로 다각화
- 미국 마이크로소프트(Microsoft) 협업과 신사업 진출이 본격화하면서 성장세가 이어질 것

VI

기후변화와 지구온난화

VI. 기후변화와 지구온난화

한국의 역대급 장마, 미국·호주의 대규모 산불, 대서양의 잦은 허리케인과 같은 기상이변은 우연의 일치가 아닌 지구 온난화의 영향이다. 최근 100년간 지구의 평균 온도가 약 1도 상승했다. 과거 빙하기에서 간빙기로 진행되는 약 1만 년간 지구 온도가 4~5도 상승했던 것에 비하면 인간에 의한 온난화 속도는 자연의 20~25배에 이르는 엄청난 속도다.

지구 온난화와 관련해 가장 무서운 것은 이대로 가면 더 이상 되돌릴 수 없는 수준으로 진행되며 지구가 복원력을 상실할 수 있다는 것과 그 이후에는 어떤 현상이 나타날지 예측하기조차 어렵다는 것이다.

유엔 정부간기후변화위원회(UN IPCC)의 '기후변화에 대한 5차 보고서'에 따르면 기후변화와 지구 온도 상승의 주요 원인은 인위적인 온실가스 배출이다. 특히 석탄, 석유와 같은 화석연료가 온실가스라 불리는 이산화탄소 등 탄소 배출의 주범이다.

1970~2010년까지 온실가스 배출량 증가의 78%가 화석연료 연소 및 산업 공정으로부터 발생한 이산화탄소 배출에 기인하는

것으로 알려졌다. 이는 기후변화 대응에 있어 에너지원의 변화가 가장 중요하다는 것을 의미한다.

미국 에너지정보청(EIA)에 따르면 여전히 전 세계 1차 에너지 소비의 79%를 석탄, 석유, 천연가스 등 화석연료가 차지하고 있다. 원자력은 체르노빌, 후쿠시마의 사례와 같은 위험성이 존재한다는 점에서 결국 태양광, 풍력과 같은 클린에너지로 화석연료를 대체해야 한다는 것이다. 2021년을 기점으로 이러한 에너지원의 전환, 즉 클린에너지 산업의 성장이 가속화될 가능성이 높다. 이는 정부의 정책, 기업의 변화, 경제성 확보에 따른 것이다.

미국 에너지 ETF·클린에너지 ETF의 상대성과

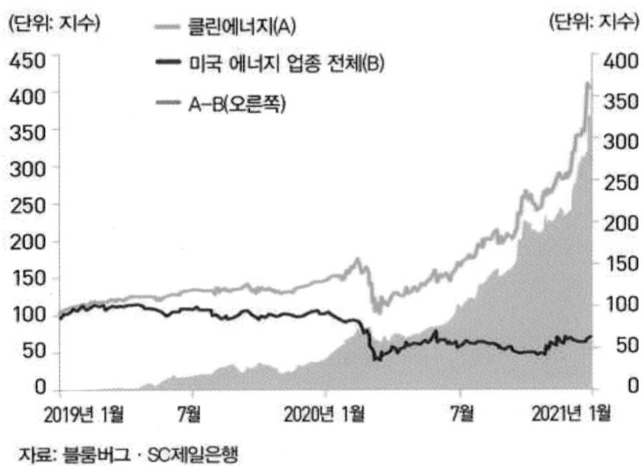

자료: 블룸버그 · SC제일은행

그럼에도 불구하고 2019년 기준 재생에너지의 전력부문 비중은 14%, 전기차/수소차의 자동차 판매비중은 3% 수준에 불과하다. 2050년 탄소배출 순제로를 달성하기 위해서는 배출을 제로로 할 수 있는 전력과 교통부문은 100% 재생에너지, 전기차/수소차로 전환되어야 한다. 향후 30년간 그린산업의 시장 확대 규모를 예상할 수 있다. 대한민국은 저탄소 전환 경쟁에서 OECD 국가 중 제일 뒤쳐져 이따. 따라서 그린산업에 대한 지원강도가 어느 구각보다 강하해야 할 것이다. 이 경쟁에서 뒤처지면 국가경제 전체가 낙오된다는 것을 바이든의 등장으로 확인하게 된 것이다.

실제로 한 증권회사에서는 바이든의 당선으로 인한 전기차 판매량 추정치를 상향 조정하기도 하였다.

〈바이든 당선으로 인한 미국 전기차 판매량 추정치 상향 조정〉

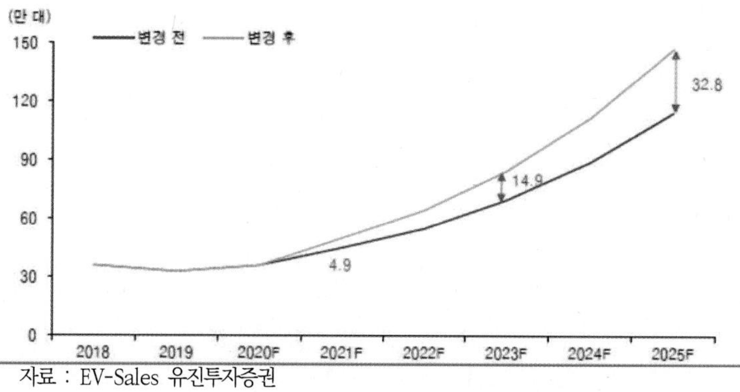

자료 : EV-Sales 유진투자증권

가장 중요한 점은 클린에너지가 경제성을 확보했다는 것이다. 흔한 오해 가운데 하나가 태양광, 풍력 등 클린에너지는 정부의 보조금 없이 성장이 불가능하다는 것이다. 그러나 지난 10년간 클린에너지의 원가가 매우 빠르게 하락했다. 태양광발전 원가는 무려 82% 하락하며 거의 10분의 1 수준으로 내려왔고, 풍력발전 원가 역시 30~40% 하락했다.

클린에너지 시장에서는 태양광, 풍력, 수소, 전기자동차 관련 테마에 기회가 있다는 판단이다. 태양광은 현재 가장 빠르게 성장하고 있는 클린에너지원으로 전 세계 태양광발전량의 46%를 차지하는 중국과 미국 시장의 선도 기업에 주목한다. 풍력 역시 경제성을 바탕으로 성장세가 지속될 전망이며 지역 발전량 중 풍력 비중이 가장 높은 유럽의 관련 기업들에 관심을 가져볼 만하다.

수소의 경우 클린에너지의 약점인 저장·운송 문제를 해결할 수 있는 열쇠라는 점에서 매우 중요하나 현재 기술 수준으로는 클린수소의 경제성 확보가 어려워 수소 기업들의 성장세가 가시화되기까지는 시간이 필요할 것으로 보인다.

마지막으로 전기차는 클린에너지 시장에서 유류 수요 대체라는 관점에서 매우 중요하다. 유류 소비의 57%가 운송 부문(차량, 항공 등)에서 나오기 때문이다. 화석연료를 대체하기 위해서는 내연기관차에서 전기차로의 전환이 필수적이다. 따라서 각국의 배출가스 규제와 전기차 신차 출시에 따라 전기차 시장의 성장세가 지속될 전망이다.

지난 2008년 애플은 아이폰 3세대(3G)를 출시했다. 당시 스마트폰 시장이 지금처럼 성장할 것이라 예상한 사람은 그리 많지 않았을 것이다. 그리고 애플의 주가는 그 뒤로 30배 이상 상승했다. 시대의 흐름을 관통하는 변화는 이런 힘을 가지고 있다. 지금 그러한 변화가 다시 시작되고 있다. 2022년은 기후변화에 투자할 때다. 클린에너지 산업의 성장세가 이제 시작에 불과하다는 것에 주목해야 한다. 기후변화 대응은 잠깐 하고 끝낼 수 있는 것이 아니다. 여전히 변화의 초입에 있을 뿐이며, 앞으로 30년 이상 지속될 시대적 변화가 시작되고 있는 상황이다. 즉, 지금은 중장기적인 관점에서 클린에너지 산업의 성장과 관련된 투자 기회를 모색해야 한다.

1. 탄소국경세

미국 바이든 대통령은 기후변화 관련 대선공약으로 2050년 청정에너지 전환 및 탄소중립(net-zero) 달성을 제시하고, 탄소배출감축 의무를 다하지 않는 국가로부터 수입되는 상품에 대한 탄소조정부담(carbon adjustment fees or quotas) 도입을 언급하였다. 캐서린 타이 美무역대표(USTR)도 통상정책에 대한 공식 연설에서 기후변화를 포함한 환경적 요구를 반영한 통상개혁을 추진할 것임을 표명하였다.

지난해 10월 IMF는 보고서를 통해 기후변화에 대응해 각국이 탄소세를 도입할 것을 제안했으며, 지난 2월에는 크리스티나 게오르기에바 IMF총재가 탄소세 부과를 강조했다. 지난해 12월 EU 집행위원회는 유럽그린딜에 합의해 2050년까지 탄소 순배출량을 '0'으로 만드는 탄소중립 목표를 추진 중이다. EU 집행위원회 우르줄라 폰데어라이엔(Ursula von der Leyen) 집행위원장은 탄소중립 추진으로 역내 기업의 경쟁력이 약화될 수 있음을 우려하여 수입제품에 대해 탄소국경세(Carbon Border Tax)를 부과할 수 있다고 했다.

탄소국경세는 이산화탄소 배출 규제가 약한 국가가 강한 국가에 상품·서비스를 수출할 때 적용받는 무역 관세로, 탄소의 이동에 관세를 부과하는 조치를 말한다. 즉, 수입품을 대상으로 해당 상품을 생산하는 과정에서 배출된 탄소량을 따져 비용을 부과하는 것으로, 사실상의 추가 관세라 할 수 있다. 이는 미국 조 바이든 행정부와 유럽연합(EU)이 주도적으로 추진하는 새로운 관세 형태이다.

국제사회는 자유무역 증진을 위한 다자간 협상을 통해 1948년 '관세와 무역에 관한 일반협정(GATT)'을 발효했으며, 1995년에는 국제무역 분쟁을 조정할 수 있는 세계무역기구(WTO)를 출범시켰다. 최근에는 가장 중요한 이슈 중 하나인 기후변화와 관련해 다자간 협상·협약이 이루어지고 있다.

특히 EU는 2021년 7월 14일, 2030년 유럽의 온실가스 배출량을 55% 감축하기 위한 입법 패키지인 '핏포 55(Fit for 55)'를 발표하면서, 탄소국경조정제도(탄소국경세, CBAM) 도입을 포함시켰다. CBAM(Carbon Border Adjustment Mechanism)은 EU 역내로 수입되는 제품 가운데 자국 제품보다 탄소배출이 많은 제품에 대해 비용을 부과하는 조치이다. EU는 2023년부터 전기·시멘트·비료·철강·알루미늄 등 탄소배출이 많은 품목에 CBAM을 시범 시행한 뒤 2025년부터 본격적으로 시행한다는 계획이다.

파리협정의 감축목표를 성공적으로 달성하면서 공정한 경쟁 환경을 확보하려면 탄소국경조정이 필수적이라고 인식한다. 유럽 의회는 WTO와 FTA 협정에 합치되도록 차별적이거나 위장된 국제무역 제한조치가 되지 않는 형태의 CBAM 도입을 지지한다는 결의문을 채택하였다.

'탄소(carbon)'는 지구에 존재하는 화학원소를 의미하는데, 탄소국경조정에서 '탄소'는 화학원소 그 자체보다는 인간의 활동으로 인하여 발생하는 지구온난화를 유발하는 기체인 온실가스(greenhouse gas)를 지칭하며, 각국은 일반적으로 이산화탄소(CO2), 메탄(CH4), 아산화질소(N2O), 수소불화탄소(HFCs), 과불화탄소(PFCs), 육불화황(SF6) 등 6개 가스로 정의하고 있다.

'국경조정(border adjustment)'의 경우, GATT 또는 WTO 협정상 규정된 용어가 아니라 강학상 발전된 개념으로, 국내상품에 부과되는 의무를 수입상품에도 동등하게 부과하기 위해 국경에서 조정하는 조치를 일컫는다. 이때 '국경'이라는 표현은 수출입과 관련된다는 의미이며, 국경에서 이루어진 조치뿐 아니라 반입된 상품에 대한 사후조치도 포함될 수 있다. '조정'은 국내상품과 수입상품간 동등한 경쟁 여건 확보를 위해 조정한다는 의미를 내포한다. GATT 체제에서 '국경세조정(BTA: Border Tax Adjustment)' 개념으로 논의되어 왔고, 1970년 국경세조정 작업반보고서는 국경세조정을 "전체적으로 또는 부분적으로 도착지 과세원칙의 효력을 가져오는 재정적 조치(예: 국내시장에서 판매되는 유사한 국내상품과 관련하여 수출국에서 부과되는 세금부담으로부터 부분적으로 또는 전체적으로 벗어나게 하거나, 소비자들에게 판매되는 수입상품에 대해 수입국에서 유사한 국내상품과 관련하여 부과되는 세금의 일부 또는 전체를 부과)"라고 정의하였다.

따라서 '탄소국경조정(carbon border adㄱjustment)'은 기본적으로 국내에 탄소세 또는 배출권거래제를 도입하면서 수입상품에 대해서도 동등한 의무를 부과하는 조치라고 할 것이다. 하지만 그 개념적 범위에 대해 학문적으로나 실무적으로 아직 명확하게 정의되지 않았으며 다양한 유형의 조치들이 포함될 수 있다. WTO 합치성 분석도 각국별 상황에 따른 다양한 시나리오를 감안하여 접근해야 한다. EU가 '탄소국경조정제도(CBAM)' 용어를 사용한 것은 국내 탄소규제와 동등하게 수입상품에 재정적 의무를 부과하려는 것임을 강조하려는 의도이며, 실제 제도의 형태가 구체화된 것은 아니다. 따라서 조세 도입을 위한 내부의 까다로운 절차, 기존 제도와의 조화 등을 고려하여 EU 배출권거래제(ETS)와 연계한 새로운 수입부담금 형태로 접근할 것으로 예상한다.

온실가스 감축을 위해 국제적 공조가 이루어지지 않는다면 한 국가의 온실가스 감소가 다른 국가의 온실가스 증가로 상쇄될 수 있다. 또한 온실가스 감축 규제가 있는 국가의 기업은 감축 규제가 없는 국가의 기업보다 더 많은 비용을 지불함에 따라 국제 경쟁력이 저하된다는 점 등을 고려하면 탄소국경세 도입 논의도 일면 적절해 보인다.

탄소국경세가 GATT, 보조금협정 등 국제무역규범과 조화를 이루고 있는지에 대해서는 논란의 여지가 있다. 탄소에 근거한 차별대우는 GATT의 내국민대우원칙과 최혜국대우원칙에 위반될 수 있다고 얘기된다. 반면 국내 상품뿐만 아니라 국내에서 소비되는 수입상품에 동일하게 탄소세를 부과해 경쟁조건이 수입상품에 특별히 불리하지 않다면 허용될 수 있다는 주장도 있다.

우리 경제는 석유화학, 철강 등 에너지 다소비업종이 차지하는 비중이 높고 무역에 대한 의존이 강하다는 점에서 탄소국경세 도입 논의에 민감할 수밖에 없다. 기후변화에 대응한 주요국의 노력이 자칫 자유 교역에 대한 새로운 장벽으로 이어질지 모른다는 우려가 현실화될 수 있다.

하지만 선진 주요국이 환경 관련 규제를 도입하려는 상황에서 우리 정책당국의 대응 노력이 무엇보다 중요하다. 국제협상에서 우리 경제의 이해를 대변하고 우리와 같은 이해를 갖는 국가와 협력하는 것 외에도 국내기업과 선진국 동향에 대한 정보를 공유하고 대응방안을 함께 고민할 필요가 있다.

2. 탄소배출권

지구 온난화와 환경파괴의 주범이 이산화탄소 등의 온실가스라는 사실은 이미 상식에 속하는 사실이 되었다. 지구온난 화 방지를 위한 차원에서의 노력이 시작되어 온실가스 감축방안과 탄소배출권 거래제 등이 도입되어 운영되고 있다.

배출권 거래제도란 온실가스 배출량의 할당된 범위 내에서 배출을 허용하고 할당된 배출량의 여분 혹은 부족분에 대해서는 시장에서 매매거래를 하는 제도이다.

탄소배출권 거래시장은 전 세계 탄소 배출량을 조직화된 거래소의 효율적인 가격형성 메커니즘을 활용하여 통제하려는 목표에 따라 2005년 도입되었다. 탄소배출권 시장은 지구온난화와 기후변화에 대응하기 위한 국제적 노력으로 설립되었으며, 잠재적인 오염원들 사이에 이산화탄소를 비롯한 온실가스 배출을 최적으로 할당하여 거래하는 방식으로 운영된다. 이 제도는 중앙집중식 거래방식을 이용하여 최소한의 경제적 손실 부담으로 목표 수준의 탄소배출 감축을 달성하려고 한다.

국가 온실가스감축목표가 정해지면서 이를 고려하여 배출권거래제가 구성된다. 즉, 감축목표를 달성하기 위해서는 부문별 배출비중과 감축률을 정하여야 한다.

우리나라에서는 2015년에 시작되어 운영 중이다. 우리나라는

2020년 국가온실가스배출량 예측치는 776백만톤CO2로 산업부문에서 439백만, 건물 166백만, 수송 100백만으로 예측했는데, 감축목표는 30%수준이었다.

정부는 할당과 감축을 위하여 행정계획으로서 기본계획과 할당계획을 수립하게 된다. 기본계획은 10년을 단위로 5년마다 수립하게 되며, 제1기는 2015년부터 2017년, 제2기는 2018년부터 2020년, 제3기는 2021년부터 2025년까지의 기간이다. 기본계획은 배출권거래제에 대한 운영원칙, 지원대책 등 중장기적인 방향을 정하고 있는 반면, 할당계획은 순수 할당에 해당하는 것으로 온실가스배출허용총량, 할당기준, 할당방식, 이월·차입·상쇄 등 배출권거래제의 세부적인 기준을 정하고 있다.

제 1차 계획기간('15~'17) 3년 동안의 실적을 보면 시장에서 거래량은 전체 배출권의 4% 정도로 낮지만 계속 증가추세를 보이고 있다. 이 기간 중의 가격은 평균 톤당 20,300원 정도이고 2019년 11월 현재는 30,000원을 넘어서고 있다.

참여 업체는 525개 정도이고 할당된 배출권의 정도가 47% 발전부문이 차지하며 거래량의 60% 이상이 발전부문에서 구매한 것이다 발전부문 다음으로 큰 규모로는 철강, 석유화학, 시멘트, 정유 산업 등이 있지만 배출권 거래시장의 주역은 발전부문이다. 제1차 계획기간의 할당대상부문 업종은 5개 부문, 23개 업종이었다. 할당은 사전할당, 예상하지 못했던 신증설을 위한 추가할당으로 구성된다.

제1차 계획 기간에 해당하는 것으로 해당기간 동안 우리나라의 연도별 국가온실가스 감축목표 및 배출전망은 다음과 같다.

〈연도별 국가 온실가스 배출전망치(BAU) 및 감축목표〉

연도	14년	15년	16년	17년
배출량 전망치 (단위 : 백만 tCO2-eq)	694.5	709.0	720.8	733.4
국가감축률 (BAU 대비, 단위 : %)	5.1	10.0	13.8	16.2
국가 목표배출량 (단위 : 백만 tCO2-eq)	659.1	637.8	621.2	614.3
전년대비 감축률(단위 : %)	-	3.2	2.6	1.1

자료 : 환경부

국가 온실가스 감축목표를 비용·효과적으로 달성하기 위한 목적으로 도입된 온실가스 배출권거래제가 시행된 지 어느덧 8년째를 맞이하고 있는 가운데 제1차 계획기간(2015년~2017년)을 거쳐 제2차 계획기간(2018년~2020년)의 마지막 이행연도도 끝이 났다.

탄소배출권거래제는 개장 이후 다양한 시행착오를 거치면서 배출권 할당, 배출권 거래, 배출량 측정 및 보고, 배출량 검·인증에 이르는 일련의 제도 운영 프로세스를 통해 나름대로 제도 안착에는 성공했다. 그러나 이러한 가시적인 성과에도 불구하고 유동성 부족 사태가 수급 불균형으로 확대 재생산되면서 탄소배출권 가격상승이라는 부작용을 초래했다.

그러나 '20년 03월 들어 코로나 19사태가 본격화됨에 따라 전력 및 에너지 수요의 급감으로 배출권의 잉여가 확인되면서 하락 반전했다. '21년 2/4분기 들어 배출권 잉여에 대해 소멸 이슈가 부각되면서 낙폭을 확대시켰다. 그 결과 개장 이후 최초로 시장안정화 조치가 발동되기에 이르렀다.

2015년 1월 배출권시장이 개장한 이후 탄소배출권 가격은 꾸준한 강세 국면을 연출했다. 탄소배출권 가격은 2015년 1월 톤 당 8,640원으로 거래를 시작한 가운데 2019년 12월 톤 당 40,900원을 돌파하면서 5년여 만에 373.4%의 상승률을 보였다.

이와 같은 배출권 가격의 급등 배경은 탄소배출권의 유동성 부족에 기인한다. 잉여 혹은 부족 여부를 떠나 대부분의 시장참여자는 배출권 확보에 주력하였으며, 조기감축 물량인정에 따른 잉여업체의 경우는 무제한 이월대응으로 임했다. 따라서 탄소배출권에 대한 공급은 정부의 시장안정화 물량에만 의지하는 양상을 보였다.

2019년말 코로나19의 발발 이후 2020년 3월, 코로나19 사태가 글로벌하게 확산되면서 경기 펀더멘털(fundamental 기초여건)에 대한 우려가 현실화되었다. 국내 탄소배출권 시장은 한국전력공사의 전력통계속보를 통해 에너지 수요감소와 전력수요의 감소가 확인되면서 배출권가격이 23.5% 급감했다. 이월 및 차입 신청('21년 06월 10일) 도래와 정산시점과 맞물리면서 잉여업체들의 이월제한 물량이 본격적으로 출회되면서 시장안정화조치의 일환으로 '21년 04월 19일, 개장 이후 최초로 최저거래가격제도(톤당 12,900원)가 발동되는 등 약세장을 연출하고 있다.

제3차 계획기간에는 유상할당 확대, 제3자 시장참여, BM할당 확대, 장내파생상품 등이 도입될 예정이다. 효율적인 위험관리가 불가능한 현재의 탄소배출권시장에 장내 파생상품시장이 개장할 경우 국내 탄소배출권시장의 글로벌 스탠다드 관점에서 선진화된 시장으로의 탈바꿈이 예상된다.

3. 전기차 현황

최근 몇 년 동안 기록적인 여름이 오는 것은 지구온난화와 연관이 있다고 할 수 있다.

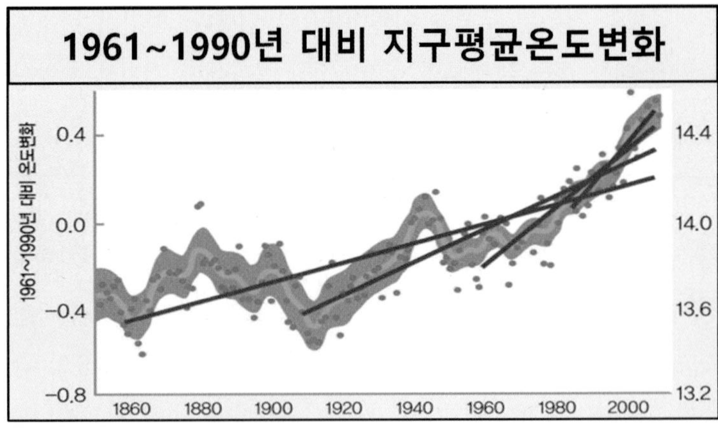

지구온난화의 주원인인 이산화탄소 배출량의 60~70% 정도가

우리가 사용하는 내연기관자동차나 화석연료를 사용해서 전기를 만드는 발전에서 나오고 있다. 이산화탄소 발생량을 줄이기 위해서 2025년에 네덜란드, 2030년에 독일을 시작으로 세계 여러 나라에서 내연기관 자동차의 판매금지가 추진되고 있어서 앞으로는 수소나 배터리를 사용하는 무공해 전기차의 개발과 보급이 자동차 회사의 생존이 걸린 문제로 인식되고 있는 실정이다.

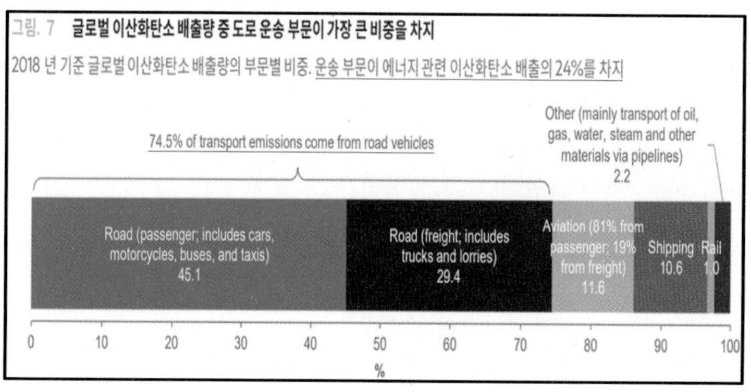

자동차에 사용되는 내연기관은 운행하면서 지구온난화의 원인이 되는 이산화탄소와 미세먼지를 배출하게 된다. 그리고 오존주의보를 일으키는 질소산화물이나 냄새가 나는 황산화물도 배출된다. 이에 반해서 수소전기차는 공해 물질 배출이 전혀 없는 무공해 차이면서 공기를 정화하는 기능도 가지고 있다. 전기를 만들기 위해 빨아들인 공기에서 미세먼지나 초미세먼지, 황산화물, 질소산화물과 같은 공해물질의 99% 이상을 깨끗하게 정화해서 배출하기 때문에 도로 위를 달리는 공기정화기 역할도 하는 일석이조의 효과를 누릴 수 있다. 수소전기차 1대를 운행하면 성인 40여명이 마시는 공기를 깨끗하게 정화할 수 있고, 수소버스의 효과는 수소전기차의 50배 정도이므로, 수소버스 1대를 운행하면 성인 2,000명이 숨 쉬는 공기를 깨끗하게 정화하는 획기적인 효과가 있다. 그리고 수소는 사용 후에 깨끗한 물만 나오기 때문에 예전에 수소전기차 대회에서 우승한 차가 들어오면 머플러에 와인 잔을 대고 나오는 물을 받아 건배하면서 마시기도 했을 정도로 환경에 도움이 되는 기술이다.

이와 같이 환경개선에 도움이 되는 수소전기차의 산업생태계 구축을 위해서 산업통상자원부, 환경부, 지자체와 민간 기업이 공동으로 2022년까지 수소전기차 1만 5,000대 보급과 수소충전소 310기 구축을 목표로 진행하고 있다. 또한 수소버스를 시내노선에 투입해서 2022년까지 1,000대의 수소버스를 도입할 예정이다. 수소 연료전지는 SUV나 버스와 같은 대형차량에 적용하기 좋고, 차량이 커질수록 공기정화기의 용량도 비례해서 커지기 때문에 대도시의 미세먼지 문제를 획기적으로 개선할 수 있는 방안으로 수소전기차의 보급이 확대될 예정이다.

2020년 EV 시장에서 유럽, 중국, 미국이 가장 큰 비중을 차지했다. 올해 서유럽의 EV판매량이 처음으로 100만 대를 넘어설 것으로 예상된다. 현재는 정부 보조금이 이 같은 증가세를 주도하고 있다. 따라서 향후 보조금 소진과 함께 증가세가 둔화될 수 있으나, 향후 지속적인 EV 생산원가 절감과 EU의 탄소배출 절감 목표 상향에 따라 2025년 이후 수요 증가세가 가속화

될 것으로 보인다. 중국은 2021년에도 가장 빠르게 성장하는 EV 시장으로써의 위치를 공고히 할 것으로 예상하고 있다. 지난해 중국은 130만 대의 EV판매로 글로벌 EV시장의 41%를 차지했다. 이는 1위인 유로존의 42%를 근소한 차이로 뒤쫓고 있는 것이다. 미국 시장은 32.8만 대로 중국 시장의 약 ¼ 규모를 기록했다. 여전히 미국과 중국의 EV 시장 성장 여력이 매우 큰 상황이다. 최근의 성장세에도 불구하고 미국 EV 판매량은 미국 내 전체 자동차 판매량의 2.4%에 불과하고, 중국 역시 6.3% 수준에 그쳤다. EV 판매 비중은 향후 빠르게 증가할 것으로 예상된다.

미국 바이든 대통령이 미국의 EV 생산 확대 필요성을 강조했다. 이를 위해 바이든은 소비자 수요 증대를 목표로 하는 1,740억 달러 규모의 EV 관련 부양책을 제시했다. 부양책은 1,000억 달러 규모의 소비자 보조금과 EV 충전소 등의 인프라 구축 지원계획을 포함하고 있다. 한편 중국은 520억 위안 (약 80만 달러) 규모의 보조금을 이미 지급하며 EV 도입을 촉진하고 있다. 현재는 EV 충전소, 배터리 교체/재활용시설과 같은 인프라를 구축하는데 더 주력하는 모습이다. 블룸버그에 따르면 중국은 2020년 12월까지 11.2만 개의 공공 EV 충전소를 확보했으며, 이는 미국 전체의 공공 충전소 갯수보다 많은 것이다.

EV시장 성장 모멘텀을 가속화 시키는 데 있어 화석연료 대비 가격 경쟁력을 확보하는 것이 중요하다. 이는 각국 정부들이 궁극적으로 보조금을 축소시키려 한다는 점에서 더욱 중요하다. 소비자들의 환경에 대한 관심이 증가하고 있으나, 여전히 자동차 구매와 연료비 등에 있어서는 가격적인 측면에 민감한 것이 사실이다. 예를 들어 중국의 경우, 2019년 보조금 축소와 함께 EV판매가 둔화되었으며 이에 따라 2022년까지 보조금 지급 기한을 연장했다. 배터리는 EV부품 중 가장 중요하면서 단일 부품으로는 가장 비싼 부품이다. 따라서 성능 향상 및 원가 절감을 위한 배터리 관련 기술개발이 매우 중요하다. 리튬-이온 배터리 팩 가격은 2010년 1,100 달러/Kwh 에서 2020년 137 달러/Kwh 까지 급격하게 하락했다. 블룸버그에 따르면 배터리 팩 가격이 2023년 100달러/Kwh 선까지 하락할 것으로 예상되며, 이에 따라 EV원가 및 수익성이 내연기관차와 동등한 수준에 이를 것으로 전망된다.

4. 전기차 배터리(2차전지)

2차전지는 충전이나 방전이 가능한 하나 이상의 전기화학 셀로 구성된 배터리를 말한다.

일반적인 일회용 배터리보다 초기 비용이 많이 들지만 교체 전 여러 번 충전할 수 있어서 친환경적이고 총비용이 적은 장점이 있다. 2차전지는 노트북과 휴대폰 같은 전자기기 뿐만 아니라, 전기차의 핵심소재이자 부가가치가 높아 반도체, 디스플레이와 함께 21세기 3대 전자부품으로 꼽히고 있다. 그래서 전기차와 노트북,

데스크탑, 휴대폰 등에 포함되고 있으며 리튬이온으로 재충전이 가능한 배터리를 만들 때 필수적인 핵심소재라 할 수 있다.

2011년 기준 2차전지 시장규모는 200억 달러를 넘어섰으며, 전기차 시장의 성장과 에너지 저장용 2차전지 시장의 성장과 함께 앞으로 규모가 더욱 확대될 것으로 예상되고 있다.

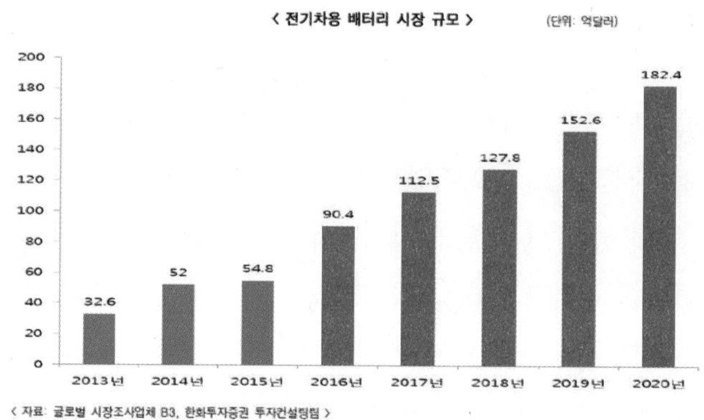

〈 자료: 글로벌 시장조사업체 B3, 한화투자증권 투자컨설팅팀 〉

시장 조사기관 B3는 전 세계 전기차 시장이 2015년 210만 대에서 2017년 470만 대, 2020년 770만 대까지 성장해 세계 자동차 시장의 약 6%를 차지할 것으로 전망하고 있다. 전기차 배터리 시장은 54억 8,000만 달러에서 2020년 182억 4,000만 달러로 성장할 것으로 전망되었다. 국내 2차전지 3사인 LG화학, 삼성SDI, SK이노베이션도 중국 내 배터리 투자를 늘리고 있다.

글로벌 전기차 판매 vs. 2차전지 업종 주가지수 추이 및 전망

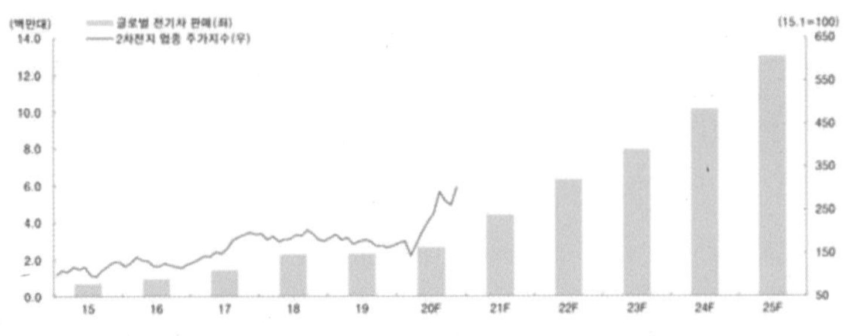

(제공=대신증권)

코로나19 확산에 따른 전기차 및 2차전지 관련주는 수요 충격으로 일시적으로 둔화되었지만, 이러한 단기 실적 부진에도 중장기 성장성이 더 크게 부각되면서 2차전지 관련주 주가는 재평가와 함께 가파르게 상승하는 그래프를 보여주고 있다. 2차전지 관련주로 삼성전자 외에 배터리 3총사인 LG화학, SK이노베이션, 섬성SDI가 있다. 씨에스윈드도 글로벌 풍력정책 러시에 따른 수혜주로 호평을 받고 있다.

전기차 역시 2025년 전기차 침투율 10%에 달할 것으로 예상되는 가운데 애플카, 전고체 배터리 등이 변수가 될 전망이다. 아직 전기차 침투율이 4.5% 수준이라 2~3년 더 성장 가능성이 있고 주가가 많이 올랐지만 중국 CATL 대비 시가총액은 여전히 높지 않다는 분석이다.

〈 2차전지 관련 업체 〉

기업명	기업명	사업 내용
완성품	LG화학	핸드폰, 노트북, 전기차 등에 사용되는 리튬이온 전지 생산 · 판매사업
	삼성SDI	휴대폰, 노트북 등 2차전지 사업을 기반으로 친환경 에너지 개발
양극물질	엘앤에프	2차전지 양극활 물질 제조 · 판매사업
	이엔에프테크놀로지	2차 전지 양극활 물질의 원료인 전구체 분야에 신규 진출
	코스모신소재	국내 1위 일렉포일 제조업체. 리튬이온 전지의 원재료로 활용
	휘닉스소재	리튬이온 2차전지 양극활 물질인 LMO사업 진출
음극물질	OCI머티리얼즈	2차전지용 음극활 물질 생산
	애경유화	2차전지 음극재 원료인 비결정질탄소 공정에 관한 27개 특허 보유
분리막	SK이노베이션	2차전지 사업 등을 영위
전해액	솔브레인	일본 미쓰비시 케미컬의 2차전지 전해액 국내 독점권 보유
	에코프로	양극활 물질 등 2차전지 소재의 제조 · 판매사업
	리켐	2차전지용 전해액 원료 생산업체
장비	피앤이솔루션	2차전지 공정 장비 중 포메이션, 에이징 및 사이클 테스터 전문업체
	피엔티	2차전지 코팅에 필요한 롤투롤 코터, 프레스, 슬리터 장비업체

〈 자료: 사업보고서, 언론보도자료, 한화투자증권 투자컨설팅팀 〉

5. 차세대 전고체 배터리

국내 전기차 배터리 3사 LG화학, 삼성SDI, SK이노베이션은 전기차 배터리 사업에서 매해 적자를 보고 있다. LG화학이 사업을 시작한 이래 근 20년만인 2019년 4분기 첫 손익분기점을 달성한 것이 첫 흑자 사례다. 나머지 업체들은 분기마다 꾸준히 적자를 기록해 왔다.

게다가 신종 코로나 바이러스 감염증(코로나19)은 국내 3사 수익성 개선에 걸림돌이 될 것으로 보인다. 시장조사기관 SNE 리서치는 전기차 배터리를 포함해 전세계 2차전지 시장규모가

2018년 기준 240억달러(약 29조원) 규모에서 2020년 예측치로 260억~350억달러(약 31조 7,000억원~42조 6,000억원)를 제시하며 시장이 큰 폭으로 성장하기 어렵다고 분석했다.

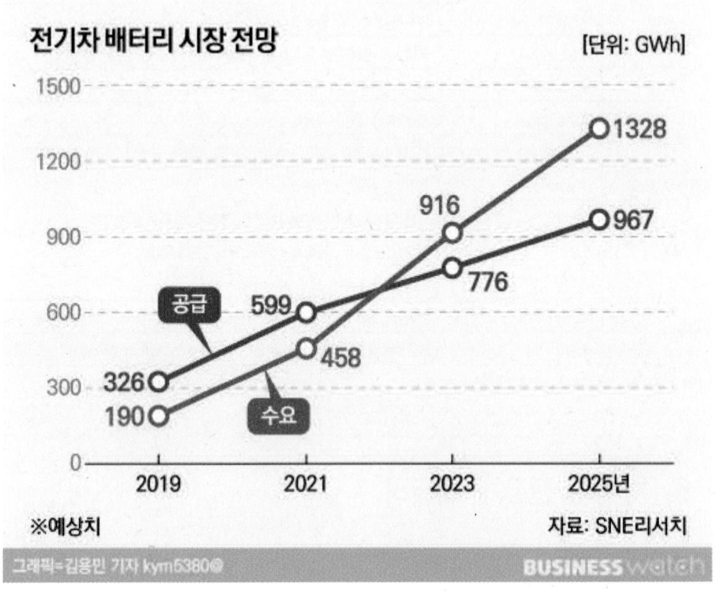

하지만 코로나19를 어렵사리 넘겨도 문제는 산적했다. 우선 중국 기업의 추격이 매섭다. CATL은 지난 2019년 3월 독일 폴크스바겐 미래 전기차 배터리 공급사로 LG화학, 삼성SDI와 함께 나란히 이름을 올렸다. 그로부터 4달 뒤에는 BMW와 배터리 공급계약을 맺으며 현지를 넘어 해외시장을 넘보고 있다. 완성차 업체들의 변화 움직임도 주목해야 한다. 현대·기아차와 미국 GM, 독일 폭스바겐 등은 부품사에 배터리 공급을 전적으로 의존한다. 따라서 기존 계약 조건을 배터리사에 유리하게 재조정하는 등 '아쉬운 소리'를 해야 하는 입장이다.

한국신용평가는 2019년 말 발간한 '전기자동차용 리튬이온 배터리 시장, 장밋빛 전망은 경계해야' 보고서에서 전기차 배터리 수요 성장 속도 둔화, 완성차 업체의 납품가 인하 압력 강화, 중국 업체의 중국 외 시장 진출 등 여러 부정적 상황을 가정한 뒤 "저조한 수익성에 재무안정성은 더욱 저하되고 국내 3사 신용도에 부정적일 수 있다"고 언급했다.

전기차의 핵심 부품 중 하나를 고르자면, 주행거리에 직접적인 영향을 주는 배터리를 꼽을 수 있다. 배터리는 최근 리튬 계열 배터리 기술 발전으로 전기차 보급 확대에 기여해 왔지만, 기술적으로 한계에 올라와 있어 더 이상 에너지 밀도를 높이기 힘든 상황이다. 즉, 현재 사용 중인 리튬 이온 배터리로 전기차 주행거리를 대폭 늘릴 수 있는 방법은 배터리의 크기를 키우는 것 뿐이다. 하지만 현재 전기차에서 배터리가 차지하는 부피와 크기, 가격을 고려했을 때 무작정 크기만 늘릴 수 없는 상황이다. 가장 주목 받는 기술이 전고체 배터리다.

리튬이온 배터리는 양극에서 나온 전기를 일으키는 리튬이온이 음극으로 이동하도록 돕는 '징검다리' 역할을 하는 전해질을 지닌다. 전고체 배터리는 이름 그대로 전해질을 포함해 모든 부품이 고체 상태다.

리튬이온 배터리가 외부 충격, 온도 변화로 전해질이 누수되거나 팽창하는 등의 변수로 화재 위험이 있는 것과 비교해 안전성이 높다. 전해질을 보호하는 별도 보호 회로, 온도 조절 장치도 필요 없어 관련 부품 부피를 줄이면서 남는 공간에 에너지 밀도를 높이는 재료를 추가할 수 있다. 전고체 배터리는 리튬이온 배터리보다 높은 에너지 밀도가 장점이다. 일반적으로 리튬이온 배터리의 에너지 밀도가 1kg당 200kWh대 수준이라면, 전고체 배터리는 400kWh대 수준으로 약 2배 이상 높다. 만약 같은 무게와 크기의 배터리를 장착한다고 가정하면, 주행거리를 2배 수준으로 늘릴 수 있는 것이다.

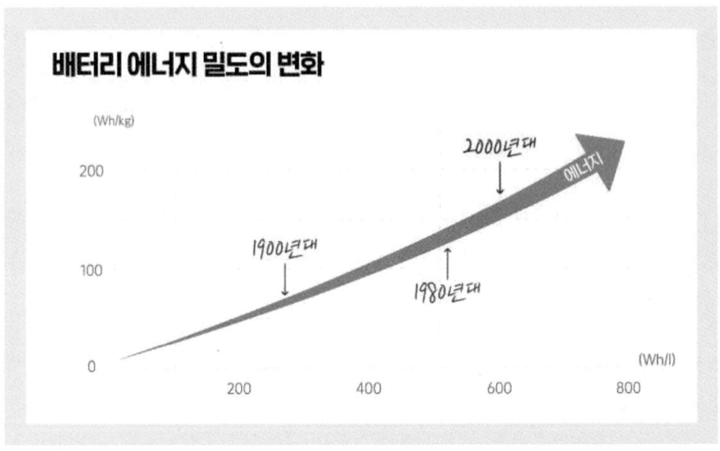

자료 : 삼성 SDI

리튬이온 배터리를 사용하는 전기차의 단점 중 하나는 겨울철 낮은 온도로 인해 주행거리가 감소하는 것이다. 이는 배터리 내부 액체 전해질이 온도에 영향을 받아 리튬 이온의 이동에 영향을 주고, 효율이 떨어지기 때문이다. 이는 단순히 배터리 방전

효율이 떨어지는 것뿐만 아니라, 충전 효율도 떨어뜨려 충전시간 역시 길어진다. 단점을 보완하기 위해 히트 펌프, 배터리 히팅 시스템을 적용하지만, 전기차 가격 상승의 원인이 된다. 반면 전고체 배터리는 고체 전해질을 사용하기 때문에 온도에 따른 영향이 적다. 저온 상황에도 상온 상황과 동일한 효율을 발휘한다. 덕분에 겨울철 배터리 효율을 위해 배터리 히팅 시스템, 히트 펌프와 같은 부가적인 옵션을 적용하지 않아도 되는 장점이 있다.

〈리튬이온 배터리와 전고체 배터리의 차이〉

양극
음극
분리막
액체 전해질
Li+
Li+
리튬이온 배터리
전고체 배터리

자료 : 삼성 SDI

〈리튬이온배터리(좌)에 비해 동일 용량에도 크기를 줄인 전고체 배터리(우)〉

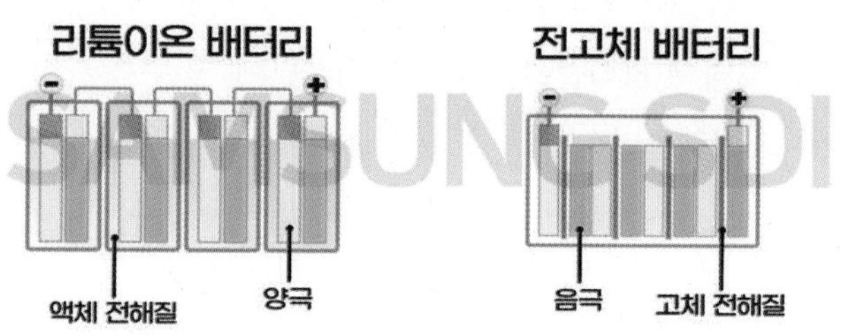

자료 : 삼성 SDI

한국에선 삼성전자가 가장 앞선 상태다. 2020년 3월 삼성전자 종합기술원은 1회 충전에 전기차 800키로미터(km) 주행이 가능한 전고체 배터리 개발 소식을 알렸다. LG화학, SK이노베이션도 관련 기술을 개발 중이다.

〈삼성전자 종합기술원이 개발한 전고체 전지 인포그래픽〉

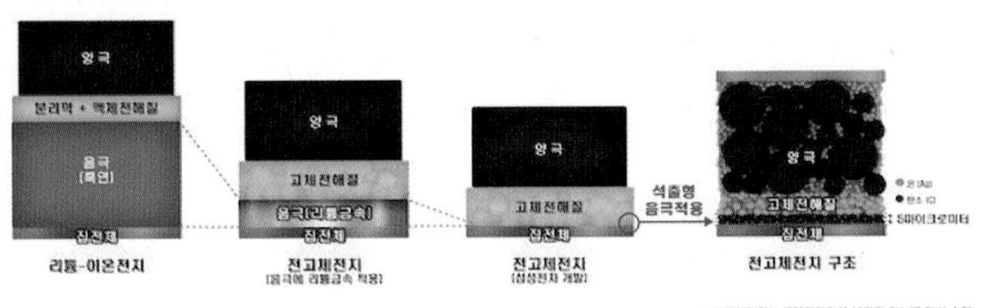

자료 : 삼성전자 종합기술원

해외 기업들도 전고체 배터리 기술력 확보에 총력을 기울이고 있다. 일본은 도요타와 파나소닉 연합이 전세계 전고체 특허의 40%를 차지한다. 두 회사는 2017년부터 협력하고 있으며 지난달에는 배터리 합작사를 설립했다.

테슬라는 2019년 1월 전고체 배터리 개발기업 맥스웰테크놀로지를 2억 1,800만달러(약 2,700억원)에 인수했다. 중국 칭다오에너지디벨롭먼트는 3년 전부터 10억 위안(약 1,700억원)을 투자해 전고체 배터리 생산 라인 구축을 준비 중이다.

6. 수소차 현황

수소는 안전한 에너지이다. 자동차는 충돌할 수 있다는 전제 조건이 있기 때문에 100% 안전을 보장할 수는 없지만, 수소전기차가 LPG를 사용하는 택시보다 안전하다는 것이 우리나라와 일본의 연구결과로 나와 있다. 심지어 수소하면 수소폭탄 말을 하는 이도 있는데, 수소폭탄은 태양에서 발생하는 에너지이다. 지구에서 수소폭탄이 터지려면 1억도의 온도가 필요하기 때문에, 대개는 원자폭탄을 터트려서 얻은 1억 도로 수소폭탄을 작동시킨다. 그리고 수소폭탄에 들어가는 수소는 우리가 사용하는 일반적인 수소가 아닌 중수소나 삼중수소를 사용해야 한다. 수소전기차와 수소폭탄에 '수소'라는 단어가 사용되지만 실상은 100% 완전히 다른 개념으로 보아야 할 것이다.

지난 3월 NE리서치에 따르면 현대차는 지난해 글로벌 넥쏘 판매가 전년 대비 33.6% 증가하면서 6,500대의 수소차를 판매한 것으로 잠정집계 됐다. 현대차의 수소차가 '6,000대 판매'를 돌파한 건 작년이 처음이었다. 이에 따라 이 회사의 시장점유율은 2019년 45.3%에서 2020년 69.0%로 크게 늘었다.

2020년 전세계 수소차 판매량은 전년 대비 11.3% 감소한 9,000대를 기록했다. 토요타와 혼다의 일부 모델 노후화로 판매량이 급감했기 때문이다.

* 연간 누적 수소연료전지차 판매대수 (단위 : 천 대)

순위	제조사명	2019	2020	성장률	2019 점유율	2020 점유율
1	**현대차**	4.8	6.5	35.3%	45.3%	69.0%
2	도요타	2.4	1.6	-33.2%	22.6%	17.0%
3	혼다	0.4	0.2	-33.8%	3.4%	2.5%
4	지리	0.0	0.2	-	0.0%	2.0%
5	Wulong	0.1	0.1	133.3%	0.6%	1.5%
기타		3.0	0.8	-74.8%	28.2%	8.0%
합계		10.7	9.5	-11.3%	100.0%	100.0%

* 판매량이 집계되지 않은 일부 국가가 있으며, 2019년 자료는 집계되지 않은 국가 자료를 제외함.

(출처: 2021년 3월 Global FCEV Volume Tracker, SNE리서치)

7. 수소연료전지

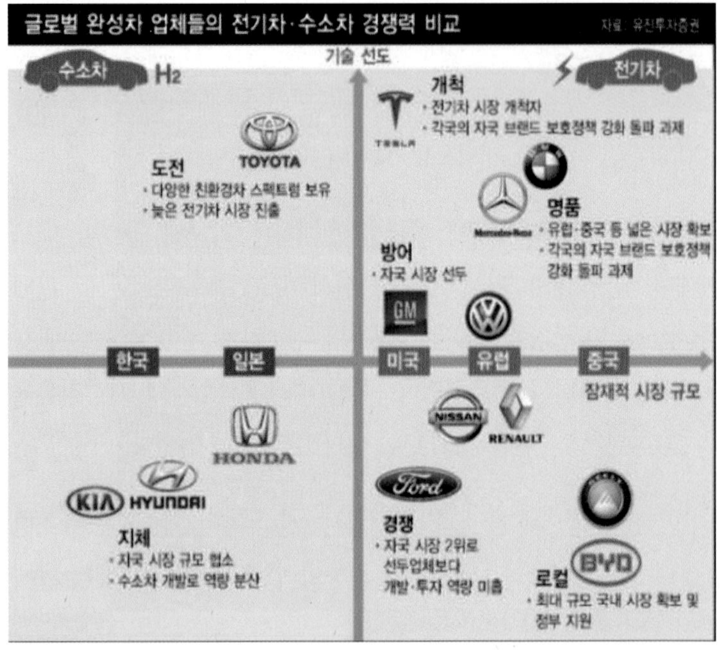

자료 : 유진투자증권

수소경제의 활발한 성장과 함께 2020년 한해 연료전지로 생산한 전력의 거래량이 전년대비 50% 이상 큰 폭으로 증가했다고 한다. 연료전지는 수소와 산소의 전기화학전 반응을 통해 전기를 생산하는 설비로 유해 물질을 거의 배출하지 않을 뿐 아니라 태양광, 풍력 등 다른 신재생에너지에 비해 안정적인 전력 생산이 가능하고 설치 면적당 발전량도 많다.

수소에너지는 수소 형태로 에너지를 저장하고 사용하는 에너지원으로 석유나 석탄을 대체하는 미래의 궁극적인 청정에너지원 중 하나이다. 리튬이온전지와 다르게 수소연료전지는 수소를 저장해놓고 필요할 때마다 수소를 통해 전기를 만들어 사용하는 방식으로 작동한다. 우리나라에서는 넥쏘가 유일한 수소연료전지 승용차이다. 수소연료전지는 장거리 주행에 우리하기 때문에 대형 화물차나 버스와 같은 상용차에 사용하는 것이 적극적으로 검토되고 있는 단계이다. 그리고 상업용 빌딩이나 대형선박에서도 수소연료전지가 사용될 수 있다. 리튬이온전지보다 수소연료전지가 크게 성장할 수 있는 이유는 전력산업 모든 부분에서 사용될 수 있기 때문이다.

정부는 올해 2021년 수소·연료전지 연구개발이 1227억원을 투입하기로 했다. 미국 대통령 조바이든의 친환경 정책에 이어 관련한 기업들이 기대를 받고 수혜를 보고 있는 실정이다.

수소에너지 관련 산업은 미래에 크게 성장할 수 있는 산업으로 평가받고 있다. 블룸에너지 역시 수소연료전지 산업을 대표하는 미국기업으로 지금 이 회사 주식에 투자하면 미래에 큰 수익을 얻을 가능성이 높은 기업이다. 수소에너지 관련 주식은 많은 관심을 받으면서 지난 1년 동안 가파르게 상승했다. 블룸에너지 (Bloom Energy, NYSE: BE) 주가는 작년에 거의 4배나 상승했으며, 발라드파워 (Ballard Power, NASDAQ: BLDP)는 298%, 퓨얼셀에너지 (FuelCell Energy, NASDAQ: FCEL)는 752%, 플러그파워 (Plug Power, NASDAQ: PLUG)는 1,510% 상승했다. 정말 어마어마한 상승률이 아닐 수 없다.

이처럼 수소에너지 관련 기업의 주가가 가파르게 상승하고 있지만 이 회사들이 큰 수익을 창출하고 있는 것은 아니다. 아직까지 이 기업들은 적자를 기록하고 있다.

하지만 미래에 수소연료전지가 가장 많이 사용되는 에너지원이라면 관련기업들의 가치는 지금보다 더 높아져야 할 것이다. 미래에 리튬이온전지뿐만 아니라 수소연료전지도 가장 강력한 에너지원 중 하나가 될 것이다.

현재 수소에너지 관련 기업은 이미 주가가 크게 올랐다. 이 회사들에 투자할 때에는 더 먼 미래를 보고 투자해야할 필요성이 있다.

육상 운송수단에서 수소연료전지를 사용하는 것은 다소 비효율적으로 평가될 수도 있다. 실제로 자동차에서는 수소연료전지보다 리튬이온전지를 사용하는 것이 비용적 면에서 저렴하고 효율성도 좋기 때문이다. 그래서 테슬라를 비롯한 수많은 자동차 업체에서 리튬이온전지를 활용한 전기차를 만들고 있는 것이기도 하다. 시장의 관점에서 볼 때 수소연료전지가 가장 크게 성장할 수 있는 분야는 전력시장이다. 따라서 전력시장에 투자하고 있는 기업들을 주목할 필요가 있다.

VII
탄소배출 제로시대와 그린뉴딜

Ⅶ. 탄소배출 제로시대와 그린뉴딜

1. 전기차

오늘날 지구 온난화 문제로 인해 생기는 배출가스 문제, 대기 오염 문제, 해수면 상승 문제 등 여러 가지 환경문제가 대두되고 있다. 국제 환경문제를 해결하기 위해 전 세계가 다양한 정책과 노력을 기울이고 있다, 그중에서 특히 자동차 산업의 급격한 발전으로 생기는 배출가스를 줄이기 위해서 기존의 내연기관 자동차에서 전기 자동차의 전환이 가속화되고 있다. 아울러 친환경 전기차는 연료를 사용하지 않고 배터리로만 모터를 작동시키기 때문에 기존의 연료차보다 유해가스를 거의 배출시키지 않아 친환경 자동차의 핵심으로 주목받고 있다.

따라서 지금의 자동차산업에서 세계 각국의 경쟁은 과학기술의 경쟁이며 구체적으로 친환경 전기차 산업의 경쟁이라고 할 수 있다. 지속적으로 증가하는 에너지와 환경 압력에 직면하여 세계 각국 및 국제기구들은 전기 자동차를 발전시키고 석유 소비량과 이산화탄소 배출량을 줄이면서 국가 경쟁력을 강화하는 데가장 효과적인 방법으로 받아들여지고 있다. 전기자동차의 필요성은 에너지 소비량과 이산화탄소 배출량에서 쉽게 가늠할 수 있다. 교통운수업은 전 세계 초급 에너지 소비의 20%를 차지하는 산업으로 각국의 에너지 안전과 환경 변화에 미치는 영향이 두드러진다. 자동차 보유량과 에너지 소비량은 꾸준히 증가하여 2050년에는 두 배가 될 것으로 예상된다. 전 세계의 에너지 소비는 현재 추세로 발전하면 2050년까지 전 세계 에너지 수요는 70%, 이산화탄소 배출은 60% 이상 증가할 것으로 예상된다.

실제 온실가스 배출량의 절반은 자동차에서 나오고 있으며, 이러한 배경으로 친환경 전기자동차 시장은 2017년 기준으로 310만 대가 보급되었으며, 2040년에는 전체 자동차 판매액의 33.3%를 차지할 것을 예상된다.

유엔 환경서의 최근 보고서인 '제로 오염 지구로'에 따르면 전 세계적으로 매년 약 650만 명이 공기 오염으로 사망하고 있다. 특히, 자동차 에너지 소비량의 증가로 인해 온실가스 이산화탄소 배출량이 매년 증가하고 있어, 지구 온난화 추세이며, 모든 국가들이 이에 관심을 가지고 있다. 대기오염에 대해 미래의 기술 진보 및 에너지와 환경에 대한 관심 고조로 전 세계 주요 에너지 수요와 공급 구조에 변화가 예상되며, 자동차산업의 생태 역시 저탄 소화와 재생 가능 에너지에 기초한 자동차 산업발전이 필연적인 추세가 되고 있다.

이에 4차 산업혁명의 변곡점에서 친환경적인 전기차는 자동차산업에서 새로운 패러다임을 제시하고 있다. 전기차에 대한 용어의 정의는 각국마다 다소 차이가 존재하며 정책적 지원 역시 정의에 따라 범위와 깊이가 다르다. 중국은 친환경 전기차(Electric Vehicle)에 대해 동력의 전부 또는 일부를 전기 모터로 움직이는 자동차를 말하며, 기술 노선에 따라 순전기 자동차(BEV), 플러그인 하이브리드 자동차(PHEV)와 연료전지 자동차(FCV)로 구분하고 있다. 정책적으로 세 차종에 대해서만 친환경 전기차로 정의하여 보조금을 지급하고 있다.

미국의 친환경 전기차는 중국차의 정의가 열거적임에 비하여 다소 포괄적이다. 화석연료가 아닌 전력기반으로 구동하는 자동차로 기존 내연기관 자동차의 엔진과 혼용되어 작동되는지 여부에 따라 하이브리드 전기자동차(HEV), 플러그인 하이브리드 전기자동차(PHEV), 배터리 전기자동차(BEV), 연료전지 자동차(FCEV)로 구분된다.

일본은 전기차 외 환경보호 자동차의 개념으로 새로운 자동차를 정의하였는데 '에너지 절약 및 환경 보호 자동차(LPV)'라는 용어로 사용된다. 일본에서 친환경차는 각종 전기자동차 외에 천연가스 자동차, 액화석유가스 자동차, 클린 디젤 자동차도 포함한다. 마지막으로 한국의 친환경 전기차는 고전압 배터리에서 전기에너지를 전기모터로 공급하여 구동력을 발생시키는 차량으로 화석연료를 전혀 사용하지 않는 완전 무공해차라고 정의하고 있다. 이상과 같이 주요 자동차 생산국가에서는 친환경의 개념과 함께 전기차의 종류에 따라 정책적 지원을 위해 혼용하기도

하며, 분리하여 적용하고 있다.

최근 몇 년 동안 극심한 기후변화로 인해 세계 각국에서는 환경보호를 중시하게 되었고 탄소배출을 줄이기 시작하였으며, '교토 의정서'와 '파리 협정'은 모두 이 점을 나타내고 있다. 환경에 대한 세계적 관심에 힘입어 각국의 정부는 소비자들에게 친환경 전기자동차를 구매하도록 각종 인센티브, 공공 충전 말뚝 등과 생산자들에게 친환경 전기자동차 생산을 위한 각종 세제지원 등의 인센티브를 제공하고 있다.

이러한 정책적 지원은 전기자동차 산업의 발전과 보급에 큰 원동력이 되고 있다. 전기차는 코로나 19로 인한 경기침체에도 불구하고 2020년에 전년보다 41% 증가한 300만 대의 신차가 등록되었으며, 전 세계에는 총 1,000만 대가 보급되어 있다. 2020년에는 유럽(신규 140만 대)이 처음으로 중국(신규 120만 대)을 제치고 세계 최대 전기차 시장으로 떠올랐다.

한편, 전 세계 친환경 전기차 산업은 급성장 단계로 접어들면서 친환경 전기차 판매 규모가 커지고 있다. 2011년부터 매년 친환경 전기차 판매량은 꾸준히 높은 증가 속도를 유지하고 있으며 자동차 판매량에 있어 평균 60%를 넘는다. 이는 미래 친환경 전기 자동차의 발전 가능성이 매우 크다는 것을 의미한다.

〈글로벌 전기차 보급 현황〉

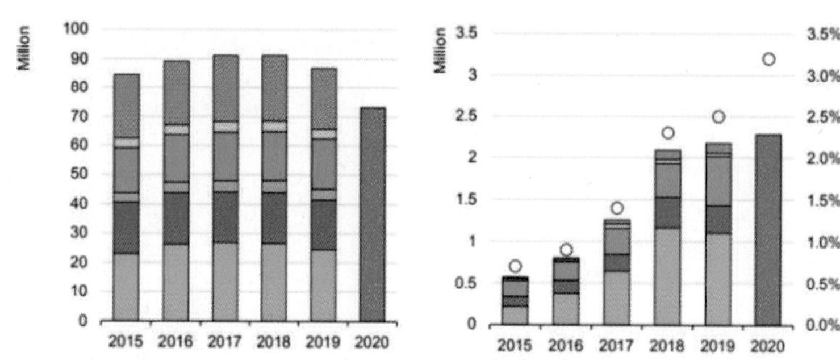

자료 : IEA 2020

〈종류별 전기차 보급 현황〉

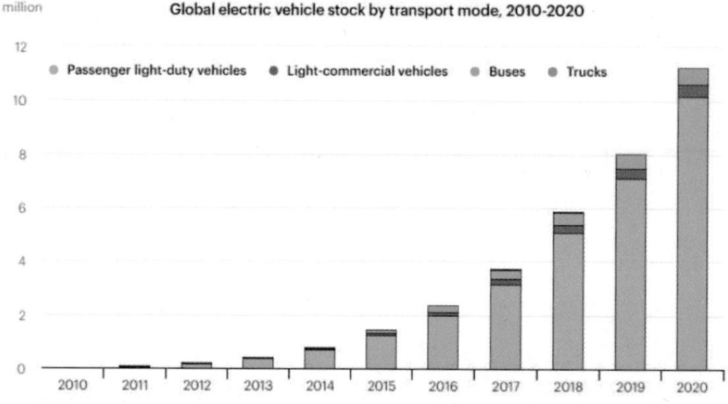

자료 : IEA 2020

〈전세계 전기차 보급대수〉

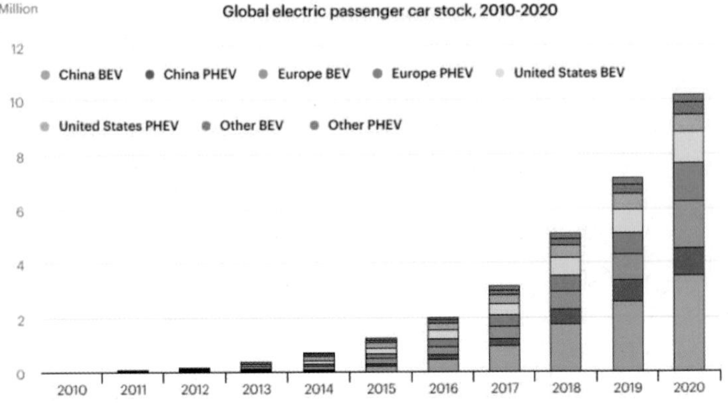

자료 : IEA 2020(BEV:전기차, PHEV:플러그인하이브리드 전기차)

전기자동차의 주요 동력인 배터리 기술의 진보는 친환경 전기차의 생산 원가를 대폭 낮춤으로써 가격 측면에서 연료 자동차에 비해 경쟁력을 갖게 하고 있다.

글로벌 친환경 전기차 시장을 보면, 순수 전기자동차를 중심으로 되어 있으며 순전기차(BEV)는 플러그인 하이브리드카(PHEV)보다 강한 경쟁우위를 보이고 있는 추세이다.

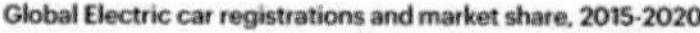
〈연도별 전세계 전기차 등록현황 및 점유율 〉

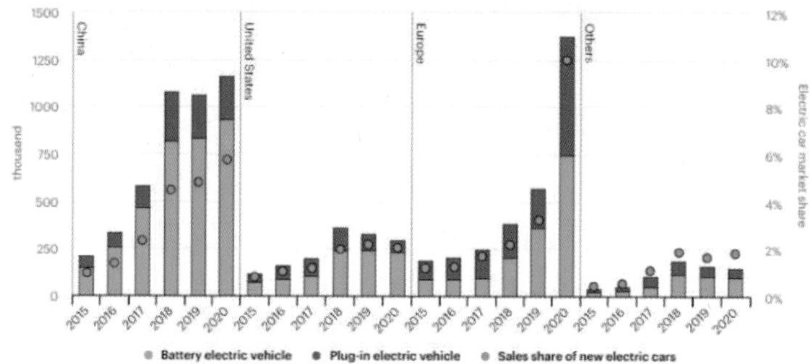

자료 : IEA 2020(하늘색:전기차, 파란색:플러그인 전기차)

1) 미국의 친환경 전기차 시장

미국의 소비자 수요는 친환경 전기차 산업을 발전시키는 동력이자 원천이다. 특히 미국인들은 공기 환경에 민감하고 전통 자동차가 오염 가스 감축을 더 이상 실현하지 못할 때 친환경 전기차의 제로 배출이라는 개념이 공기정화에 대한 절박한 수요를 충족시키자 친환경 전기차는 능동적이고 절박한 시장 수요를 나타내고 있다. 그중에서 특히 미국 켈리포니아주는 미국 전역의 친환경 전기차 보급율이 가장 높은 지역 중 하나이다. 1930년에만 해도 600만 명 미만의 인구가 등록 전기자동차 수를 200만 명에 달했다.

이는 국민들은 스모그의 피해를 많이 받고 있으며 생명 건강을 보장하고 생존 환경을 최적화해 달라는 강력한 호소를 정부에 제출함으로써 정부는 이때부터 공기 오염 관리와 에너지 절약이 자동차의 보급을 시작하게 되었다. 이에 대해서 미국 행정부는 '에너지 독립'의 비전을 제시하여 발전시킨다. 한편, 현재 미국의 친환경 전기차는 현저한 기술적인 우위의 있으며 그 기술적인 우선을 계속 발휘하고 혁신과 개혁으로 시장에서 차별성을 보장하고 시장소비자의 수요를 충족시킨다.

미국 선두업체 테슬라를 비롯한 전기차의 품질, 안전, 성능 측면에서 자동차 업계의 최고 수준에 도달한 전기자동차로 업그레이드 서비스 등 첨단 기술, 최첨단 배터리 관리 기술과 완벽한 충전 솔루션을 갖추고 있다.

〈미국 친환경차 차종 및 판매시장〉

차종	유형	주요 판매시장	차량생산지	배터리생산지
테슬라 Mode1S	BEV	캐나다, 중국, 유럽, 미국	미국	일본
테슬라 Mode1X	BEV	캐나다, 중국, 유럽, 미국		일본
쉐보레 볼트	BEV	캐나다, 미국		한국
쉐보레 Volt	PHEV	캐나다, 미국		한국

자료 : 白玫 2020

미국 전역에는 약 21,649개의 공공 전기차 충전소가 설치되어 있으며 약 65,577개의 충전기가 보급되어있다. 한국에 비해 많은 개수이지만, 미국의 넓은 영토를 감안하면 주로 동서부의 도시지역에 충전소가 밀집 되어있고 교외지역에는 아직 충전 인프라가 많이 보급되어 있지 않은 상황이다. 충전기 종류별로는 레벨2 충전기가 가장 많이 분포되어있으며 레벨1 충전기와 DC 급속 충전기는 대도시 지역을 중심으로 설치되어있다.

〈레벨2 공공 충전소(Public Station) 분포도〉

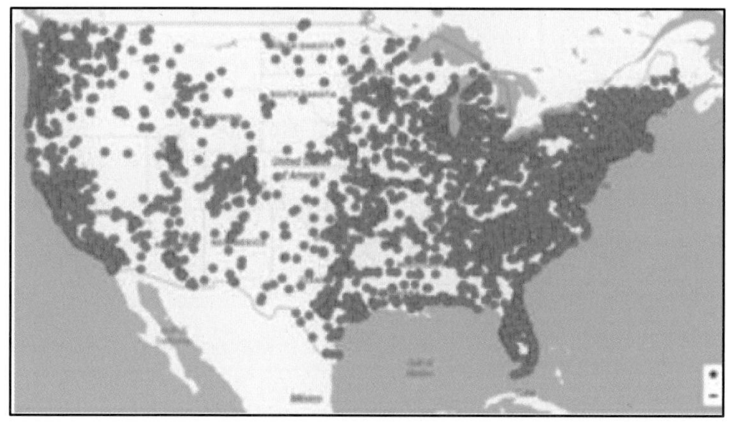

자료: 미 에너지국 Alternative Fuels Data Center

〈DC 급속충전 공공충전소 분포도〉

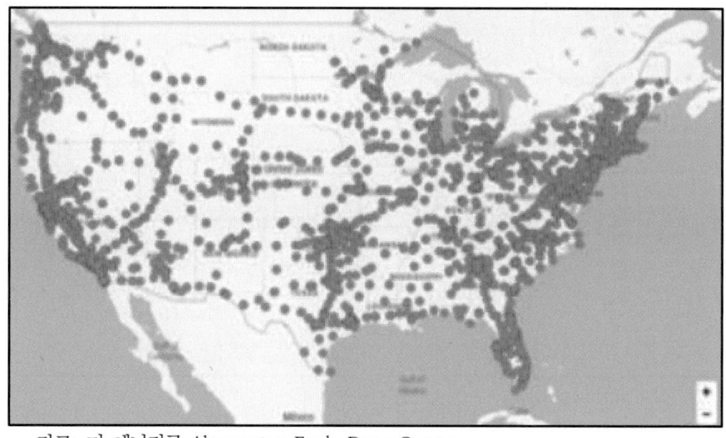

자료: 미 에너지국 Alternative Fuels Data Center

주 별로는 캘리포니아, 뉴욕, 플로리다, 텍사스 4개 주에 분포한 공공 충전소가 전체의 약 34%를 차지하고 있다. 대도시가 밀집된 주에는 많은 수의 충전소가 분포되어 있지만, 공공 충전소(public station)에는 호텔 등 해당 시설의 손님에게만 충전기 사용이 허가된 곳들도 포함되어 있어 접근이 제한된 곳들도 많다.

〈주별 전기차 충전기 분포도(2019년 5월 기준)〉

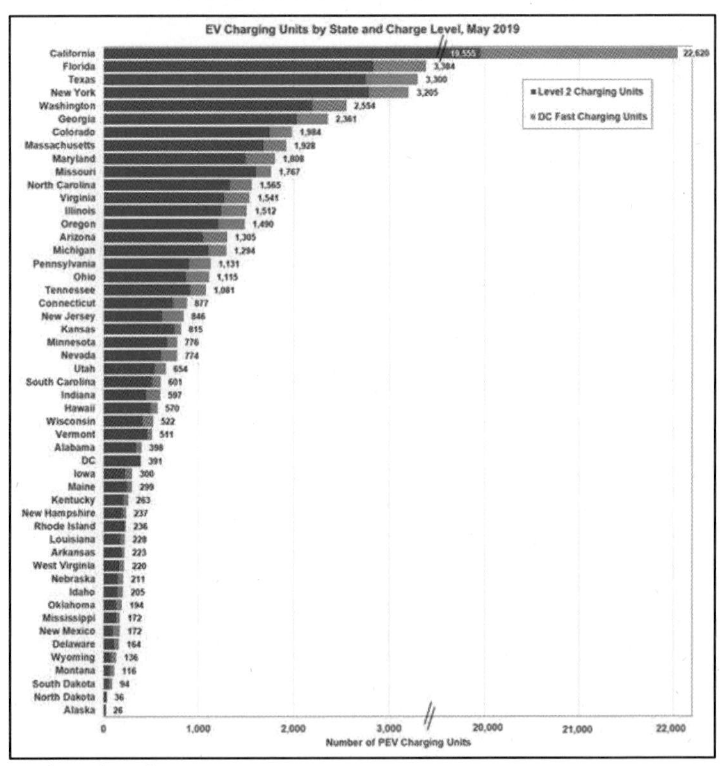

자료: Electrek.com

정책적인 면에서 보면 미국은 전기차 보급 대수, 가격 수준, 배터리 기술 지표, 패키지 인프라, 기술 비축 등에서 비교적 섬세하고 포괄적인 목표를 수립했으며, 실현 정도도 높다.

2) 독일의 친환경 전기차 시장

독일은 전통자동차의 강국이자 전기차(주로 순수전기차와 플러그인 하이브리드차 포함) 발전을 지지한 국가이다. 2009년 9월 독일 정부는 '국가 전기 자동차 발전 계획'을 발표하였으며 순수전기 자동차(BEV), 플러그인 하이브리드 자동차(PHEV), 다른 나라와 마찬가지로 독일도 배터리와 전기차 기술, 검사기술 등의 연구 프로젝트를 잇달아 가동하며 보급과 비즈니스 모델을 모색하고 있다. 독일은 배터리와 전기 구동 기술, 인프라를 개발 중점으로 2005년 이후 하이브리드 시스템, 리튬이온 배터리 등의 연구개발에 정부 차원의 경비를 지원하고 있다. 충전용 말뚝 건설에는 2016년 독일은 이미 5,800개 전기차 충전소를 가지고 있고, 주로 5개의 대도시에 집중되어 있다. 또한 독일은 2014년에 비해 2017년 독일의 지도는 전체적으로 증가를 보여준다. 2017년 기준 10,700개 이상의 충전 포인트가 있고, 2017년에서 2020년까지 연방 정부는 총 3억 유로를 투입한다고 밝혔다. 게다가 최대 4억 4천만 유로의 추가 민간 투자를 유도할 것이라고 밝혀 공공 + 민간 합쳐서 총 7억 5천만 유로가 잠재적으로 충전 인프라 설치에 투입된다.

3년간 약 1조 원 정도를 충전기 설치에만 투자한다는 이야기다. 2022년에는 전기차 100만대, 충전시설 7만 7천 곳을 설치하겠다고 밝혔다. 2017년에 비해서 전기차는 약 8배 (131,000 -> 1,000,000대) 충전시설도 약 8배 (10,670 -> 77,100기) 증가할 것으로 예상된다.

독일 연방 주 중 공공장소 전기차 충전기 인프라가 가장 잘 구축된 곳은 바이에른 주이며, 그 뒤를 바덴-뷔르템베르크 주, 노르트라인-베스트팔렌 주가 잇고 있다.

〈2018~2020 독일 전기차충전기 설치 대수〉

(단위 : 대수)

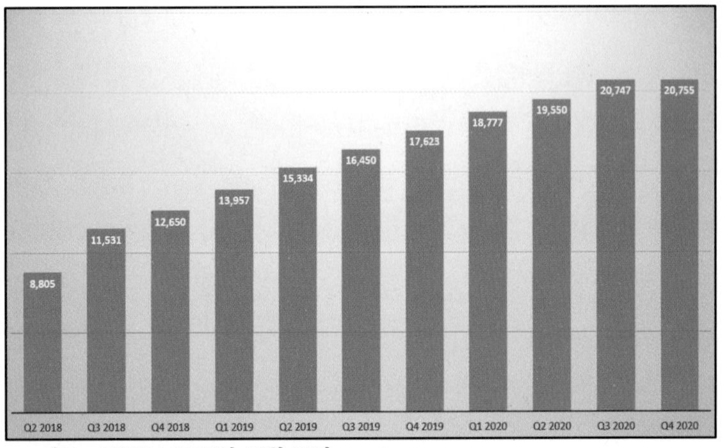

자료 : KOTRA 2020년 10월 20일

〈2020 독일 연방 주 별 공공장소 전기차충전기 설치 대수〉

(단위 : 대수)

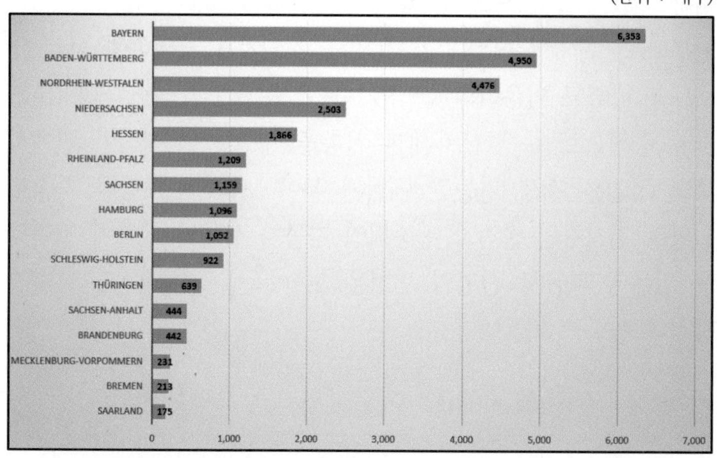

자료 : 자료 : 독일에너지수자원협회(BDEW)

정부 보조금의 경우에 전기차 연구 분야에 대해 제조원가를 낮추기 위해 장기적인 보조금을 지급한다. 독일은 전기차를 구매하는 소비자에게 10년간 주행세를 면제해 주고 2016년에는 전기차를 구매하는 소비자에게 직접 유로화에 대한 보조금을 주는 새로운 보조금 정책을 내놓았다. 지금까지 독일은 전기 승용차가 소수에 불과하고 정부 보조금이 많이 포함돼 있다. 2020년 1월 기준 독일에 등록된 전기자동차 대수는 136,617대이며, 독일연방에너지경제부(BMWi)는 2022년 100만 대의 전기자동차가 독일 도로에서 달릴 것으로 예상하고 있다.

현재 독일의 유명 자동차 업체들은 배터리, 전기, 전기제어 등 핵심 기술 개발에 적극적으로 개입하고 있으며 미래 전기차 핵심 기술을 파악하기 위해 부품 제조업체와 동력 배터리 업체와 의 합작 및 협력에도 적극적이다. 이와 함께 독일 완성차업체들은 광범위한 실로 테스트 작업을 적극적으로 전개해 상용화 제품 개발에 노하우를 축적하고 있다. 예를 들면 BMW가 2009년부터 전 세계에 600대의 MINI-E 전기차를 투입하여 실로 테스트를 하였고 아우디의 한 전기차는 2010년 10월에 600km를 단일 충전으로 주행하는 세계 기록을 세웠다. 정책적인 면에서 보면 독일은 재생 가능한 에너지 분야에서의 선도적인 기술로 친환경 전기차의 발전과 전통적인 자동차 산업의 전환에 전력하고 있는데 자동차 산업의 변형은 또한 독일 전체의 경제 발전 방식의 변화를 이끌었다.

〈독일 전기차 충전기 수입동향(HS Code 850440 기준)〉

순위	국가명	연도별 수입액			비중			증감율
		2017	2018	2019	2017	2018	2019	'18/'19
-	전체	3,579	4,020	4,232	100	100	100	+ 5.27
1	중국	876	922	988	24.50	22.94	23.36	+ 7.20
2	네덜란드	399	466	504	11.15	11.60	11.91	+ 8.14
3	헝가리	183	256	279	5.12	6.37	6.60	+ 9.11
4	오스트리아	226	234	236	6.34	5.84	5.59	+ 0.89
5	영국	212	246	226	5.93	6.13	5.36	- 8.02
6	덴마크	127	152	175	3.56	3.80	4.14	+ 14.69
7	체코	124	148	153	3.47	3.70	3.62	+ 2.88
8	스위스	114	115	142	3.19	2.88	3.37	+ 23.00
9	일본	171	172	141	4.79	4.29	3.35	-17.95
10	이탈리아	101	110	140	2.85	2.76	3.32	+ 26.84
29	한국	14.1	12.4	11.5	0.40	0.31	0.27	- 6.68

자료 : Global Trade Atlas (2020.10.8.)

3) 한국의 친환경 전기차 시장

전기·수소차 등 친환경 미래 모빌리티의 확대는 2020년 7월 발표된 '한국판 뉴딜 종합계획'의 10대 대표과제 중 하나이자, 그린 뉴딜 8대 추진과제 중 하나이다. 전기·수소차 확대를 포함한 자동차 부문의 친환경 전환은 탄소중립(net zero) 사회로의 이행과 함께 산업 경쟁력 강화에도 도움이 되는 그린 뉴딜의 대표적 과제이다.

이를 위해 환경부는 ① 중·장거리 버스, 대형 화물차 등 전 차종의 친환경화 및 운행자 편의를 위한 충전 인프라 구축 등 미래차 대중화를 위한 기반을 확충, ② 노후경유차 조기 폐차 또는 매연저감장치 부착 및 생계형 1톤 트럭, 어린이 통학차량의 LPG 전환 등 노후경유차 제로화 지원 등의 사업을 추진한다.

우선 2025년까지 전기차 113만 대 보급목표를 설정하고, 친환경 미래 모빌리티 충전인프라를 확충한다. 전기차 보급을 위해 충전인프라를 4.5만 기(급속 1.5만 기, 완속 3만 기)를 확충한다. 또한, 미세먼지와 온실가스를 많이 배출하는 노후 경유차의 퇴출을 가속화하여 2024년까지 노후 경유차의 제로화를 추진한다.

〈전기차 보급 목표〉

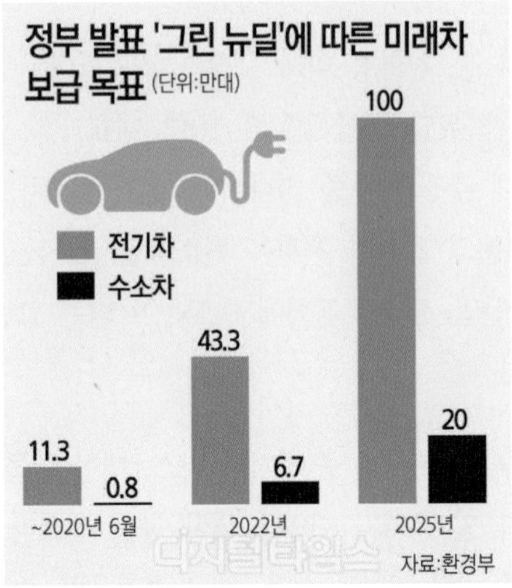

자료 : http://me.go.kr/GreenNewDeal/html/sub/news_sub_1.jsp

〈지역별 전기차 보급 현황〉

지역별 전기차 보급현황

서울특별시 20,977
인천광역시 4,204
경기도 17,197
강원도 3,091
세종특별자치시 1,076
충청북도 3,319
충청남도 4,252
대전광역시 3,338
경상북도 5,400
대구광역시 12,468
전라북도 2,906
울산광역시 2,142
경상남도 5,003
광주광역시 4,576
부산광역시 4,320
전라남도 4,576
제주특별자치도 20,699

전기차 보급 및 한국충전 회원 현황

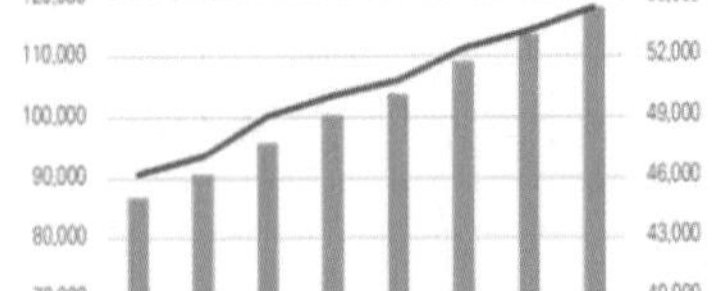

2020년 8월 기준 전국 전기차 보급량은 118,034대로 집계되었다. 이는 작년 대비 약 27,000대(약 30%) 가 증가된 수치이다.

전기차 보급량 증가에 따라 해피차저의 회원 수도 54,377명으로 증가하였다. 작년 대비 약 11,000명 가량 증가된 수치로 여전히 국내 민간 충전서비스사 최대 회원 수를 확보하고 있다.

자료 : 해피레터

▍지역별 전기차 보급현황

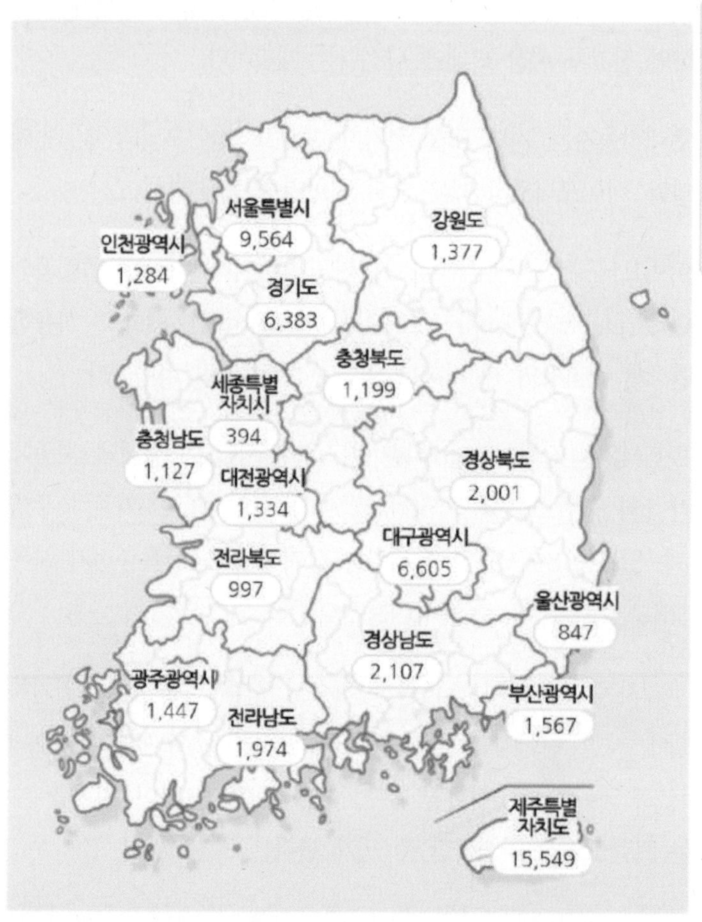

자료 : 세종 국토연구원

정부는 2022년까지 전기차 43만 대를 보급한다는 목표를 세웠다. 지난해 6월 기준 11만 대가 보급돼 목표 달성에는 32만 대가 필요한 상황이다. 이 가운데 환경부는 올해 10만 1,000대를 보급한다는 계획이다. 승용차는 7만 5,000대, 화물차는 2만 5,000대, 버스는 1,000대로 증차한다. 자동차 업계는 신차를 출시하면 전기차 시장 확대에 나선다는 계획이다.

현대자동차는 지난 4월 전기차 브랜드 아이오닉의 첫 번째 모델인 '아이오닉5'의 외부 티저 이미지를 공개했다.

아이오닉5는 현대자동차 그룹의 전기차 전용 플랫폼인 E-GMP(ElectricGlobal Modular Platform)를 최초로 적용한 모델로서 전기차의 새 시대를 열어갈 핵심 전략 차량이다.

E-GMP는 전기차만을 위한 최적화된 구조로 설계돼 차종에 따라 1회 충전으로 최대 500km 이상(이하 WLTP 기준) 주행할 수 있으며 800V충전 시스템을 갖춰 초고속 급속충전기 사용 시 18분 이내 80% 충전이 가능하다.

현대자동차는 아이오닉5를 시작으로 향후 나올 전용 전기차 모델에 자연 친화적인 컬러와 소재의 사용을 확대해 아이오닉 브랜드만의 감성을 전달할 뿐만 아니라 아이오닉이 지속할 수 있는 브랜드로 자리매김할 수 있게 한다는 방침이다.

기아는 기아자동차에서 31년 만에 사명을 바꾸고 1분기에 첫 번째 전용 전기차인 CV를 공개할 예정이다. CV는 E-GMP를 바탕으로 500km 이상 주행거리와 20분 미만의 고속 충전 시스템을 갖췄으며 크로스오버 형태의 디자인이 적용됐다.

디젤차 모델 중심인 쌍용자동차는 국내 전기차 시장의 첫 준중형 SUV인 E100을 상반기에 출시할 계획이다.

환경부가 발표한 '2021년 전기자동(이륜)차 보급사업 보조금 업무처리 지침 행정예고'에 따르면 올해는 전기차 대중화 촉진 및 보조금 제도의 취지에 맞게 차량 가격에 따라 보조금을 차등 지급할 예정이다. 차량 가격은 개별소비세와 교육세, 부가가치세, 관세 등 제세 금액을 포함(감면 혜택적용)한 권장소비자 가격이다.

실례로 차량 가격이 6,000만 원 미만일 경우 보조금을 전액 지급하고 6,000~9,000만 원 차량은 50%를, 9,000만 원 초과 차량은 보조금을 지급하지 않는다.

이와 함께 연비 보조금(최대 420만 원)과 주행거리 보조금(280만 원) 을 합해 최대 700만 원, 여기에 이행보조금(최대 50만 원)과 에너지효율 보조금(최대 50만 원)을 추가 지원한다. 지자체 보조금도 국고보조금에 비례해 차등 지급된다. 국고보조금을 50%만 받은 전기차라면 지자체 보조금도 50%만 지급하는 식이다.

현대·기아자동차가 2020년 1~7월 세계 전기차 판매 세계 4위를 나타냈다.

자동차연구원이 2020년 SNE리서치 통계를 분석해 발표한 내용에 따르면 현대·기아차는 2021년 1~7월 6만 707대의 전기차를 팔아 판매량 기준 4위를 차지했다. 2020년 같은 기간(4만

8570대)에 비해 25% 판매량이 늘었다. 현대차와 기아차의 전기차 판매량을 따로 계산했을 때는 현대차가 4위, 기아차가 8위를 각각 나타냈다.

현대차는 코나 EV 판매가 줄었지만 전기 트럭인 포터II 일렉트릭의 판매량이 증가하며 2020년 같은 기간에 비해 판매순위가 6단계 상승했다. 기아차는 봉고 EV와 니로 EV, 쏘울 부스터 EV의 판매가 늘며 10위권에 진입했다.

전기차 판매 1위는 19만 1971대를 판매한 미국의 테슬라였다. 르노닛산이 8만 6,189대로 2위, 독일 폭스바겐이 7만 5,228대로 3위였다. 중국 BYD는 4만 2,340대를 판매해 5위를 나타냈다.

〈제조사 그룹별 전기차(PHEV·FCEV 포함) 판매 순위〉

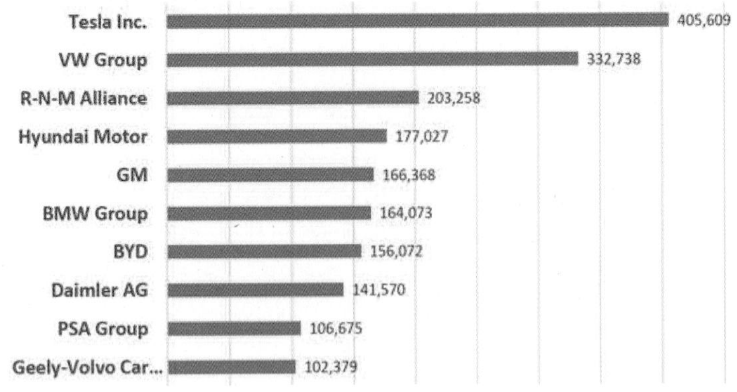

자료 : EV볼륨즈

〈전기차 10대 판매 그룹〉

전기동력차(전기차+플러그인 하이브리드+수소연료전지차)판매 10대 그룹

출처: 한국자동차산업협회

순위	업체명 ( )=전년도 순위	2019	2020	비중(%)	증감률(%)
1	테슬라 (1)	304,783	442,334	15	45.1
2	폭스바겐 그룹 (8)	123,152	381,406	13	211.1
3	GM 그룹 (9)	94,889	222,116	7.5	134.1
4	현대자동차 그룹 (7)	124,114	198,487	6.7	59.9
5	르노-닛산 얼라이언스 (4)	143,884	194,158	6.6	34.9
6	BYD (2)	218,532	179,295	6.1	-18
7	BMW 그룹 (5)	127,618	173,202	5.9	35.7
8	다임러 그룹	45,054	168,858	5.7	274.8
9	지리자동차 그룹	125,896	157,125	5.3	24.8
10	PSA	7,230	109,987	3.7	1421.3

자료 : 한국자동차산업협회

코로나19에도 계속되는 전기차 시장의 성장세

2014년 전 세계에서 고작 29만 대 판매되었던 전기 자동차 시장은 급속도로 성장하여, 2018년에는 총 208만 대의 판매를 기록했다. 2014년 전체 자동차 중 0.3%만이 전기차였지만, 2018년에는 그 비중이 2.03%까지 늘어났다. 코로나19 사태에 따라 자동차 업계가 심각한 타격을 입으며 2020년 글로벌 전기차 판매량은 전년 대비 약 18% 감소한 170만 대로 예측되지만, 이는 글로벌 자동차 전체 판매량이 약 23% 감소한 것에 비하면

피해가 덜 하다고 볼 수 있다. 또한 2020년 전체 자동차 중 전기차가 차지하는 비율은 3%로 상승할 전망으로 자동차의 전기화(Electrification) 현상은 멈추지 않고 있다.

블룸버그 뉴에너지 파이낸스(Bloomberg New Energy Finance)는 〈2020 전기차 전망〉 보고서를 통해 2040년 판매되는 승용차의 58%가 전기차가 될 것으로 전망했는데, 이는 2019년의 예측치보다 1%p 상승한 수치다. 블룸버그의 보고서에 따르면 장기적으로 중국, 유럽, 미국, 한국 순으로 전기차 판매량이 늘 것으로 예측했고, 특히 미국은 가정에 전기차 충전 시설을 설치하기 좋은 환경으로 인해 2025년에서 2035년 사이 전기차 판매율이 가파르게 상승할 것으로 내다봤다. 전기차 충전기는 전기차의 보급과 확산에 가장 큰 요소로 작용하며 전기차 충전 인프라를 갖춘 국가가 향후 전기차 시대를 선도하게 될 것이다.

〈글로벌 단기-장기 신차판매량 중 전기차 비중 전망〉

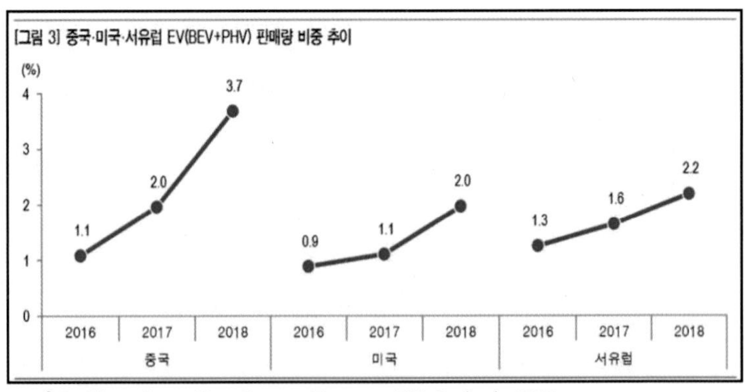

자료: Bloomberg New Energy Finance, EV Outlook 2020

글로벌 전기차 수소차 완성차 기업 투자 현황

지역	기업	투자 현황
국내	현대차 / 기아	현대차·기아차 전기차·수소차 투트랙 전략을 앞세워 中 시장진출 中 내연기관차 모델을 줄이고 하이브리드, 수소전기차 등 전동화모델을 21개로 늘린다 해외 첫 수소연료전지 시스템 생산공장 'HTWO 광저우' ⇒ 수소연료전지 생산 법인 한국 유럽 미국 중국 등 4개 지역에 연료전지 시스템 거점을 구축하여 시장을 선도한다는 방침
	현대모비스	충주·울산·평택 공장을 수소차 핵심 부품 공장을 운영하며, 공장 신규 설립 검토 2030년까지 수소차 연구개발과 설비 확대에 7조 6000억원을 투입
	현대위아	전기차 냉각수 분배 · 공급 통합모듈 2023년부터 양산 2025년 까지 냉각 · 공조 아우르는 통합열관리시스템(ITMS, Integrated Thermal Management System) 개발
	만도	폭스바겐 서스펜션 5000만개 수주 "최대규모" (2033년 까지 약 10년간 공급) 미국 전기차 스타트업 '카누'와 첨단 '전자제어식 조향(SbW-Steering by Wire)' 제품 50만대 공급 계약을 체결
유럽	폭스바겐	2025년까지 전동화에만 350억 유로를 투자해 2030년까지 70종의 전기차 모델을 선보인다는 계획 폭스바겐 그룹은 2025년까지 탄소 배출량을 2015년 대비 30% 까지 줄이고 2050년 완전한 탄소중립 실현
미국	GM	LG에너지솔루션과 GM 제1 합작공장을 건설 중이며, 제2 합작공장을 테네시주에 추가설립 얼티엄셀즈(Ultium Cells)가 북미 최대 배터리 재활용 업체인 '리-사이클(Li-Cycle)'과 폐배터리 재활용 계약
	포드	SK이노베이션과 포드와 전기차용 배터리 생산을 위한 합작법인(Joint Venture, JV)인 '블루오벌에스케이(BlueOvalSK)'를 설립 2025년까지 미래 전기차와 핵심 배터리 기술개발을 위해 300억달러(33조5700억원)를 투자 ⇒ 2030년까지 전체차량중 40% 순수 전기차로 대체
중국	비야디(BYD)	비야디는 50여 개 국가에서 전기차, 에너지, 저장, 태양광 등 친환경 사업을 진행하고 있으며, 전기차 판매량이 100만 대를 돌파 중국 전기차·배터리 제조사 BYD(比亞迪·비야디)가 반도체 자회사인 'BYD반도체(BYD Semiconductor)'를 분사시켜 선전 증시에 별도 상장
	상하이차(SAIC)	SAIC-GM(전략적 파트너십 체결) 은 2025년까지 전기차에 500억 위안(약 8조 7500억원)을 투자하고 얼티엄 플랫폼 기반 전기차 모델을 10종 이상 선보인다 얼티엄셀즈(LG에너지솔루션 - GM) 美 공장서 배터리 납품 전망
	베이징차(BAIC)	베이징차 - 화웨이 '블루파크 뉴 에너지 테크놀로지' 합작 개발한 아크폭스 알파S HBT를 상하이 모터쇼에서 처음 공개 아크폭스 알파S HBT는 CPU 산력이 352Tops에 달하는 화웨이 칩과 3개의 레이저 레이더, 6개의 밀리미터파 레이더, 12개의 카메라와 13개의 초음파 레이더를 탑재해 L3급 이상의 자율주행 능력을 보유
일본	도요타	도요타와 파나소닉이 공동 출자한 전지 자회사는 일본 효고(兵庫)현과 중국 다롄(大連) 공장의 생산 라인을 증설 중국 CATL이나 비야디(比亞迪·BYD)와도 협력하는 등 배터리 조달을 서둘러
	닛산	닛산이 최근 18억 달러(2조 287억원)를 투자해 전기차용 배터리 공장 신규 건설을 건설하기로 한 가운데 일본과 영국을 새 부지로 점찍으면서 그 배경에 주목 신규 공장의 생산 시점은 2024년으로 목표하고 있으며, 연간 70만대의 전기차를 공급할 계획

1. 실내 공간 활용도가 좋다.
2. 동력성능이 좋고, 하부 무게중심으로 안정성이 높음
3. 원가가 절감 · 하나의 플랫폼으로 다양한 차량 생산이 가능
4. 전력, 인포테인먼트, 공조 등을 통합으로 관리

2. 자율주행차

자율주행차는 하드웨어 중심의 사업에서 소프트웨어와 서비스가 결합된 새로운 사업 영역으로 이동한 것이라 할 수 있으며, 자율주행 기술 단계에 상응한 수준에 따라 대응방법 및 서비스의 변화가 필요하다.

자율주행차는 기존 자동차에 ICT 기술을 도입하여 스스로 주행 환경을 인식, 위험을 판단, 경로를 계획하는 등 운전자 조작을 최소화하여 운행하는 자동차라고 할 수 있으며, 자동차 스스로 주변 환경을 인식, 위험을 판단, 차량 구동을 조작하여 운전자 주행 조작을 최소화하며 스스로 안전주행 및 커넥티드 서비스 제공이 가능한 인간 친화적 자동차라고도 할 수 있다.

자율주행단계에 따라 기술과 시스템의 차이가 발생할 수 있으며 같은 서비스 영역에서 운전자의 개입 정도, 자동차의 자율주

행 정도에 따라 기술, 서비스 속성 등이 차이가 발생할 수 있다. 자율주행 단계(레벨)은 이미 미국교통안전국(NHTSA)과 미국 자동차학회(SAE)에서 제시하여 공인된 지표이다.

〈Automation Levels (SAE)〉

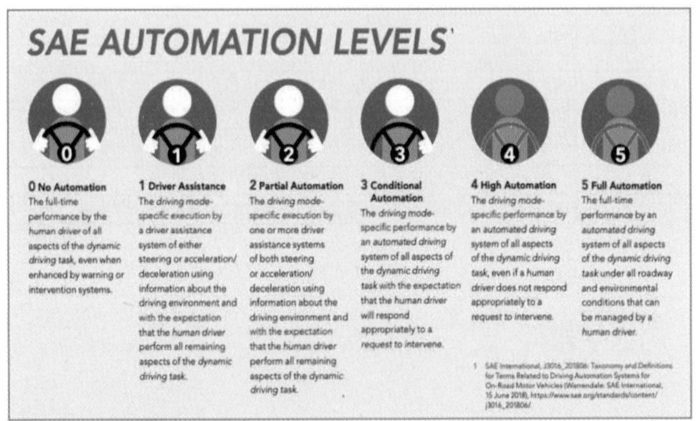

자료 : www.sae.org

〈Automation Driving Levels (NHTSA)〉

SAE level	Name	Narrative Definition	Execution of Steering and Acceleration/ Deceleration	*Monitoring* of Driving Environment	Fallback Performance of *Dynamic Driving Task*	System Capability *(Driving Modes)*
***Human driver* monitors the driving environment**						
0	No Automation	the full-time performance by the *human driver* of all aspects of the *dynamic driving task*, even when enhanced by warning or intervention systems	Human driver	Human driver	Human driver	n/a
1	Driver Assistance	the *driving mode*-specific execution by a driver assistance system of either steering or acceleration/deceleration using information about the driving environment and with the expectation that the *human driver* perform all remaining aspects of the *dynamic driving task*	Human driver and system	Human driver	Human driver	Some driving modes
2	Partial Automation	the *driving mode*-specific execution by one or more driver assistance systems of both steering and acceleration/ deceleration using information about the driving environment and with the expectation that the *human driver* perform all remaining aspects of the *dynamic driving task*	**System**	Human driver	Human driver	Some driving modes
***Automated driving system* ("system") monitors the driving environment**						
3	Conditional Automation	the *driving mode*-specific performance by an *automated driving system* of all aspects of the dynamic driving task with the expectation that the *human driver* will respond appropriately to a *request to intervene*	System	**System**	Human driver	Some driving modes
4	High Automation	the *driving mode*-specific performance by an automated driving system of all aspects of the *dynamic driving task*, even if a *human driver* does not respond appropriately to a *request to intervene*	System	System	**System**	Some driving modes
5	Full Automation	the full-time performance by an *automated driving system* of all aspects of the *dynamic driving task* under all roadway and environmental conditions that can be managed by a *human driver*	System	System	System	**All driving modes**

자료 : www.nhtsa.gov

〈자율주행 운전의 단계적 구분〉

레벨 구분	Level 0	Level 1	Level 2	Level 3	Level 4	Level 5
	운전자 보조 기능			자율주행 기능		
명칭	無 자율주행 (No Automation)	운전자 지원 (Driver Assistance)	부분 자동화 (Partial Automation)	조건부 자동화 (Conditional Automation)	고도 자동화 (High Automation)	완전 자동화 (Full Automation)
자동화 항목	없음(경고 등)	조향 or 속도	조향 & 속도	조향 & 속도	조향 & 속도	조향 & 속도
운전주시	항시 필수	항시 필수	**항시 필수** (조향핸들 상시 잡고 있어야함)	**시스템 요청시** (조향핸들 잡을 필요X, 제어권 전환시만 잡을 필요)	**작동구간 내 불필요** (제어권 전환X)	전 구간 불필요
자동화 구간	-	특정구간	특정구간	특정구간	특정구간	전 구간
시장 현황	대부분 완성차 양산	대부분 완성차 양산	7~8개 완성차 양산	1~2개 완성차 양산	3~4개 벤처 생산	없음
예시	사각지대 경고	차선유지 또는 크루즈 기능	차선유지 및 크루즈 기능	혼잡구간 주행지원 시스템	지역(Local) 무인택시	운전자 없는 완전자율주행

자료 : 국토교통부

〈자율주행차 개념〉

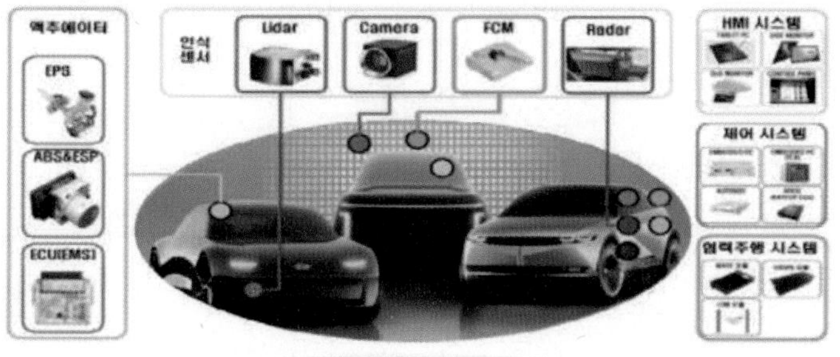

자료=삼성전자

자율주행 기술은 자동차를 단순 이동수단에서 이동성을 확보한 생활공간으로 자리매김시킴으로써, 자동차의 근본적인 개념을 변화시켜 산업 패러다임적 가치뿐 아니라 사회, 경제적 변혁을 예고하고 있다. 자율주행차는 자동차가 운전하는 공간에서 생산적이고 효율적으로 활용되는 공간으로 바뀌며, 자동차를 소유에서 이용하는 개념으로 전환되고 있어 점차 자동차에 대한 인식도 변화하고 있다.

특히 인포테인먼트(Infotainment) 등 새로운 자동차 서비스 제공 사업영역이 2030년까지 전체 자동차 시장규모의 약 30%를 차지할 것이라는 전망도 있다.

또한 자동차 관련 산업의 경쟁력이 엔진, 모터, 파워트레인과 같은 하드웨어 부분에서 사용자에게 서비스를 제공할 수 있는 역량으로 전환되고 있다.

기존 자동차 제조사의 영향력은 감소하는 반면 고객(사용자)과의 접점을 가지고 있는 서비스 플랫폼의 영향력은 확대될 것으로 전망된다.

〈자율주행차 관련 분야별 파급효과〉

분야	파급내용	파급정도		
		상	중	하
자동차 부품	센서, 제어기 등 전장부품 산업 확대	V		
관련 인프라	스마트 자동차 구축을 위한 도로 및 통신 인프라 산업 확대		V	
스마트카 서비스	카쉐어링, 인포테인먼트 등 서비스 시장 확대	V		
빅데이터	보험, 연비측정 등 차량운행 빅데이터 분석, 활용시장 확대		V	

자료 : 신정부 출범과 4차 산업혁명 –자율주행차, 유진투자증권

1) 미국의 자율주행차

미국은 자율주행차 기술을 선도하는 국가로 민간기업을 중심으로 활발한 연구와 시범운행이 진행되어 왔다. 미국 정부의 자율주행차 정책은 철저하게 안전에 초점을 맞추고 있으나 점차 산업의 활성화를 위해 규제를 완화하는 경향을 보인다.

미국 도로교통안전국(NHTSA)은 2016년 9월에 '자율주행 자동차 가이드라인'을 처음으로 마련하였다. 이에 따르면 제조업체와 개발자들은 이 가이드라인에 맞춰 오작동, 사고 처리, 사생활 보호와 같은 문제점의 해결 방안을 당국에 설명할 수 있어야 한다.

2017년 9월에는 상기 가이드라인을 보완한 '안전을 위한 비전(AV 2.0)'을 발표하였다. 여기에서는 사생활 보호와 같은 이전 가이드라인의 규제를 없애고 미국 기업들이 자율주행 기술개발을 장려하는 내용이 포함되었다.

2018년 10월에는 '교통의 미래 준비: 자동차량 3.0(AV 3.0)'을 발표하였는데 여기에는 안전, 기술, 규제, 자유, 보호 등 좀 더 세부적인 내용이 포함되었다.

2020년 1월 발표된 AV 4.0에서는 자율주행 분야의 신기술에 대해 정부를 대신하여 민간부문이 자율적으로 표준을 마련할 수 있도록 하였다. 이런 이유로 AV 4.0 이후 미국 정부의 정책이 규제에서 시장 친화적으로 바뀌게 되었다는 평가도 있다.

2) 일본의 자율주행차

일본은 정부가 직접 나서서 자율주행차 기술개발을 장려하는 구도이다. 자율주행차는 일본정부가 2014년 발표한 '전략적 혁신 창조프로젝트(SIP)'의 10개 과제 중 하나로 지정되어 있다. 이에 따르면 자율주행 기술은 '산학관이 함께 추진해야 하는 과제'라고 명시되어 있고, 담당기관도 내각부를 주축으로 경찰청, 총무성, 경제산업성, 국토교통성, 신에너지・산업기술 종합기구 등이 모두 열거되어 있다.

안정성 측면에서 국토교통성은 2018년 '자율주행차량의 안전기술 가이드라인'을 발표하였는데 여기에는 레벨 3, 4단계의 자율주행차량이 충족해야 할 안전성에 대한 요건을 명확히 함으로써 기술개발의 목표를 설정하였다.

주요 내용은 자율주행 감시 장비, 사이버 보안, 이용자 정보 제공, 데이터 기록장치 탑재, 차량 안전성 등 10개 항목이다. 2019년에는 '도로운송차량법'에서 자율주행차 정비 관련 내용을 추가하여 소프트웨어 업데이트를 통한 성능 개선에 대한 법률적 장치를 마련하였다.

3) 한국의 자율주행차

한국은 2016년 자동차 관리법 시행령에서 자율주행차 임시운행에 대한 제도를 마련하였다. 일본, 독일 등에 비해 약 2년 정도 늦은 편인데, 이 제도에서는 신청자의 책임소재, 안전운행 요건, 임시운행 허가기간 등을 명시하였다.

2018년 국토부가 발표한 '자율주행차 제작 가이드라인' 초안에 따르면 기술개발 시 고려해야 할 안전요소를 3개 부문(시스템, 주행, 운전자 안전)으로 제시하고, 전국의 모든 도로에 정밀지도를 구축하는 방안을 포함하였다.

〈자율주행차 상용화 방안〉

구분	2015년	2018년	2020년
목표	• 범 정부 지원체계 구축	• 일부 레벨 3 평창올림픽 시범운행	• 3(부분자율) 일부 상용화
정부지원	• 시험운행 - 자율주행차 법규정 반영 - 허가요건 마련 - 실증지구 지정 착수 - 자율장치 장착 허용 - 보험상품개발 • 인프라 구축 - GPS 오차 개선	• 인프라 구축 - 시험노선 정밀 수치지형도 - GPS 보정정보 송출 - 고속도로 테스트베드 구축 - 차량 간 주파수 배분 • 기술개발 - 해킹보안 자동차 기준 반영 - 캠퍼스 운행시범	• 상용화 지원 - 자동차기준, 보험상품, 리콜·검사제도 • 인프라 구축(전국) - 차선정보 제공 - V2I 지원도로 확대 • 기술개발 - 실험도시 구축 - 실도로상 C-ITS 연계
이벤트	• 고속도로 주행지원 시스템 (일부 레벨2) 상용화 • 레벨3 개발 착수(완성차)	• 관람객 등 셔틀서비스 제공 (안전성, 가능성 검증)	• 자율주행차 생산·판매

자료 : 국토교토부, 산업통상부

2019년에는 국토부가 자율주행차의 안전한 운행을 위한 윤리 가이드라인을 공개하였는데 여기에서는 자율주행차의 제작, 운행 등에 있어서 투명성, 제어 가능성, 책무성, 안전성, 보안성 등을 언급하였다.

2020년에는 주행 알고리즘에 대한 윤리성 가이드라인, 해킹과 관련된 사이버보안 가이드라인 등이 발표되었다.

4) 중국의 자율주행차

중국 자율주행차 개발은 2015년 발표된 '중국제조 2025'의 '지능형 자동차 발전계획'에서 시작되었다. 이듬해에는 '국가지능형자동차시험구'를 상하이에 설치하는 법이 만들어졌고, 2017년에는 공업정보화부 등 3개 부처가 '자동차산업중장기발전규획'

을 발표하였는데 그 내용에 따르면 2025년까지 신차 판매에서 반자동 자율주행기능(레벨 2)을 탑재한 자동차의 판매를 전체 판매의 80%까지 높이는 목표가 포함되었다.

2018년에는 '자율주행차 안전 시험에 관한 가이드라인'을 발표하여 자율주행차의 실제 도로 주행과 이에 따른 안전문제에 대한 규범을 갖추게 되었다.

2020년 2월에는 국가발개위를 중심으로 향후 자율주행차의 발전 목표를 제시한 '스마트카창신발전전략(智能汽車創新発展戦略)'을 발표하였다. 이에 따르면 2025년까지 5G를 기반으로 하는 중국식 자율주행차의 표준을 개발하고, 관련 산업과 제도를 기본적으로 갖추도록 하였다. 정부, 산업 그리고 개별 기업이 합심하여 자율주행차 대량생산에 나서겠다는 계획이다. 또한 장기적으로 2035~2050년 사이에 중국식 자율주행차 시스템을 완성하기로 하였다.

최근 자율주행기술은 안전한 이동수단에서 "이동을 위한 서비스" 제공으로 산업과 기술 개발 분야가 다양화되고 ICT 기업의 참여가 확대되고 있다.

18년 CES 기조연설 중, 포드의 스마트 모빌리티 담당 CEO는 "클라우드 플랫폼 구축". "C-V2X 네트워크 구축", "Mass 시장진출" 계획을 언급했으며, 도요타 자동차 회장은 e-Palette 컨셉 차량을 공개하며, 서비스에 중점개발 계획을 발표하기도 했다.

자율주행서비스 구현을 위해서는 기존 자동차의 기계 공학적인 측면보다는 전자 공학적인 측면과 SW(소프트웨어) 기술, 심리 연구 등 융합연구가 필수적으로 요구된다.

현재 국내 업체들의 자율주행 자동차 기술력은 해외 업체들에 비해 다소 격차가 벌어져 있으며, 라이다, 레이더, 카메라 등 자율주행 구동을 위한 핵심 부품과 관련 SW의 외산 의존도가 높은 편이다. 5G 통신기술이 도입되어 자율주행차에 적용시킬 차세대 서비스 사례가 급증할 것으로 예상, 자율주행 모빌리티 서비스를 개발/사업화할 수 있는 자유로운 시장 생태계 속에서 이동통신-자율주행 기술 융합 서비스 개발이 시급하다고 볼 수 있다.

〈주요 자동차 기업의 자율주행차 개발 현황〉

구분	내용
Level 2 수준 상용화 예	
Tesla	■ 2015년 10월 Model S 에 'Auto Pilot' 기능 탑재 ■ 2016년 10월 완전자율주행용 HW를 전 차종에 탑재한다고 발표(SW는 미탑재) ■ 2016년 10월 현재 'Auto Pilot 모드' 주행 거리가 약 3.5억 km에 이른다고 발표
Daimler	■ 2016년 7월 자율주행 기술 'Drive Pilot'을 탑재한 신형 E 클래스 출시
Nissan	■ 2016년 8월 Pro Pilot 기능으로 고속도로 단일 차선에서 자율주행이 가능한 Serena 출시
현대	■ 현재 양산 차종에 Level 1~Level 2 관련 센서가 큰 폭으로 채택중
Level 3, 4 수준 개발 및 출시 목표	
Audi	■ 2016년 9월, 2017년에 발매할 신형 'A8'에서 세계 최초로 레벨 3 기능 (시속 60km 이하의 고속도로에서 교통 체증 시 제한된 기능)을 탑재할 예정이라고 발표 ■ CES 2017에서 Nvidia와 협력, 2020년까지 자율주행차를 상용화할 것이라고 발표
BMW	■ 2016년 7월 완전자율주행자동차 개발 촉진을 위해 Intel, Mobileye와의 제휴 발표 ■ 2021년까지 완전자율주행자동차(iNEXT) 출시 목표
Ford	■ 2016년 8월, 2021년에 도시에서 ride-sharing 등 서비스에 사용할 완전자율주행자동차 대량 공급 계획 발표 ■ 2016년 9월, 2025년에 자율주행자동차 판매를 개시할 것이라고 발표
현대	■ 아이오닉을 통한 완전자율주행 Concept 완성: 레이다, 카메라, Ultrasonic, Lidar 센서 기반의 완전자율주행 기술 구현

자료 : 신정부 출범과 4차 산업혁명 –자율주행차, 유진투자증권

〈자율주행차 관련 기업〉

업체명	MDS테크(086960)	해성디에스(195870)	세코닉스(053450)	칩스앤미디어(094360)	모바일어플라이언스(087260)
시가총액(십억원)	192.8	317.9	188.5	72.0	170.3
매출비중(%)	기타 44.4%, 임베디드 솔루션 32.5%, 임베디드 개발 솔루션 23.1%	리드프레임 76.6%, Package Substrate 23.4%	광학렌즈 제품 84%, 광학렌즈 상품 16%	라이선스 49.3%, 로열티 46.6%, 용역 4.1%	내비게이션 30.77%, 블랙박스(제품) 53.38%, HUD 2.01%, ADAS 1.14%, 블랙박스(상품) 1.89%, 상품기타 6.98%, 기타 3.82%
Valuation (2015A)					
매출액(십억원)	117.8	246.0	244.9	12.0	53.7
영업이익(십억원)	12.3	18.8	12.8	2.3	1.9
순이익(십억원)	11.0	14.7	9.0	2.9	1.7
매출액증가율(%)	12.0	48.9	12.8	11.5	1.7
영업이익증가율(%)	13.8	89.4	-29.1	15.7	-58.8
EPS growth(%)	3.9	-50.5	-39.9	6.1	-
PER(배)	21.9	0.0	18.6	6.3	-
Valuation (2016A)					
매출액(십억원)	150.3	276.2	312.5	13.7	62.2
영업이익(십억원)	13.6	25.8	14.0	2.8	5.0
순이익(십억원)	11.0	18.8	9.0	3.6	4.7
매출액증가율(%)	27.6	12.3	27.6	13.5	15.7
영업이익증가율(%)	10.2	37.4	9.3	19.6	163.0
EPS growth(%)	-5.3	20.0	-4.3	4.4	-
PER(배)	18.1	11.0	18.0	27.2	-
Valuation (2017F)					
매출액(십억원)	166.9	325.9	354.9	14.8	80.6
영업이익(십억원)	14.8	42.7	19.2	3.1	7.9
순이익(십억원)	12.3	28.9	14.4	3.5	7.1
매출액증가율(%)	11.1	18.0	13.6	8.2	29.6
영업이익증가율(%)	9.2	65.3	37.4	9.5	58.4
EPS growth(%)	13.6	53.0	56.4	-3.7	-
PER(배)	**17.0**	**11.0**	**13.1**	**20.1**	**24.1**

자료 : 신정부 출범과 4차 산업혁명 –자율주행차, 유진투자증권

3. 수소차

친환경차 시장 패러다임이 하이브리드차 → 플러그인하이브리드차 → 전기차 → 수소차로 급격히 변화하고 있다.

1세대 친환경차인 하이브리드차와 플러그인하이브리드차는 국

내외 강화되는 배출가스 규제에 제대로 적응하지 못해 환경규제 준수 경쟁력이 점점 약화되고 있다. 국내 하이브리드차 (플러그인 하이브리드차 포함)는 2015년 보급대수가 174,620대에서 2019년 506,047대로 2.8배 증가했지만 친환경차(하이브리드차, 전기차 수소차) 점유 비율은 동기간 96.8%에서 84.1%로 감소했다.

차세대 친환경차로 평가받는 전기차와 수소차는 강화되는 배출가스 규제에 적절히 대응하면서 환경규제 준수 경쟁력이 더욱 강화되는 추세이다.

국내 전기차·수소차는 지난 4년간 16.5배, 친환경차 점유 비율은 15.9%로 급격히 증가하였는데, 이는 정부의 보급 확대 정책과 제작사의 선제적 대응 및 국민들의 미세먼지 등 대기환경에 대한 인식 변화에 기인한 것이라 할 수 있다.

〈국내 친환경차 증가 비율과 점유율〉

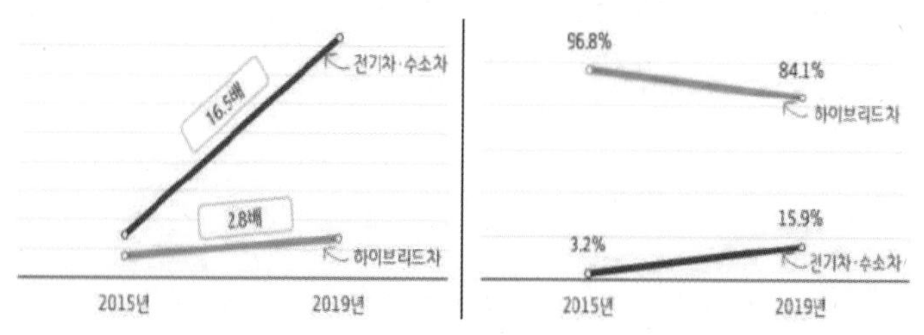

자료 : 국토교통부 통계누리(2019)

전기차는 외부 전기충전으로 수소차는 차내 수소와 산소 결합 자체발전 전기로 구동하며 현재 경제성은 전기차가 친환경성은 수소차가 상대적으로 더 우수한 것으로 나타나고 있다.

전기차는 순수전기차(BEV)로서 외부 전기 → 배터리 충전 → 모터 구동으로 움직이며 현재 차세대 친환경차 시장 보급의 주류를 형성하고 있다.

수소차는 정확히 수소연료전지차(FCEV)로서 수소연료 → 수소와 산소 화학적 결합 연료전지스택 발전 → 배터리 충전 → 모터 구동으로 움직이는데 차내 산소 흡입장치로 공기정화 기능을 가지고 있어 전기차보다 더 친환경성을 지닌 궁극의 친환경차로 인식되고 있으며 전기차와 보완재로 세계 미래 친환경차 시대를 주도할 것으로 예상되고 있다.

세계 전기차는 2018년 기준 3,291,000대로 수소차 12,945대보다 245배 더 많이 보급되었다. 하지만 2016~2018년 사이 증가속도에 있어서는 수소차가 4.6배로서 2.7배 증가한 전기차보다 더 빠르게 보급되는 추세이다.

〈전세계 수소차·수소충전소 보급 현황〉

구분	한국	미국	중국	일본	독일	기타	합계
수소차(대)	12,439 (33)	10,068 (27)	7,227 (19)	5,185 (14)	738 (2)	1,743 (5)	37,400 (100)
수소충전소(기)	69** (13)	45 (8)	128 (24)	137 (26)	83 (16)	71 (13)	533 (100)
1기당 차량대수(대)	180	224	56	38	9	25	70

자료 : 한국자동차산업협회(2021년 3월 기준)

이렇듯 전 세계가 수소에 집중하는 이유는 차량을 중심으로 한 수송 분야와 전기, 열 등 에너지 분야에 이르기까지 수소가 다양한 새로운 미래산업으로 창출시켜 나갈 수 있는 가능성이 클 것이라는 기대 때문이다. 승용차에서 상용차, 열차, 선박, 드론, 건설기계 등 모든 운송 분야에 수소가 활용돼 새로운 산업 생태계 창출이 가능할 것으로 전망되기 때문이다.

2조 달러에 이르는 전 세계 자동차 시장규모 가운데 10%를 수소차로 전환하면 디스플레이시장의 약 1.5배, 4,190억 달러 규모의 반도체 시장의 약 50%에 달할 것으로 예상되고 있다.

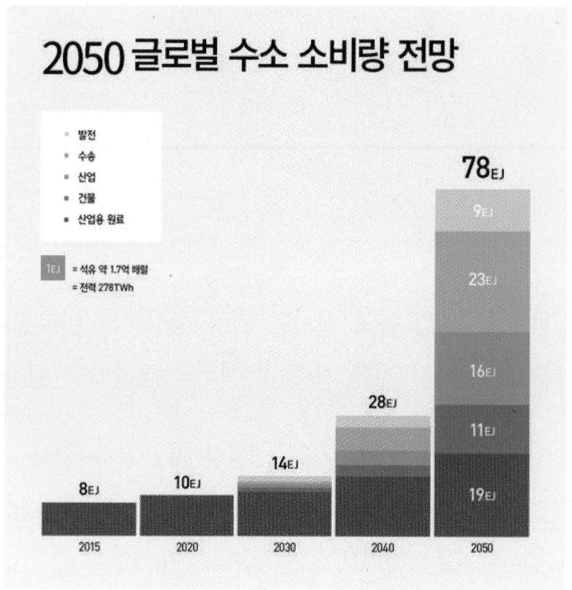

자료 : Hyundai Motor Group TECH

<표> 글로벌 시장의 차종 유형별 보급대수('19년도 기준)

전기 이륜/삼륜차	저속전기차	전기버스	화물차(소형차)	화물차(중형트럭)
35억대	570만대	51만대	37만대	6~7천대

자료 : 국토교통부

〈글로벌 수소차 시장 동향〉

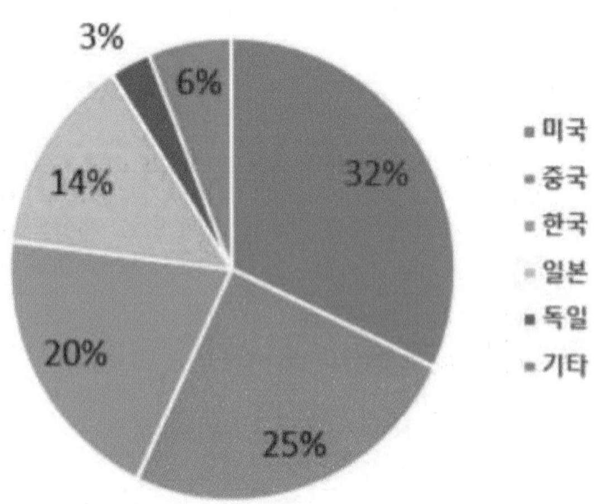

원출처: IEA(2020), 「Global EV Outlook 2020」, P.49~50.
/ 2차출처: 2020 미래차 기반 교통체제 지원사업

또 친환경이면서 고효율의 전기와 열을 생산하는 연료전지가 분산전원 최적의 에너지 전환 기술 및 설비로 부상되고 있다.

특히 협력 부품업체가 많고 수소 생산-저장·운송-활용 등의 밸류체인 전반에 걸쳐 다양한 산업과 연계가 가능해 후방산업을 성장시켜 나갈 수 있는 메리트 또한 적지 않다.

수소차 및 연료전지의 협력 부품업체 대부분이 중소·중견기업이기 때문에 활용 확대에 따라 협력기업의 성장과 고용창출로 연계 가능하다. 내연기관차의 부품 수는 3만 개, 수소차는 2만 4,000개, 전기차는 1만 9,000개이며 연료전지는 발전용 연료전지가 약 1만 개, 가정 및 건물용이 4,000개 안팎에 이른 부품이 뒷받침되어야 한다.

또한 수소 생산, 운송·저장, 충전소 등 인프라 구축은 금속·화학·기계설비 등 관련 산업의 투자와 시장 및 고용 확대를 유발시키며 수소 생산, 운송·저장 등의 밸류체인 고도화를 위한 R&D와 투자 확대로 새로운 시장 형성이 가능할 것이라는 기대를 낳고 있다.

실제로 지난해 코로나19 여파로 자동차 시장이 침체된 상황에서도 전 세계 친환경차 판매는 전년 대비 44.6% 증가한 것으로 나타났다.

한국자동차산업협회(KAMA)가 발표한 '2020년 주요국 전기동력차 보급현황과 주요 정책 변화' 보고서에 따르면 지난해 전 세계 전기차, 플러그인 하이브리드차, 수소차 등 친환경차는 총 294만 3,172대가 판매됐다. 2019년에는 203만 ,4886대가 판매됐다.

미국은 2013년 민관 파트너십인 'H2USA'와 'H2FIRST'를 설립하고 민간 기업과 정부 기관이 함께 수소 전기차 보급을 늘리고 있다.

2050년까지 약 27%의 친환경차(수소전기차, 전기차 등) 보급 목표이다. 이를 위해 캘리포니아 주를 포함한 11개 주에서 배기가스 배출이 0인 차량의 의무 판매 비율을 점차 높이는 'ZEV(Zero Emission Vehicle) credit' 제도를 시행하고 있다.

관련 산업이 가장 활발한 캘리포니아주에는 현재 수소충전소 45개가 운영 중이다. 캘리포니아주는 오는 2023년까지 충전소 설립에 매년 240억 원을 투자해 2030년까지 1,000개의 수소충전소를 구축할 계획이다.

2019년 기준 미국 전체 수소 전기차 보급 누적 대수는 약 7,937대로 세계 최대 규모라고 할 수 있다. 2015년 설립된 니콜라는 1회 충전으로 1,200마일(약 1,920km)을 갈 수 있는 수소 트럭을 개발 중이며 2023년부터 양산할 계획이다.

'Wind2H2'는 풍력 발전으로 생산한 수소를 천연가스 수송관을 통해 공급하는 프로젝트로 수소의 생산과 운송에도 투자가 진행되고 있다.

수소 경제 실현을 위한 4단계			
1단계	2단계	3단계	4단계
수소 기술 개발 2000~2015	초기시장 침투 2010~2025	시장 확대 및 인프라 정비 2015~2035	수소 경제의 실현 2025~

자료 : Hyundai Motor Group TECH

유럽연합(EU)은 최근 2050년까지 유럽 전역의 탄소중립을 달성하기 위한 에너지 시스템 통합 전략과 수소 전략을 발표했다. 탄소중립은 CO2를 배출한 만큼 CO2를 흡수하는 대책을 세워 CO2의 실질적인 배출량을 0으로 만드는 것이다.

수소 전략 1단계는 오는 2024년까지 수전해 수소 생산 설비를 6GW급으로 구축해 연간 그린 수소 생산량을 100만 톤까지 늘릴 계획이다. 그린 수소는 생산 과정에서 CO2 배출이 없는 수소로서 태양광 또는 풍력과 같은 신재생에너지로 생산한 친환경 전력을 활용해 수전해 방식으로 만든 수소이다. 유럽의 연간 수소 생산량은 이미 약 980만 톤이지만 탄소중립을 위해 수소 생산 방식을 그린 수소로 변경 중에 있다.

2단계는 2030년까지 수전해 수소 생산 설비를 40GW급으로 증축해 연간 그린 수소 생산량을 1,000만 톤까지 증량하는 것이다. 3단계는 2050년까지 탈탄소화하기 힘든 부문에도 재생에너지로 생산한 그린 수소를 보급한다.

유럽 내에서 수소 사회에 가장 적극적인 국가는 독일이다. 독일은 2030년까지 신재생에너지 보급 목표를 50%로 설정하고 수소에너지를 미래 에너지원으로 지정했다. 또한 태양광과 풍력의 잉여 전력을 활용해 수전해 수소를 생산하는 시설을 구축하고 있다.

지난 2018년에는 수소에너지 활용 실증사업의 일환으로 세계 최초 수소전기 열차를 공개했다. 그리고 2030년까지 수소차 180만 대를 보급하고, 수소충전소를 1,000개소 규모로 확대 설치할 계획이다.

독일 정부와 기업이 합작하여 설립한 'H2 Mobility Industry Initiative'는 정부와 유럽연합으로부터 수소충전소 건설비용의 2/3를 지원받아 인프라 구축을 진행 중에 있다. 전체 투자 규모는 약 3억 5,000만 유로 수준이며 대도시에는 10개소 이상, 대도시를 잇는 고속도로는 최소 90km당 1개의 충전소를 설치하겠다는 세부적인 목표도 수립했다.

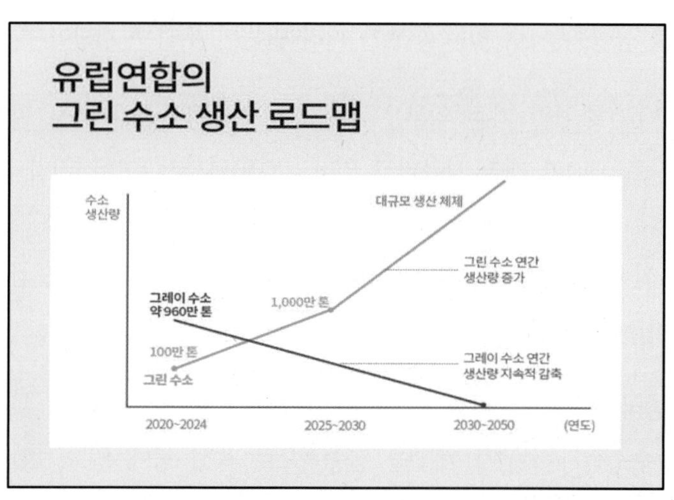

자료 : Hyundai Motor Group TECH

일본은 2011년 후쿠시마 원전 사고 이후 자립형 에너지 공급 시스템 구축을 위해 수소 경제를 집중 육성 중에 있다. 2014년 '수소연료전지 전략 로드맵'을 발표했으며, 2016년에는 수소 전기차 출시와 가정용 연료전지 보급 확대 등을 반영한 개정판을 다시 발표했다.

저비용 수소 공급 체계 구축, 국제 수소 생산 및 공급망 개발, 수소의 수송과 저장을 위한 에너지 캐리어 개발 등 원활한 수소 공급망 확보를 위한 방안을 준비 중이다. 자국 내 수소에너지 사용량이 늘어나게 되면 일본 내에서 생산하는 수소만으로 사용량을 감당하기 어렵기 때문에 다른 국가로부터 저렴하게 수소를 공급받을 수 있는 루트를 미리 만들어 두려는 계획이다.

2020년 6월 기준 일본은 세계에서 수소충전소가 가장 많은 국가로 140여 개를 보유하고 있다. 2030년까지 수소전기차 80만 대, 수소전기 버스 1,200대를 보급하고 수소충전소 900개소를 설치할 예정이다. 또한 가정용 연료전지를 530만 대 보급하고 1kwh당 17엔으로 수소 가격을 현실화하려 시도 중이다.

중국은 수소 굴기를 선언하며 수소전기 버스, 수소전기 트럭 등 수소전기 상용차 개발을 집중적으로 육성 중에 있다. 2015년에 발표한 '중국제조 2025'를 통해 수소전기차 개발 및 보급을 국가 핵심 사업으로 선정했다.

2030년까지 수소전기차 100만 대를 보급하고, 수소충전소 1,000개소를 구축할 예정이다. 전기차, 플러그인 하이브리드차 등 다른 친환경차에 대한 보조금은 단계적으로 축소하고 있지만, 수소전기차에 대한 보조금은 원활한 보급을 위해 유지하겠다는 계획이다.

현재 캐나다 발라드사와 기술합작을 통해 연간 5,000대 규모의 수소버스용 연료전지 공장을 구축했고, 약 13개의 중국 자동차 제조사가 수소버스를 비롯한 수소전기차 개발을 진행 중에 있다.

현재 한국의 친환경차 시장은 세계 선두권으로 평가받고 있다. 2020년 기준으로 전기차 수출은 세계 4위, 전기차 보급 대수는 세계 8위를 오른데 이어 수소차 보급은 세계 1위를 기록했다. 지난 2016년 24만 대였던 친환경차는 2020년 82만 대까지 증가했고 수출 역시 7만 8,000대에서 28만 대로 3배 이상 증가했다.

지난 2013년 현대자동차는 세계 최초로 수소차인 '넥쏘' 양산에 성공했다. 현대자동차 '넥쏘'는 글로벌 수소전기차 시장을 80% 가까이 장악하며 일본 토요타 '미라이'를 밀어내고 1위로 올라섰다.

한국자동차산업협회의 '2020년 주요국 전기동력차 보급현황'에 따르면 지난해 수소전기차(FCEV)는 전년 대비 9.3% 증가한 8,282대가 판매됐다. 현재 수소전기차를 양산해 판매하는 글로벌 완성차업체는 현대차와 일본 토요타·혼다(클래리티) 뿐이다.

브랜드별 판매량을 보면 현대차가 전년 대비 35.1% 늘어난 6488대를 판매해 공식 1위를 차지했다. 토요타와 혼다는 전년 대비 각각 36.3%, 28.1% 줄어든 1564대와 230대를 판매하는데 그쳤다. 현대차의 시장 점유율은 78.3% 달했다.

〈2020년 주요국 전기동력차 보급현황〉

순위	국가명	2017	2018	2019	2020•e	증감률(%)
1	중국	567,678	1,031,197	1,054,290	1,206,610	14.7
2	독일	50,282	66,293	106,823	404,545	278.7
3	미국	196,876	358,055	321,601	324,882	1.0
4	프랑스	41,085	53,012	68,652	190,683	177.8
5	영국	46,192	53,906	82,382	180,172	118.7
6	노르웨이	58,827	72,703	79,530	105,521	32.7
7	스웨덴	20,042	27,903	42,706	89,404	109.3
8	네덜란드	8,135	25,481	67,465	83,737	24.1
9	대한민국	14,068	35,800	41,893	61,193	46.1
10	이탈리아	4,614	9,854	15,333	**53,864**	251.3
	기타	103,109	125,340	156,807	242,561	54.7
합 계		**1,110,908**	**1,859,544**	**2,034,886**	**2,943,172**	44.6

자료 : 한국자동차산업협회

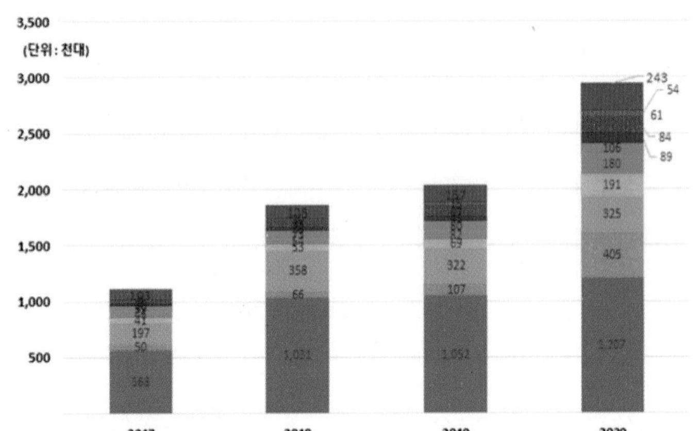

자료 : 한국자동차산업협회

세계 최장 주행거리와 핵심부품 99%(부품수 기준) 국산화 등 글로벌 경쟁력을 확보했다. 연료전지의 경우 원천기술을 보유한 국내외 기업과의 제휴·M&A 등을 통해 최고 수준의 기술력을 보유시켜 나갈 계획이다. 미국의 FCE사와 기술제휴, CEP사 및 퓨얼셀파워와 M&A 등과 함께 수소 공급에 필요한 석유화학·플랜트 산업 기반과 경험이 풍부한 것이 장점으로 꼽힌다. 울산, 여수, 대산 등 대규모 석유화학단지를 중심으로 수소 파이프라인, 고순도 수소생산 기술을 보유하고 있으며 연간 164만 톤의 수소를 활용 중이다. 충분한 수소 수요와 경제성을 확보하는 경우 설비증설, 공정전환 등을 통해 대규모 부생수소 공급 여력이 충분하다는 평가가 내려지고 있는 상태다.

현재 추정되는 부생수소의 생산 여력은 수소차의 약 25만 대 분량인 약 5만 톤이며 발달된 LNG공급망을 활용한 전국 단위 수소 공급 가능성을 보유하고 있다. 전국 LNG공급망에 추출기를 설치해 추가적인 인프라 투자 없이도 쉽게 안정적이고 경제적인 수소 생산 및 공급이 가능할 것이라는 얘기다.

인천, 평택, 삼척, 통영 등 전국 4개 LNG인수기지에서 공급받은 천연가스를 적정 압력으로 조정하는 143개소의 정압관리소 등을 중간 생산·공급기지로 활용할 계획이다. 이러한 안정적인 생산 인프라를 바탕으로 2030년까지 수소충전소 660기를 추가로 확충하고, 현재 1kg당 7,000~8,000원인 수소 가격을 2040년까지 3,000원대로 낮출 계획이다.

또한 수소 모빌리티와 연료전지, 액화 수소, 수소충전소, 수소 생산을 위한 수전해 설비 등 5대 분야에서 소재, 부품, 장비 개발을 추진해 2030년까지 수소 전문기업 500곳, 2040년 1,000곳을 육성하겠다 발표한 바 있다.

정부는 2020년 10월 "2022년을 미래차 대중화의 원년으로 삼아 미래차 보급에 속도를 내겠다"며 "2025년까지 전기차·수소차 등 그린 모빌리티에 20조 원 이상 투자할 계획"이라고 밝힌 바 있다.

또 환경부는 2021년 2월 △탄소중립 이행기반 마련 △그린뉴딜 체감성과 창출 △국민안심 환경안전망 구축 등을 올해 3대 부문 과제로 삼고 이와 관련된 세부 계획을 마련했다.

세부적으로 올해 미래차(전기·수소차) 30만 대 시대를 달성하고, 전기충전기 3만기와 수소충전기 100기 이상을 신설한다. 또한 수소충전소 확충을 위해 전국 배치계획 수립, 인·허가 특례, 사업자 연료비 지원 등을 추진한다는 내용이 담겼다.

우리나라의 수소 경제 활성화 비전

	수소경제 준비기 2018	수소경제 확산기 2022	수소경제 선도기 2040
수소전기(차) 보급	1.8천 대	8.1만 대	620만 대
수소충전소 보급	14개소	310개소	1,200개소 이상
발전용 연료전지	307MW	1.5GW	15GW
가정·건물용 연료전지	7MW	50MW	2.1GW
연간 수소 공급	13만 톤	47만 톤	526만 톤
수소 가격	-	6,000원/kg	3,000원/kg

자료 : Hyundai Motor Group TECH

정부는 2019년 1월 수소경제 활성화 로드맵을 발표했고 2021년 하반기 후속판인 수소경제 활성화 로드맵 2.0을 발표할 예정이다. 5월 P4G 서울정상회의(녹색미래 정상회의), 연내 온실가스 감축 목표 상향 등 정부의 각종 기후위기 대응책도 수소연료전지 시장 성장이 기대되는 이유다.

2022년 시행을 목표로 법 개정 중인 수소발전의무화(HPS)은 대표적 호재다. 발전 사업자에게 매년 생산하는 전략의 일정비율을 수소 연료전지로 충당하도록 의무화하는 제도다. 정부는 2020년 10월 기존에 운영해온 신재생에너지 공급의무화(RPS)에서 수소 연료전지를 분리해 별도 목표치를 정하겠다고 발표했다. 정책을 통해 수소연료전지 공급을 집중 지원하는 셈이다. 이에 수소차 관련주들이 들썩이고 있다.

수소차 관련주는 다음과 같다. 먼저 현대차가 대표적이다. 2021년 3월 기준 현대차의 시총은 지난해 말 41조 원에서 50조 2,000억 원으로 9조 원 넘게 늘었다. 이는 수소차의 확장세에 따른 것이라 할 수 있다. 현대차가 세계에서 가장 앞서 있는 수소차 분야의 대규모 투자는 개별기업을 넘어 국가적 차원에서 주목할 만한 일이다.

Ⅷ

4차 산업혁명이란?

Ⅷ. 4차산업혁명이란?

2016년 1월에 개최된 세계경제포럼(World Economic Forum, WEF)에서 제4차 산업혁명이 본격적으로 화두로 제기되었다. 이에 앞서 세계경제포럼의 회장인 슈밥(Klaus Schwab)은 2015년 12월에 “포린 어페어스(Foreign Affairs)”를 통해 4차 산업혁명의 기본적인 내용을 제시하였다.

이어 2016년 1월에는 세계경제포럼을 통하여 “4차 산업혁명(The Fourth Industrial Revolution)” 이란 책자를 선보였다. 이 책자를 통해 4차 산업혁명의 개요를 정리하고 4차 산업혁명의 변화를 불러오는 주요 과학기술 그리고 새로운 혁명의 영향과 정책적 도전을 정리하였다.

그리고 이 엄청난 변화를 가장 잘 수용하고 형성하며, 그 가능성을 최대화할 수 있는 방법에 관한 실용적 방안과 해법들을 제안하였다.

Schwab은 제4차 산업혁명이 경제. 기업. 개인에게 주는 변화의 폭과 깊이 및 속도 그리고 전체 시스템에 미치는 영향에

있어서 기존 ICT혁명에 의해서 진행된 기술혁명과 비교하여 본질적으로 다른 차이를 보일 것으로 전망하였다

또한, 제4차 산업혁명을 이끌 기술변화가 디지털, 바이오, 물리적(physical) 기술 영역에서 발생할 것으로 보았다. 또한 1차 산업혁명을 기계에 의한 생산, 2차 산업혁명을 대량생산, 3차 산업혁명을 컴퓨터 혁명 혹은 디지털 혁명으로 규정한 바 있다.

Davis는 1차 산업혁명의 주력부문은 수력과 증기력, 기계적 생산설비로 규정하였고, 2차 산업혁명의 주력부문은 분업, 전기, 대량생산으로 규정하였다. 그리고 3차 산업혁명의 주력부문은 전자공학, 정보기술, 자동화 생산으로 규정하였고, 4차 산업혁명의 주력 분문을 CPS(cyber-physical system)로 규정하였다.

정리하면, 4차 산업혁명이란 인공지능기술(AI), 사물인터넷(IoT) 및 빅데이터(BigData) 등 정보통신기술(ICT)과의 생물학, 물리학 등의 융합을 통해 생산성이 향상되고 제품과 서비스가 지능화되면서 사회, 경제 등 인류의 삶 전반에 혁신적인 변화가 나타나는 것을 의미한다. 4차 산업혁명은 다양한 제품, 서비스가 네트워크와 연결되는 초연결성과 사물이 지능화되는 초지능성이 특징이며, 인공지능기술과 정보통신기술이 3D 프린팅, 무인 운송수단, 로봇공학, 나노기술 등 여러 분야의 혁신적인 기술들과 융합함으로써 더 넓은 범위에 더 빠른 속도로 변화를 초래할 것으로 전망된다.

〈4차 산업혁명 메커니즘〉

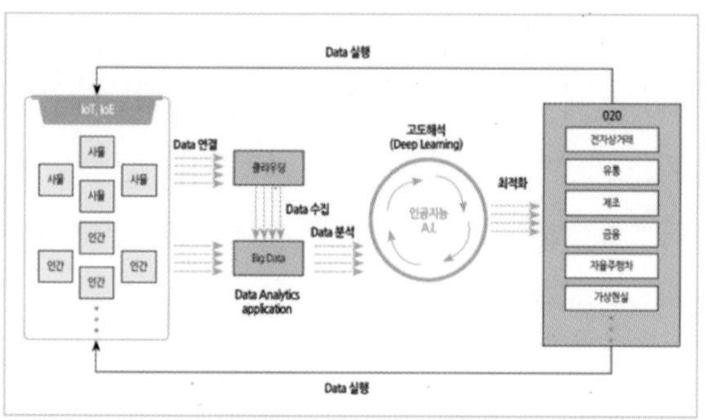

자료 : 삼성증권

4차 산업혁명은 2016년 1월 세계경제포럼에서 화두로 제시되어 새로운 산업 시대를 대표하는 용어가 되었으며, 인터넷과 컴퓨터의 활용으로 대표되는 3차 산업혁명(정보화혁명)에서 한 단계 더 진보한 혁명이라고 할 수 있다.

〈4차 산업혁명〉

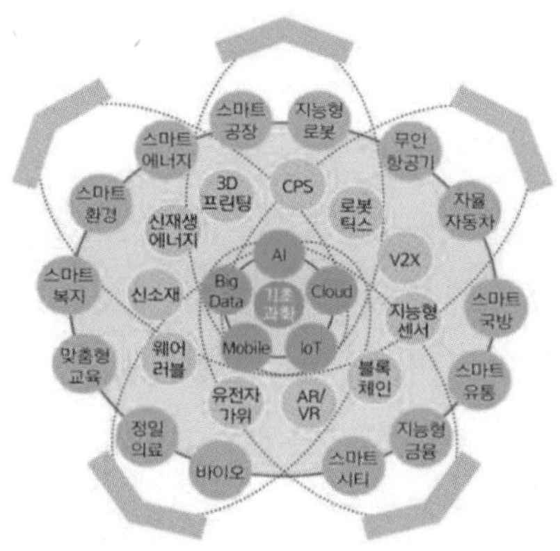

자료 : 혁신성장을 위한 사람 중심의 4차 산업혁명 대응계획 I-KOREA 4

4차 산업혁명은 디지털, 생물학, 물리적 영역 간의 경계가 없어지고 기술융합이 일어난다. 이러한 변화로 에디슨이 만든 제2차 산업혁명의 세계적인 가전기업인 제너럴일렉트릭은 가전사업을 중국기업에게 매각하고 세계적인 소프트웨어 기업이 될 것을 선언하였다. 퍼스널컴퓨터를 만든 제3차 산업혁명의 IBM은 인공지능 왓슨을 이용하여 법률시장과 의료시장에 진출을 선언하였다. 인더스트리 4.0을 선언한 독일기업인 아디다스는 로봇에 의한 자동화 공장인 스피드팩토리를 만들어 10명의 인력으로 연간 50만 켤레의 운동화를 생산하고 있다.

인터넷기업인 구글은 자율주행자동차 시장을 선도하고 있으며 서점으로 시작한 아마존은 세계최대 전자상거래 업체가 되어 O2O사업을 선도하고 있다.

한 대의 차량도 소유하지 않았지만 큰 운송업체가 된 우버와 호텔을 한 곳도 소유하지 않았지만 힐튼의 경쟁자가 된 에이비앤비는 공유경제의 선도 기업이 되었다.

대한민국이 4차 산업혁명 시대에서 뒤처지지 않고 4차 산업혁명을 주도하기 위해서는 산업혁명의 "촉진자(enabler)"가 보유해야 할 '핵심요소기술'을 확보하는 것이 중요한 과제이다. 이를 위해 우리나라의 통계청은 4차 산업혁명과 밀접한 관련이 있는 31개 기술분야 중에서 산업계와 과학계에서 지원 및 육성 논의가 활발히 진행되고 있으며 다른 기술분야의 발전과 산업육성에 많은 영향을 미치는 인공지능(AI), 빅데이터, 사물인터넷

(IoT) 등의 7대 기술분야를 기존의 특허분류체계에 부가하여 "4차 산업혁명 관련 新특허분류 체계"를 제정하였다.

현재 우리나라는 높은 수준의 관심이나 현실적인 필요성과 달리 한국의 4차 산업혁명 준비. 대응 수준은 상대적으로 낮다. 4차 산업혁명의 기반이 되는 핵심 ICT인 사물인터넷, 클라우드컴퓨팅, 빅데이터, 모바일, 인공지능, 블록체인 등의 기술 수준은 선진국 대비 70~80%이다.

핵심요소기술은 4차 산업혁명의 기반이 되는 산업으로부터 시작되므로 어느 국가와 기업이 4차 산업혁명을 선도할 것인가를 파악하려면, 4차 산업혁명 핵심기술 관련기업의 R&D 현황과 기업기치간의 관계를 살펴보는 것이 매우 중요하다.

1. 4차산업혁명에 따른 환경의 변화

4차 산업혁명은 단지 기술적 혁신에 그치는 것이 아니라 그로 인해 우리 삶의 방식은 물론이고 우리 스스로의 정체성까지도 재설정해야 하는 상황이 예견되며 기술혁명으로 인한 경제와 사회의 융합 또한 인류와 자연 그리고 초생명체와의 공존 더 나아가 초생명체의 정체성 등 우리의 상상을 뛰어넘는 일이 전개될 것이라는 점에서 불확실성이 크게 증가되고 있는 것이다.

물리적 공간의 개체들이 사물인터넷에 의해 사이버세상과 연결된다는 것은 물리적 공간에서 벌어질 일을 사전에 충분히 검토하고 빅데이터 분석이나 인공지능 등에 의한 판단을 사이버 상에서 진행하며, 이를 통해 물리적 공간의 개체가 정밀하게 제어되거나 스마트해 지는 것을 의미한다.

이러한 개념을 산업현장에서는 사이버 물리시스템(Cyber Physics System)이라 부른다. 사이버물리시스템이란 물리적 현실세계에 속한 사람과 센서 및 기기를 인터넷서비스, 인공지능 시스템, 각종 정보망이 존재하는 사이버 세계와 연결해주는 매개체를 말하는데 스마트 홈, 스마트 그리드(Smart Grid) 같이 스스로의 동작이나 에너지 효율 같은 것을 제어할 수 있는 하나의 자율생태계를 의미 한다.

또한 산업기기나 공장 등의 물리적 공간을 사이버 상에 그대로 재현하는 것을 디지털 트윈(Digital Twin)이라고 하는데 이러한 디지털 트윈이 구현되면 무한한 상상력으로 현실세계와 똑같은 프로세스를 사이버 상으로 자유스럽게 시도해 볼 수 있게 된다. 물리적인 소비가 없는 이런 과정을 사이버 상에서 반복함으로써 물리환경을 스마트하게 할 수 있는 것이다.

스마트 시티(Smart City)의 개념은 도시가 거대한 사이버물리시스템으로 변화되는 것이라 볼 수 있는데 도시의 각종 개체들이 사물인터넷에 의해 연결되어 보다 도시 관리가 정교하게 최적화되는 것을 의미한다.

특히 블록체인(Block Chain)기술은 '공공거래장부' 또는 '분산거래장부'라고도 하는데, 스마트 시티에서 사용되는 각종 데이터를 관리하는데 유용하게 사용될 것이다.

이러한 기반기술과 시설이 마련되면 교육, 의료, 제조, 공유경제 등 다양한 플랫폼에서 양질의 콘텐츠를 민주적으로 수용 가능하며, 도시기반의 스마트화로 기반시설 및 보안기능 등이 최적화된 첨단의 소규모 도시 건설이 가능해질 수 있다. 이러한 도시를 창조할 수 있는 기술혁신이 이루어지고 있음이 4차 산업혁명의 환경 변화라고 할 수 있겠다.

한편 인류가 해결해야 할 시급한 과제로서, 물질적 풍요를 추구하는 가운데 촉발한 지속불가능성 문제를 해결하는 기술혁신도 4차 산업혁명의 또 다른 환경 변화라고 할 수 있다.

'지속가능성'이란 "미래세대로 하여금 그들의 필요를 충족시킬 능력을 저해하지 않으면서, 현재 세대의 필요를 충족시키는 발전"을 말한다. 이러한 지속가능성의 개념은 경제성장을 우선으로 한 산업화 과정 중 파괴된 환경과 그로 인해 위협받는 인류 미래에 대한 대안으로 발제되었는데, 2002년 요하네스버그에서 열린 UN 지속가능발전 세계정상회의(UN WSSD)는 지속가능한 발전을 3가지 중추적 요소인 경제 발전과 사회 통합 그리고 환경적 지속가능성을 아우르는 총체적 개념을 제시하였다.

그리고 2015년에는 195개국 정상이 파리에 모여 파리기후협약에 합의 하면서 '인류의 지속가능성'를 해결하기 위한 지구적

접근이 시작되었다.

기술적으로는 신재생에너지, 에너지저장장치, 폐기물의 자원화 기술(Waste to Energy) 그리고 생명과학 등에 의해 지속가능성에 필요한 대안이 제시되고 있으며 스마트 시티 기반의 최적화 기술로 에너지 효율성을 제고하고 지속가능성을 획기적으로 향상시킬 수 있을 것으로 보인다.

신재생에너지는 간헐발전원이라는 단점과 아직은 경제성이 떨어진 다는 이유로 주요 발전 자원으로 인정받지 못하였으나 최근 들어 간헐 발전 문제는 에너지저장장치(ESS)에 의해 해소되고 있고 설비단가나 기술개발이 빠른 속도로 이루어져 경제성이 확보되어가고 있는 상황이다.

이렇게 되면 신재생에너지와 에너지저장장치의 조합은 분산발전을 가능하게 하며 이는 원격지에서도 독자적인 전력생산이 가능하게 됨을 의미한다.

다시 말해 대규모 전력망에 의존하지 않고 독자적인 소규모분산발전이 가능해 지는 것이다. 이렇게 에너지가 확보되면 물이나 식량 등도 독자적으로 확보할 수 있게 되며 폐기물의 자원화(Waste to Energy) 기술까지 접목되면 모든 기반시설이 독립되고 또한 유지비용이 최소화되는 지속가능한 도시를 건설할 수 있게 된다.

농업분야에서는 스마트팜, 수직농장, 수경농장 등의 첨단농업

기술을 적용하여 식량자급을 꾀할 수 있으며 또한 생명과학의 발전에 따라 세포 배양방식으로 양식 고기(Cultured Meat)를 생산10)하여 지속가능성에 기여하려는 기술혁신도 추진되고 있다.

이와 같은 기술혁신은 에너지와 식량 등의 문제를 해결하며 인류의 지속가능성을 향상하는 데 기여할 것으로 기대되고 있다.

이처럼 소규모 단위로 에너지의 자체생산 그리고 물과 식량의 자급과 함께 폐기물의 자원화, 소규모 자급농사 등을 통해 완벽하게 지속가능한 환경을 만들어나가는 것은 인류의 장기적 발전을 위해 무엇보다 중요한 이슈이며 이것을 해결하려는 노력이 4차 산업혁명의 또 다른 환경변화라 하겠다.

2. 4차산업혁명이 투자에 미치는 영향

산업혁명에 대해 생각해보면, 산업혁명 초기에 다우지수 출범 당시 처음 선보인 것은 9개 철도 회사를 포함해 11개 기업의 주가 평균이었다. 이는 사실상 철도 기업의 평균주가나 다름없었다. 이렇듯 미국 산업의 주축은 철도로부터 시작되었다.

이것은 지금의 인터넷망과도 비교될 수 있다. 철도와 함께 산업혁명을 주도한 철강의 발전도 눈부셨다. '베세머 제강법' 이라는 기술로 무장한 앤드류 카네기는 철강왕으로 등극했다.

산업혁명의 에너지원이 된 석유 산업을 지배한 록펠러는 미국

석유 시장의 1등 기업이 되었다. 또 실제적으로 2차 산업혁명은 전기가 이끌었다. 에디슨의 전구는 말 그대로 획기적인 발명품이었다. 또한 그는 화력발전소를 설립함으로써 전기의 대량생산 가능성을 열었다.

이 눈부신 혁신에 매료된 모건은 그의 사업에 투자하고 특허권을 사들임으로써 본격적으로 전기 산업에 뛰어들었다. 이렇게 '에디슨전기회사'가 탄생했다.

그 후 이 기업은 톰슨-휴스턴과의 합병을 거쳐 미국을 대표하는 기업 제너럴일렉트릭으로 발전한다.

전화기를 발명한 벨의 벨텔레폰은 이후 AT&T(미국 전화&전신 회사)로 발전했다. 또 산업혁명의 기술혁신을 가장 극적으로 보여주며 기업 판도를 변화시킨 것이 자동차의 대량 보급이었다.

헨리 포드의 대량생산으로 자동차가 대중적으로 보급되기 시작했다. 그리고 자동차 산업은 강철, 기계, 유리, 고무, 전기, 석유 산업, 건설업 등 연관 산업들을 선도하며 거대한 산업 생태계를 이루었다.

세계를 움직이는 미국 대기업 중 상당수는 산업혁명기에 탄생해 새로운 기술과 시장을 선도하며 예전에는 상상하기조차 어려웠던 성장을 이루어냈다. 그리고 이들은 자신에게 필요한 금융자본과 결합하며 거대 기업으로 성장했다.

미국 기업사에서 보듯 산업혁명은 전례 없이 거대하고 강력한 기업과 이들이 주도하는 새로운 시장 생태계를 만들어낸다.

〈산업혁명 특징〉

	제1차 산업혁명	제2차 산업혁명	제3차 산업혁명	제4차 산업혁명
시기	18세기	19~20세기 초	20세기 후반	20세기
특징	증기기관 기반의 '기계화 혁명'	전기 에너지 기반의 '대량생산 혁명'	컴퓨터와 인터넷 기반의 '디지털 혁명'	사물인터넷(IoT)과 빅데이터, 인공지능(AI) 기반의 '만물 초지능 혁명'
영향	수공업 시대에서 증기기관을 활용한 기계가 물건을 생산하는 기계화 시대로 변화	전기와 생산조립 라인의 출현으로 대량생산 체계 구축	반도체와 컴퓨터, 인터넷 혁명으로 정보의 생성·가공·공유를 가능케 하는 정보기술시대의 개막	사람, 사물, 공간을 연결하고 자동화·지능화되어 디지털·물리적·생물학적 영역의 경계가 사라지면서 기술이 융합되는 새로운 시대

자료 : 미래에셋 글로벌투자전략부

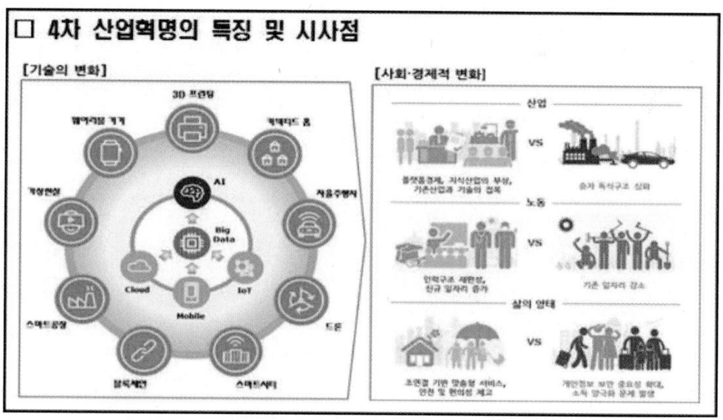

자료 : 미래에셋 글로벌투자전략부

산업혁명의 수혜는 카네기나 록펠러, 에디슨, 헨리 포드 등의 기업가에게만 돌아가지 않았다. 모건으로 대표되는 투자자들이 더 큰 부를 거머쥐기도 했다.

4차 산업혁명 역시 새로운 기술, 새로운 기업, 새로운 시장과 산업, 새로운 부의 기회를 포함하고 있다. 그 기회에 올라타는 사람에게는 무한한 가능성이 주어진다. 4차 산업혁명을 이끄는 기업들이 국가 경제력에 버금갈 정도로 몸집을 불리는 현상은 임박한 주식시장 장기 사이클의 전주곡이라 보인다.

머지않은 미래의 투자시장은 4차 산업혁명을 매개로 해 우리가 볼 수 없었던 1900년대 산업혁명 이후 기업들의 변화와 같은 100년 만의 변화와 상승의 사이클을 가져올 것이다.

3. 선진국의 4차산업 관련 혁신정책

미국, 유럽, 일본, 중국 등 주요국은 4차 산업혁명 산업을 국가경쟁력 강화 및 공공서비스 효율화를 위한 중요 수단으로 인식하여 4차 산업혁명의 활성화를 위해 다양한 전략 및 정책을 추진하고 있다.

1) 미국

미국은 백악관 중심 범정부적 차원에서 브레인이니셔티브(BRAIN Initiative) 정책을 수립하여 인간의 뇌를 중심으로 체계적인 AI 기술개발을 통하여 원천 기술을 확보할 계획이다. 대통령 산하 과학기술정책국(OSTP)은 기업·학교·연구기관 등을 참여시켜 향후 10년 동안 30억 달러 규모로 AI 기술개발을 추진할 계획이다. 이 프로젝트는 2014년부터 2025년까지 추진될 예정이다. 2014년 기준 브레인 이니셔티브 예산이 1,100억 원 규모이며, 이후 12년 간 지속적으로 약 5조 원의 예산이 투입될 예정이다. 동 프로젝트는 미국 국립보건원(NIH), 방위고등연구계획국(DARPA), 국립과학재단(NSF) 등이 참여하고 있으며, 정부기관 외에도 산업계, 학계 등 다양한 주체가 공동으로 참여하고 있다. 신경과학 기술을 통해 두뇌의 뉴런활동에 관한 지도(Map)를 만들겠다는 목표로 출범된 본 프로젝트는 향후 뇌 기능과 인간 행동의 연관관계를 규명하여 지능형 ICT 개발에도 활용될 것으로 기대되고 있다.

국립 포토닉스연구원(The National Photonics Institute)은 산업화 주체와 연구 주체가 협력 체계를 이루어 산업화 및 연구개발(R&D)을 동시에 진행하고 있으며, EU의 플래그십(Flagship) 프로젝트인 인간뇌 프로젝트(Human Brain Project)와 협력해 연구를 진행하는 국제적인 협력관계를 맺고 있다.

구글 산하 NEST의 네트크러닝 서모스탯(Nest Learming Thermostat)은 맞춤형 인지 기반 실내 환경 제어 서비스 및 다양한 기기와 연동 서비스를 제공하고 있다. 애플, 아마존, 페이스북 등 지능형 클라우드 인프라를 기반으로 AI 개인화 비서 서비스를 공개하였으며, IBM은 클라우드 플랫폼의 애널리틱스 방식을 바탕으로 IoT 센서를 이용해 도시와 기업의 효율성을 높이는'스마터 플래닛(Smart Planet)'서비스를 진행 중이다.

미국은 대규모 R&D 투자를 통해 대부분의 분야에서 세계 최고 수준의 기술력을 보유하고 있으며, 전체 산업 규모의 44%를 IoT 기반으로 운영하며, 미국 기업들은 IoT 보안 솔루션에 중점을 두어 사이버보안 문제를 원활히 대처하고 있다.

미국을 대표하는 제조업체 GE의 CEO 이멜트는 '어제까지는 제조산업 기반의 회사였지만 이제는 데이터 및 분석 회사로 거듭나야 한다'며 소프트웨어와 결합한 사물인터넷(IoT) 분야에 대대적으로 투자하였고, 다가오는 4차 산업혁명을 위해 사업구조를 소프트웨어 중심으로 디지털 변환하였으며, 산업인터넷 모델을 확산시키기 위해 '산업인터넷컨소시엄(IIC)'을 설립하였다.

미국 연방정부는 ICT 연구개발 기본계획(NITRD)을 발표하였는데, 동 계획은 사이버물리시스템(CPS)을 비롯하여 다양한 ICT 기술분야를 중점적으로 관리하려는 것으로써, NITRD가 선정한 8대 분야 중 특히 'IT와 물리적 세계(Physical World)'는 물리적 정보기술과 인간 상호작용 연구, 물리적 정보기술, 센싱, 물리적 정보기술 시스템 구축 등을 위한 SW·HW를 강조하고 있다. CPS와 사물인터넷(IoT)의 접목에 대한 중요성은 NITRD에서 강조될 뿐만 아니라, 미국 대통령실이 추진하는 IoT 연구프로젝트인 'Smart America Challenge'에서도 언급되고 있다.

동 계획은 기업이 혁신의 중심에 있고 정부가 적극 지원하는 IIC(Industry Internet Consortium)가 중요한 역할을 하도록 설계되어 있다. IIC는 미국의 5개 민간기업 GE, AT&T, 시스코, IBM, 인텔이 중심이 되어 설립했으며 현재 160개 이상의 조직이 참여 중이다. IIC 설립의 중심에 있는 GE는 IoT 시대의 도래에 대비하여 제품 개발, 제조 프로세스 등 산업분야 전반에 IoT가 활용되는 '산업인터넷(Industrial Internet)' 전략을 발표하였다. IIC는 홈페이지를 통해 IIC가 추구하는 5대 목표를 언급하고 있는데, 이는 다음과 같다.

첫째, 실제 응용프로그램을 위한 테스트베드와 새로운 산업 응용 사례 개발을 통해 혁신을 주도,

둘째, 상호운용에 필요한 프레임워크와 기준아키텍처를 정의하고 개발,

셋째, 인터넷과 산업시스템을 위한 글로벌 개발 표준 프로세스에 기여,

넷째, 실제 아이디어, 사례, 통찰력 등을 공유할 수 있는 개방형 포럼 촉진,

다섯째, 보안에 관한 새롭고 혁신적인 접근방식에 대하여 신뢰성을 구축

미 대통령 과학기술자문위원회(PCAST)는 범정부 차원의 빅데

이터 거버넌스 체계를 구축하기 위해 2010년 12월 대통령에게 연방 정부 수준에서 빅데이터의 관련 기술 투자에 대한 필요성을 제시하였다.

이에 2012년 3월에는 대통령실 내 과학기술정책실(OSTP)은 미국 정부도 빅데이터를 활용하여 공공서비스를 개혁하겠다는 의도를 담아 국가차원의 다양한 부처가 참여하는 '빅데이터 연구개발 이니셔티브(Big Data R&D Initiative)'를 발표하였고, 빅데이터 핵심 기술 확보, 인력 양성, 사회 각 영역에 활용의 3가지 측면을 중점 추진하고 있다.

또한 정부기관은 빅데이터 분석 및 시각화 기술개발을 위해 학계와 민간기관 제휴를 추진하고, 빅데이터의 협의체인 '빅데이터 고위운영그룹(BDSSG)'을 구성하여 빅데이터 연구개발의 조정 및 이니셔티브 목표 확인 등 빅데이터 계획을 주도적으로 추진하고 있다.

4차 산업혁명은 이미 우리 삶의 근간부터 변화시키고 있는 거대한 물결이다. 코로나19는 이러한 변화를 가속화하는 계기가 되었다. 미국은 미래의 핵심 성장 산업과 4차 산업혁명으로 글로벌 경제를 주도하고 있다. 글로벌 지수를 산출하는 S&P다우존스지수에 의하면, 2020년 12월 말 기준 세계 IT 섹터에서 미국 IT 섹터가 차지하는 비중이 70%를 훌쩍 넘길 정도로 압도적이다. 4차 산업혁명 주도국다운 위상이 잘 드러난다.

〈글로벌 IT 섹터의 지역별 비중〉

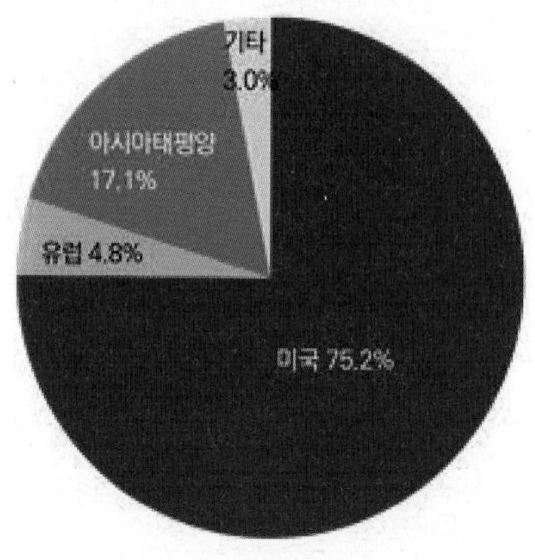

자료 : S&P다우존스지수

2000년대 이후 미국은 혁신에 대한 공격적인 투자로 4차 산업혁명 등 신산업분야에서 글로벌 1등 기업들을 대거 탄생시켰다. 미국의 연구·개발 투자는 2019년 기준 5,159억 달러로 절대적·상대적 측면 모두 세계 최대 수준이다. 미국 시총 상위 기업인 FANGMAN(Facebook, Amazon, Netflix, Google, Microsoft, Apple, Nvidia)으로 대변되는 빅테크 기업들은 모두 저성장 시대에 '고성장'을 주도하는 글로벌 대표 혁신 기업이며, 이들의 시장 영향력은 더욱 커지고 있다.

〈미국정부 주도의 4차 산업혁명 대응정책〉

		시기
국가 제조업 혁신네트워크 (NNMI)	• 하이테크 중심의 산학연관 협력을 통해 지역협력거점을 마련함과 동시에 장기적 혁신을 추구 • 2017년 3월까지 14개의 '제조업 혁신 연구소(IMIs)' 설립	2012
클라우드 컴퓨팅 기술 로드맵	• 클라우드 서비스 도입을 촉진시키기 위해 최우선적으로 요구되는 기술과 이를 실현하기 위한 실행계획 제시	2014. 10
IoT (정보보호 · 보안)	• 기업들이 소비자의 개인정보를 보호하고 보안을 강화할 수 있도록 구체적인 조치들을 권고	2015. 1
빅데이터 지역허브 구축 계획	• 4개 권역별 빅데이터 지역혁신 허브 설립 • 데이터에 대한 접근 개선, 데이터 라이프 사이클 자동화 등	2015. 4. 3
연방정부 빅데이터 R&D 전략계획	• 연방 빅데이터 연구개발을 확대하기 위한 지침 • 7대 전략과 18가지 세부 과제 제시	2016. 5. 24
자율주행차 15대 성능지침 발표	• 관련 정책과 입법의 방향 제시 및 15가지 항목의 자율주행차 성능 가이드라인 발표	2016. 9. 20
인공지능 국가 연구개발전략 계획	• 인공지능기술의 필요성을 확인하고 인공지능 연구개발을 위한 투자의 효과를 극대화하는 것이 목적 • 기술발전에 대비하기 위한 7대 분야와 23개 권고사항 제시	2016. 10

자료 : KIEP 정책연구 브리핑

2) 유럽

유럽은 ICT 기반의 뇌 연구를 추진하기 위한 촉매역할을 수행하였고, 연구개발 플랫폼을 구축하기 위한 플래그십 프로젝트의 필요성에 따라 인간 뇌 연구 프로젝트(HBP: Human Brain Project)를 추진하고 있다.

유럽은 금융위기 극복과 사회의 복잡성을 이해하기 위해 지구

신경망시스템, 전체 지구 시뮬레이터와 글로벌 참여 플랫폼을 구현하여 세계 변화의 방향과 새로운 지식을 탐구하는 FuturICT와 불확실한 미래탐구를 위해 전 세계의 와일드카드(wild cards)와 약신호(weak signal)를 포착함으로 인해 미래의 전략적 이슈 및 대응에 필요한 지식을 발굴하는 iKnow 프로젝트를 추진하고 있다.

유럽의 공공 부문 빅데이터 활용은 공공 빅데이터 정책추진을 통해 정부 투명성 및 효율성 향상, 고용창출, 신규사업 개발 등 경제적 효과를 높이는 것을 지향하고 있지만 민간 부문은 금융, 은행, 투자사 등 민간 금융 영역만이 미국과 동등한 수준에서 빅데이터를 활용하는 등 미국에 비하여 빅데이터 시장이 제한적으로 형성되어 있는 등 빅데이터의 활용이 저조한 편이다.

또한 독일에서는 디지털 기술과 제조의 통합을 지향하는 '인더스트리 4.0 (Industrie 4.0)'을 추진하고 있으며, 최근 '플랫폼 인더스트리 4.0(Plattform Industrie4.0)'이라는 체제를 구축하였다.

독일은 성공적인 인더스트리 4.0을 이루기 위해서 가장 우선적으로 필요한 부문이 표준화라고 판단, Reference Architecture Model(이하 RAMI 4.0)을 개발했다.

Plattform Industrie 4.0은 4차 산업혁명에 대응하기 위해서는 표준화에 대한 작업이 이루어져야 한다는 데 합의하고 워킹그룹을 만들었는데, 표준화 워킹그룹의 가장 큰 성과 중 하나는

RAMI 4.0 모델 개발이다.

RAMI 4.0은 인더스트리 4.0이 스마트 그리드의 표준화 모델인 'Smart Grid Architecture Model'(SGAM)의 개념을 적용하여 확장시킨 것이다.

RAMI 4.0은 최대한 모든 영역에서의 기술이 포함되도록 3차원 모형을 사용하여 만들었는데, 이것은 향후 RAMI 4.0이 국제표준의 기준이 될 수 있음을 고려한 부분이라고 할 수 있다.

〈4차 산업혁명 관련 주요 플랫폼〉

국가	명칭	설립일	추진주체/대상분야	특징
미국	IIC (Industrial Internet Consortium)	2014.3.	- GE, AT&T, Cisco, IBM, Intel 등 약 250개 기업 - 제조업, 의료, 운송, 전력, 스마트 시티 외	- 이 업종간 기업 컨소시엄 - 기업간 개방형 혁신
	AllSeen Alliance	2013.12.	- Qualcomm,Microsoft, LG, Sharp, Sony,Haier 등 약 50개 기업 - 가전기기	- Qualcomm이 개발한 IoT용 공통언어인 'AllJoyn'을 기초로 가전기기 상호접속을 오픈 소스화
	OCF (Open Connectivity Foundation)	2014.7.	- Intel, Cisco, GE Software, Samsung, Media Tek 등 52개 기업 - 가전기기, 제조업, 자동차 등	- IoT 관련 기기의 규격과 인증 책정이 목적
독일	Plattform Industrie 4.0	2013.4.	- 독일 연방정부(BMBF, BMWi), 협회(BITKOM: IT 분야, VDMA:기계분야, ZVEI: 전기·전자분야),학계·연구소(acatech, Fraunhofer 등), 기업(SIEMENS, IBM, BOSCH, SAP, ABB, infineon 등), 노동조합(IG Metall: 금속노조연맹)이 참여 - 인더스트리 4.0	- 독일의 인더스트리 4.0을 추진하는 산관학 협력기구

자료 : KIEP 정책연구 브리핑

3) 일본

일본 정부는 2017년 'Society 5.0'을 구현하기 위하여 5대 전략분야1)를 선정하였으며, Smart Manufacturing 분야의 4차 산업혁명 기본전략은 국제협력하에서 일본 전역에 'Real Data Platform'을 구축하는 것이다. 이에 따른 최종 목표는 제품의 개발에서부터 제조, 판매 및 소비에 이르기까지 모든 단계의 데이터를 연결한 후 IoT화를 통해 소비자 개인의 수요에 맞는 혁신적인 서비스와 제품을 창출하는 것이다.

일본의 경제산업성은 2016년부터 '공장의 IoT화→ Big Data 생산·활용→ 새로운 비즈니스 모델 창출'이라는 목표 하에 '스마트공장 시범사업'을 시행 중이다.

일본은 2016년부터 민간기업 및 국가가 인공지능 연구에 대한 투자를 본격적으로 하고 있으며, 총무성은 2045년이 되면 인간의 능력은 인공지능에게 초월될 것으로 예상하여 인공지능의 연구 개발 강화 방안 모색을 위해 2015년 인공지능화가 가속화되는 ICT 미래상에 관한 연구회를 출범시켰다.

일본은 IoT 서비스 및 표준화 부문 등에서 미국 실리콘밸리 기업에 비해 경쟁력이 뒤처진다고 판단한 후 IoT 추진 컨소시엄을 발족하여 기술개발·표준화·기업 간 제휴·프로젝트 발굴 등 IoT 산업의 전방 위적 지원을 시행하는 등 선도적 인프라 정비 및 기술개발을 적극 독려하고 있다. IoT 및 빅데이터 등에 대응한 정책 로드맵에서도 '25년 모든 일상생활 영역에서 IoT 파급

효과를 극대화할 수 있는 액션플랜 구체화'하여 사물인터넷이 창출하는 방대한 정보 가치에 주목하며 안전하고 투명한 데이터 유통 사회를 실현하기 위한 인프라 정비를 촉구하였다.

또한 일본은 동일본 대지진을 계기로 하여 데이터의 중요성을 재인식하였고, 빅데이터를 국가경쟁력 강화를 위한 전략적인 자원으로 평가하였다. 그동안은 문부과학성과 경제산업성에서 독립적으로 빅데이터 관련 R&D를 추진해왔으나, 최근에는 총무성을 중심으로 산·학·연 참여를 통한 빅데이터 추진체계를 재구축하기 위해 민간 위원으로 구성되는 총무성 산하 정보통신심의회 ICT 기본전략위원회에서 빅데이터 활용특별부회를 운영하여 빅데이터 활용을 위한 전략을 수립하기 위해 다양한 활동들을 추진하였다.

일본은 4차 산업혁명과 관련하여 일본의 총무성장관 및 경제산업성 장관과 독일의 경제에너지부 장관이 Industrie 4.0 협력에 관한 CeBIT 'Hannover 선언'에 서명하였으며, 미국과도 '시동 Next Innovator 2017'이라는 글로벌 인재육성 프로그램을 진행하는 등 정부차원에서 국제협력을 추진하고 있다. 또한 RRI와 IVI 등 민관 및 산학 협력기구 등에서도 국제협력을 이루고 있다.

4) 중국

바이두 회장은 2015년 중국 최대의 정치행사인 양회(两会)에서 차이나브레인(China Brain) 프로젝트를 제안했고, 이에 기업이 정부에 연구를 제안하여 인공지능화가 중점 기술개발 영역에 포함되었다.

중국은 IoT를 국가 주요 기술부문으로 지목하여, 사물인터넷 산업 활성화를 위한 정책을 적극 추진하고 있다.

중국 국무원은 사물인터넷 구성 요소별 정책 주체 간 원활한 정보 교환으로 시너지 효과를 창출하는 한편 보안 관련 연구 및 개발을 보다 강화할 것임을 강조하며, 중국 정부의 IoT에 관한 정책 방향성을 담은 '사물인터넷의 건강한 발전에 관한 지도 방안'을 발표하였다.

중국 정부는 중국 스마트홈 산업연합(China Smart Home Industr Alliance)을 통해 스마트홈 시스템 엔지니어 육성 시스템 구축, 스마트홈 기술 시범 플랫폼 개발 및 스마트홈 기기/서비스 클라우드 기반 플랫폼 개발 사업을 추진 중이다. 또한 디지털 기술로 사회 및 제조 분야를 고도화하려는 '인터넷 플러스', '중국 제조 2025' 전략을 수립했고, 유라시아 지역경제를 주도하려는 '일대일로(一帯一路)'를 추진 중이다.

5) 한국

한국에서는 지능정보 사회에 대비하여 엑소브레인과 딥뷰 사업을 꾸준하게 진행하고 있다. 한국과학기술정보연구원(KISTI)은 '도시지능 데이터 생태계 구축 사업'을 추진 중이며, 이를 위해 4차 산업혁명 기술을 통해 지속가능한 지능적, 경제적, 자연친화적, 첨단 도시 기술에 특화되어 있는 홍콩 중문대학(The

Chinese University of Hong Kong) 미래도시연구소(Institute of Future Cities)와 4차 산업혁명 기술의 근간이 되는 사물 인터넷 기술 연구의 효용성 증대를 위한 업무협약을 2017년에 체결하였다.

5개의 센터로 구성된 미래도시연구소는 스마트시티로 대표되는 사물인터넷의 주요 분야인 대기 오염, 헬스케어, 도시 정책 등 다양한 분야를 연구하고 있다.

우리나라는 2016년 세계 최초 IoT 전용 전국망(LPWA; Low Power Wide Area, 저전력 장거리 통신기술) 구축(SK텔레콤)을 완료하여 초연결 네트워크인프라 확충에 기여하였다. IDC는 2016년 G20 국가를 대상으로 한 'IoT 발전 기회지수(Internet of Things Development Opportunity Index)'를 발표하였으며, 우리나라는 2위를 기록하였다.

또한 일본 총무성이 2017년에 조사·발표한 10개국의 '사물인터넷 국가 경쟁력'에서는 4위를 기록하였다.

IoT 기반의 빅데이터의 시장 규모는 조사기관마다 차이를 보이고 있으나, 매년 상당한 규모로 성장할 것이라고 전망하고 있다. 한국 IDC는 2019년 국내 빅데이터 및 분석 시장이 전년대비 10.9% 증가한 1조 6,744억 원을 기록했다고 밝혔다. 보고서에 따르면 국내 빅데이터 및 분석 시장은 2023년까지 연평균 성장률 11.2%를 기록하며 2조 5,692억 원의 규모에 달할 것으로 전망했다. 전망 기간 동안 전체 시장에서 IT 및 비즈니스 서비스가 연평균 16.3% 성장하며 가장 큰 비중을 차지할 것으로 내다봤다.

글로벌 기업들은 빅데이터 시장 선점을 위해 핵심기술 및 솔루션 개발과 더불어 인수합병을 추진하고 있다. 글로벌 ICT 업체에 대응하기 위해 국내의 IT 서비스업체들(LG CNS, 삼성 SDS, SK C&C 등)도 빅데이터 사업을 진행하거나 빅데이터 분석 플랫폼을 개발하고 있으며, 소셜네트워크 분석 업체들(다음소프트, 미디컴, 트리움 등)은 기업 및 일반인을 대상으로 빅데이터 비즈니스를 수행하고 있다.

〈미국, 독일, 일본의 제4차산업혁명 관련 정책 체계〉

구분	미국	독일	일본
정책 명 (수립시기)	"Manufacturing USA" (2012년)	"Industrie 4.0" (2013년)	"Connected Industries" (2017년)
추진 배경 및 목표	경제력 강화, 국가안보, 좋은 일자리 창출, 수출 및 기술 혁신 원천	생산·자동화 엔지니어링 분야의 IT 기반 수직, 수평적 통합	Connected Indsutries 구현으로 미래 사회(Society 5.0) 실현
추진 인프라	제조혁신기관(MII), 제조 혁신네트워크(NNMI)	Industrie 4.0 Platform	전략과제별 파트너십
추진 과제	-차세대 제조용 센싱, 통제, 플랫폼 -시각화, 정보화, 디지털 제조 기술 -차세대 소재 제조 등	-스마트 공장(Smart Factory) 구현 -새로운 제조시스템과 적용 도구 개발 등	이동부문(자동주행, 드론), 창출/획득부문(스마트 공급체인, 소재), 건강유지부문(건강, 의료), 생활(공유경제, 핀테크) 등
핵심 기술	적층제조, 스마트제조, 디지털 제조설계, 바이오 제조, 소재 등	자동로봇, 빅데이터, 시뮬레이션, 시스템 통합, IoT, 사이버보안 등	IoT, 빅데이터, 인공지능, 로봇 등

자료 : 현대경제연구원

4. 미국 4차산업혁명 주도주 top5

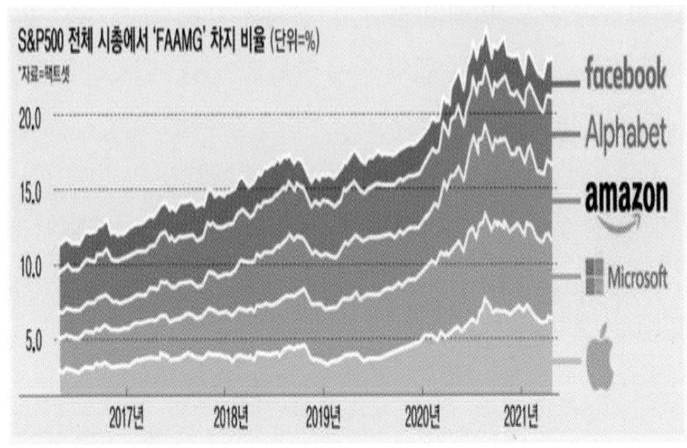

4차 산업혁명의 핵심 정보통신기술(ICT)로는 소위 ICBM(IoT, 클라우드, 빅데이터, 모바일)이 종종 거론된다. 이에 기업들은 새로운 디지털 시대에 적응하기 위해 디지털트랜스포메이션(digital transformation)을 추구하고 있고, 이를 위한 핵심 인프라로 클라우드가 부상했다. 4차 산업혁명의 위력은 어느 정도일까? 이는 세계 시총 '빅5'의 시가 총액 변화를 통해 가늠해 볼 수 있다. 'FAAMG(페이스북·애플·아마존·마이크로소프트·구글)'라고 불리는 미국 5대 기술 대기업의 총 시가총액이 S&P500 지수 전체 시총의 25%에 육박했다. 코로나19로 모든 분야에서 '디지털화'가 가속하면서 이들 기업이 몸집을 빠르게 불렸다는 분석이 나온다.

2021년 5월 월스트리트저널(WSJ)은 "FAAMG 시가총액이 8조달러(약 8940조원)를 넘어섰다"고 보도했다. FAAMG의 시가총액은 S&P500 지수 전체 시총의 24% 수준이다. 5년 사이에 점유율이 두 배 가까이 뛴 셈이다.

WSJ는 "코로나19 팬데믹(세계적 대유행)이 없었더라도 기술 산업의 영향력은 지난 1년간 확대됐을 것"이라면서도 "그러나 코로나19의 경제적 영향은 기술 대기업의 성장을 상상하지 못했던 수준까지 끌어올렸다"고 설명했다. 전 FAAMG는 올해 1분기 실적 발표에서 최근 몇 년 사이 가장 빠른 매출 성장세와 기록적인 수익을 보고했다.

이들은 어떻게 해서 불과 몇 년 사이에 고도성장을 이루었을까? 애플과 구글 등이 기술개발을 잘해서일까? 아니다. 그들은 기술개발을 하지 않는다. 일상생활의 문제를 해결하려는 아이디어를 현존하는 기술과 연결하여 비즈니스를 하여 크게 성공한 것이 다. 작업효율 향상, 인건비와 생산비 절감이라는 공급자 시각이 아니라 수요자 중심의 문제해결 비즈니스를 통해 성공한 것이다. 기술개발은 시간이 걸린다. 경쟁자도 비슷한 생각을 할 수 있기 때문에 이들은 시간이 많이 소요되는 기술개발을 하지 않고 기술을 가진 기업을 제값을 주고 산다. 그리고 빠른 시간 안에 서비스를 시장에 출시하여 선점한다.

2등은 살아남기 어렵다. 4차 산업혁명 시대는 속도가 생명인 것이다. 이와 관련 하여 Salesforce.com의 CEO인 Marc

Benioff는 "속도는 비즈니스의 새로운 통화다.(Speed is the new currency of business.)"라고 하였고, 세계경제포럼(WEF·다보스포럼) 에서 클라우스 슈밥(Klaus Schwab) 회장은 "과거에는 큰 물고기가 작은 물고기를 잡아 먹었지만 4차 산업혁명 시대에는 빠른 물고기가 느린 물고기를 잡아먹는다." 라고 하였다.

1) 아마존

최신 IT기술과 인프라를 적극적으로 받아들여 급성장한 기업으로는 아마도 아마존(Amazon)을 꼽을 수 있을 것이다.

1994년, 제프 베조스(Jeff Bezos)는 인터넷을 이용하여 전에는 가능하지 않았던 새로운 사업을 만드는 것을 비젼으로 아마존을 창업하였다. 그는 소매점들이 오프라인 상에서 가지는 물리적 한계라는 문제 해결을 위해 수퍼스토어를 온라인 상에 만들 수 있을 것이라는 비젼으로 성공할 수 있었다. 아마존은 소비자들의 이용패턴 데이터와 인공지능 등을 이용하여 소비자들의 요구를 가장 빠르고 저렴하게 만족시킬 수 있는 최적의 방법을 찾으려고 하였다. "더 싸게, 더 다양하게, 그리고 더 편리하게 물건을 팔고 소비자에게 배달해주자." "소비자에게 먼저 투자한다: 소비자에게 집중하고 그들의 요구를 파악한다. 그리고 이 요구를 저렴하게 만족시킬 수 있는 최적의 방법을 찾아낸다.

이 과정에서 혁신이 일어난다. 이러한 구호들이 아마존의 성공요인이다.

서점 시절인 1997년 당시 매출이 1억 4,800만 달러에서 2016년 1,360억 달러라는 폭발적 성장률의 이면에는 아마존의 일개 물류·유통 회사에서 IT 기업으로의 적극적인 변신이 있었기에 가능했다.

특히, 아마존의 아마존 웹 서비스(Amazon Web Services, AWS)가 전체 영업이익의 90%를(2017년 기준) 차지했다는 사실은 종합 쇼핑몰이라는 아마존 내에서조차 클라우드가 중요해짐을 엿볼 수 있다.

아마존은 4분기 연속 사상 최대 순익을 냈다. 2020년 4월부터 2021년 3월까지 1년 동안 아마존이 벌어들인 순이익은 아마존이 2017~2019년 3년 동안 번 돈보다 많았다. 아마존은 직원 수가 1년 전 50만 명에서 현재 95만 명으로 늘었다. 아마존은 코로나19로 폭발한 전자상거래 수요를 충족하기 위해 직원을 대거 채용했다. 코로나19를 지나며 아마존은 월마트에 이어 미국에서 두 번째로 고용 규모가 큰 기업이 됐다.

아마존의 성공 비결에 대해 자세히 살펴보면 다음과 같다. 아마존의 가장 큰 강점은 물류와 데이터를 동시에 거머쥐고 있다는 것이다. 월마트 등 소매업체는 소프트웨어 기반이 취약하고, 애플 같은 IT업체는 유통·물류망이 없다. 양쪽 모두를 가진 아마존은 소비자의 오프라인과 온라인을 연결하는 서비스를 제공한다. 다른 어느 기업도 하기 어려운 일이다. 아마존의 회원제 서비스인 '아마존프라임'은 한달 11달러 비용으로 회원 한정 할인(유통), 무료 특급 배송(물류), 무제한 사진 저장공간(클라우드), 아마존 프라임 비디오·뮤직(콘텐트) 등 다양한 서비스를 모두 제공받을 수 있다. 그밖에 회원 대상 매달 무료 전자책 증정이나 전용 신용카드 발급 등 프라임 회원의 혜택은 50가지가 넘으며 현재도 계속 추가되는 중이다. 이처럼 업종을 망라한 경험을 하나의 회원제 서비스로 제공할 수 있는 것이 아마존의 강점이다.

이렇게 확보한 프라임 회원은 자연스럽게 아마존의 충성 고객이 된다. 미국 소비자의 무려 58%가 아마존프라임에 가입한 상태이다. 코로나가 시작된 이래 프라임회원의 66% 및 비 프라임 회원의 33%가 아마존을 찾고 있다. 또한 코로나가 시작된 이래 미국 소비자의 8%가 아마존 프라임에 가입했다. 패스트 컴퍼니에 분석에 따르면 이 회원들은 매년 비회원보다 4배 이상 많은 평균 2,500달러를 아마존에 쓴다. 패스트 컴퍼니는 "아마존이 프라임에 더 많은 제품과 서비스를 도입할수록 더 많은 고객이 프라임 회원이 돼 보다 다량의 물건을 구입하게 된다."며 "그러면 아마존은 더 방대한 고객 데이터를 손에 넣어 아마존 대시처럼 고객의 취향에 맞는 새 서비스를 개발할 수 있다."라고 분석했다.

또한, 아마존은 인공지능 스피커의 선두주자다. 아마존은 이미 2014년 11월 아마존 에코를 프라임 고객들에게 선보였으며 2015년 6월부터는 일반 고객들을 대상으로 판매를 시작하였다. 아마존 에코는 2017년 약 800 대 이상의 누적 판매고를 기록했으며, 2022년까지 미국의 6,600만 가구가 이들 스피커를 보유할 것으로 예상되고 있다. 이는 미국 전체 가구의 50%에 해당하는 수치이다.

이처럼 아마존은 인공지능 스피커 중에서도 가장 성공적으로 글로벌 시장을 선점하고 있다. 아마존 에코에 적용된 인공지능 비서시스템은 알렉사(Alexa)이다. 알렉사는 '알렉사 보이스 서비스'라고 하는 클라우드 기반의 서비스를 제공하고 있으며, 이를 통해 전 세계 사람들이 아마존 에코를 이용할수록 자주 사용하는 대화 패턴, 혹은 단어들을 학습하여 점점 발전된 품질의 서비스를 제공하는 것이 특징이다. 또한 아마존은 이용자들이 필요로 하는 기능을 스스로 추가할 수 있는 알렉사 스킬 키트(Alexa Skill Kit)를 보급하였으며, 이를 통해 2016년 초 100개 수준에 불과했던 아마존 에코의 기능이 2017년 초에는 10,000개까지 증가하였으며 이는 알렉사 기능의 다양화와 이를 통한 보급 확대로 이어질 수 있었다.

아마존의 문제 해결 비즈니스를 성공시키기 위한 과학기술전략은 다음과 같다. 아마존은 전자상거래에서 시작하여 AI, IoT, 클라우드 선두 주자로 나가고 있다. 이 과정에서 아마존은 M&A를 적극적으로 활용하고 있다. 아마존의 M&A 트렌드는 전자상거래 중심에서 클라우드, IoT까지 점점 다양하게 바뀌고 있다. Phase1부터 Phase2 까지는 스마트폰, 전자책 리더기 등 고객 접점 디바이스부터 로봇 기반 물류까지 전자상거래 밸류체인을 강화하는 방향으로 M&A가 진행됐다. 스크린터치 기술업체 리퀘비스타, 로봇 기반 물류회사 키바가 대표적인 인수사례로 꼽힌다. 2014년 이후 현재까지 Phase3 기간 동안 아마존의 M&A는 AWS(아마존웹 서비스 : Amazon Web Service) 중심의 클라우드 사업을 강화하는 방향으로 진행되고 있다. 데이터 마이그레션 업체 아미아토, 영상처리 업체 엘리멘탈 테크놀로지스, 소프트웨어 업체 클러스터크, 클라우드 컴퓨팅 업체 나이스를 연달아 인수해 관련 기술 들을 AWS에 적용하고 있다.

아마존이 인수한 기업들 중 각각 5억 달러와 3.7억 달러라는 거액이 투자된 엘리멘탈 테크놀로지스와 안나푸르나 랩스가 특히 눈에 띈다. 엘리멘탈 테크놀로지스는 클라우드 기반의 동영상 스트리밍 업체로 인터넷 게임 방송인 트위치와 함께 아마존의 새로운 동영상 서비스 기반이 될 것으로 보인다. 반도체 업체 안나푸르나 랩스는 IoT 부품 시장을 공략할 것으로 보인다. 인수 당시 안나푸르나 랩스의 반도체 기술은 아마존의 사내 클라우드센터의 운용 효율화 목적으로 활용될 것으로 알려졌다. 하지만 2016년 안나푸르나 랩스가 IoT 관련 장비 와이파이 라우터에 들어가는 반도체 알파인을 출시하며 아마존은 IoT 부품 시장까지 진출하는 모습을 보였다.

2) 마이크로소프트

마이크로소프트(Microsoft)는 1975년 운영체제(OS) 판매를시작으로 현재 글로벌 넘버원의 소프트웨어 기업으로 성장했다.

그러나 AWS의 등장으로 기존의 온프레미스 IT 환경에서 클라우드 컴퓨팅이라는 새로운 IT 환경이 대세가 될 것이라는 전망이 나오자, 마이크로소프트는 클라우드 시대에 맞지 않는 IT 기업이라는 평과 함께 매출이 하락하고 주가가 떨어지게 된다. 이에 2013년부터 대대적인 조직 개편을 시행하고, 마이크로소프트가 더 이상 소프트웨어를 판매하는 회사가 생산성과 플랫폼을 제공하는 기업으로 재도약할 계획을 내놓았다.

마이크로소프트도 매출이 지난해 같은 기간보다 19% 증가했다. 마이크로소프트의 협업 플랫폼 '팀즈'는 현재 하루 활동 사용자가 1억 4,500만 명에 달한다. 전년 동월 대비 사용자 수가 두 배 가까이 폭증했다. 코로나19 팬데믹 전인 2019년 11월에는 사용자가 불과 2,000만 명 수준이었다.

마이크로소프트는 종전 PC시장의 강자에서 전환하여 클라우드 서비스 플랫폼을 구축하는 데 성공했는데, 이는 클라우드 업계 1위인 아마존에 대해 기업들이 영화 스타워즈에 나오는 행성 파괴자 데스 스타(death star) 현상을 느낀다는 문제 해결에 착안하여 크게 성공하게 되었다. 마이크로소프트 클라우드 서비스는 윈도 플랫폼 기반으로 애플리케이션을 개발해 온 개발자들에게 아마존보다 MS 애저가 더 친숙하다는 장점을 잘 활용하였고 이 과정에서 발생하는 데이터를 잘 활용하여 사업화에 성공한 경우이다.

CNBC에 따르면 MS는 2021년 회계연도 3분기(1~3월) 매출이 전년 동기 대비 19% 늘어난 417억 달러(약 46조 3,000억 원)를 기록했다고 발표했다. 시장조사업체 레피티니브가 집계한 전문가 전망치 410억 3,000만달러를 넘어선 것이다. 코로나19 사태에서 PC 판매가 늘어난 덕에 분기 매출 증가폭이 2018년 이후 최대를 기록했다는 설명이다.

순익은 155억 달러(약 17조 2,000억 원)로 44% 증가했고, 주당순이익(EPS)은 1.95달러로 예상치 1.78달러를 웃돌았다. MS의 클라우드 컴퓨팅 플랫폼인 애저를 포함하는 인텔리전트 클라우드 부문 매출은 151억 2,000만 달러(약 16조 8,000억 원)로 23% 늘었다. 애저 관련 매출을 공개하진 않았지만, 관련 매출이 같은 기간 50% 증가했다고 전했다.

MS는 클라우드 시장에서 아마존에 이어 2위를 차지하고 있다.오피스, 다이내믹스, 링크드인 등을 포함하는 '생산성 및 비즈니스 프로세스' 부문 매출은 15% 증가한 135억 5,000만 달러(약 15조 원)였다.

마이크로소프트의 과학기술전략은 다음과 같다. 마이크로 소프트는 초기 자체 기술개발을 하다가 최근에는 M&A를 통해 관련 기술을 가진 기술을 인수하는 방식을 취하고 있다. 2016년 6월 마이크로소프트는 비즈니스 인맥 소셜미디어 링크드인을 262억 달러(30조 7,000억 원)에 인수했다. 미국 지디넷은 MS가 링크드인을 262억 달러란 거액을 주고 인수한 이유를 다음과 같이 분석했다. 단기적인 이유는 링크드인의 데이터다. 링크드인 가입자는 더 좋은 직장을 구하기 위해 정성스럽게 자신의 프로필을 입력해둔다. 타임라인도 단순한 관심사보다 전문분야를 드러내 보일 수 있는 콘텐츠로 채운다. 링크드인은 이 같은 가입자 입력 데이터를 분석해 각종 추천 시스템을 돌리고 비즈니스 모델을 구축했다. 장기적인 이유는 오피스 제품군과 시너지를 꼽을 수 있다. 마이크로소프트가 공개한 잠재적 시나리오에 의하면, 링크드인은 세계 최대 규모의 전문가 네트워크를 가졌고, MS는 세계 1위 오피스 클라우드를 보유했다.

마이크로소프트와 링크드인은 '그래프'라 부르는 공통의 자산을 갖고 있다. 마이크로소프트의 그래프는 연락처, 메시지, 캘린더, 문서 등 오피스 제품군 내 데이터의 관계망을 가졌다. 반면, 링크드인은 일자리, 동료, 학습, 구인·구직 등의 정보를 엮은 관계망을 보유했다. 흥미롭게도 마이크로소프트와 링크드인이 각기 보유한 그래프는 거의 겹치지 않는다. 두 회사의 그래프가 매끄럽게 연결될 수 있다면, 막강한 시너지를 기대할 수 있다. 오피스의 그래프는 주로 단일 회사 내부 구성원의 네트워크로 채워진다.

링크드인 그래프는 오피스365의 관계망을 전체 업계 관계자로 확장해줄 수 있다. 이와 관련하여 마이크로소프트는 링크드인과 함께 약 3,150억 달러의 잠재적 시장을 확보했다고 밝혔다.

마이크로소프트의 서비스사업에 대한 오랜 숙원도 링크드인에 거액을 투입하게 한 이유로 여겨진다. 주지하는 바와 같이 마이크로소프트는 사업을 시작한 이래 인터넷 서비스로 큰 성공을 거둬보지 못한 회사다. 다른 회사의 서비스를 위한 플랫폼과 생산성 앱을 제공하면서, 정작 스스로 만든 서비스에서 실패했다. 이로 인해 마이크로소프트는 서비스 기업에 대한 갈증을 갖고 있었다. 때문에 스카이프, 야머 등 업계에서 큰 성공을 거둔 서비스를 인수 합병하는 방식으로 서비스 사업에 아낌없이 투자해 왔다. 스카이프 인수액은 85억 달러였고, 야머 인수액은 12억 달러였다. 애초엔 야후 인수도 고려했을 정도로 서비스 기업 M&A에 적극적이다.

3) 애플

애플은 2015년 얼굴 표정 인식 기술개발 스타트업인 '이모션트(Emotient)'를 인수하였다. 이모션트는 사용자들이 참여할 수 있는 '크라우드소싱(cloudsourcing)'을 활용해 최대 10만 가지 얼굴 표정을 수집 분석하여 감정을 추론하는 알고리즘 기술을 개발해 특허를 보유하고 있다. 이러한 기술은 병원에서 환자를 치료하는 도중에 느끼는 고통을 표정을 통해 알아낼 수 있으며, 기업은 TV프로그램이나 광고에 대한 시청자의 반응, 매장에서는 소비자들의 호감도, 강연이나 학술연구 발표에서는 청중의 반응 등을 확인하는 데에 유용하게 사용될 수 있다. 이러한 얼굴 표정 인식 기술은 페이스북(Facebook), 구글 알파벳(Google Alphabet), 마이크로소프트(Microsoft), 스냅챗(Snapchat), 플립보드(Flipboard)도 큰 관심을 보이며 투자와 기술개발을 진행

중이다.

이 이모션트의 표정 인식 기술이 주목을 받는 이유는 이 기술이 개개인의 얼굴 이미지를 저장하지 않고도 표정을 인식할 수 있다는 점이다. 이는 아주 적은 데이터를 '딥러닝(deep learning)'을 이용하여, 이미지를 어떻게 읽어낼 것인지 학습이 가능하기 때문이다. 이러한 기술이 중요한 이유는 '사생활 보호'를 중시하는 애플의 정책에 부합하기 때문이다. 사생활 보호와 기업의 이익이 조화될 수 있는 기술의 발전이 이루어지고 있다.

애플은 음성인식뿐 아니라, 가상현실(virtual reality, VR)/증강현실(augmented reality, AR) 쪽으로도 영역을 넓히고 있다. 2015년 애플의 독일 증강현실 업체 메타이오(Metaio) 인수, 그리고 스위스 취리히 소재 모션캡처 스타트업 '페이스시프트(Faceshift)' 인수는 이를 보여준다.

애플이 추진하고 있는 인공지능은 산업 전 분야로의 적용을 염두에 두고 있다.

예를 들어, 음성인식 서비스 기술개발에 있어 자동차업체 제너럴모터스(General Motors Corporation)와 협력하고 있으며, 자동차의 내비게이션과 대시보드를 음성으로 동작할 수 있는 '카플레이'와는 무인 전기자동차 관련 기술을 개발하고 있다. 그리고 '시리'를 통해 애플 기기 모두를 동작할 수 있는 통합적 인터페이스의 기능을 자동차 연계 서비스인 '카플레이' 그리고 사물인터넷 플랫폼인 '홈킷'에 적용하려고 하고 있다.

애플은 구글과 같이 고객의 빅데이터 기반 머신러닝을 적용하기보다는 고객의 데이터를 저장하지 않는 방식으로 사생활 보호를 추구한다. 이러한 애플의 머신러닝은 스트리밍 방식의 리얼타임으로 제공되는 데이터에 기반하고 있는 것으로 보이며, 나아가 국가·지역·나이·성별·직업·수입·정서·교육수준 등의 데모그래픽(demographic)별로 세분화되어 데이터가 분석되기 때문에, 구글, 마이크로소프트, 페이스북 등 경쟁 기업을 앞설 것이라는 전망이 나오고 있다.

4) 메타 플랫폼스(페이스북)

페이스북(Facebook)은 10대 후반, 20대 초반의 남녀 등이 새로운 클럽 구성원을 모으고, 같은 클럽의 구성원끼리 지속적으로 긴밀하게 정보를 공유하며 대화할 수 있는 방법을 필요로 한다는 사회문제를 해결하는 데서 출발하여 크게 성공을 거둔 사례이다.

무료로 제공되는 페이스북 서비스 상에서 개인들은 그들의 개인정보를 스스로 페이스북에 제공하고 있으며 이러한 데이터와 인공지능을 기반으로 페이스북은 노출 광고 등을 통해 매년 큰 수익을 거두고 있다.

2020년 코로나 팬데믹으로 온라인 접속이 증가하면서 2020년 3분기 기준으로 페이스북의 월간 사용자가 27억 4천만 명,

일일 사용자 18억 2,000만 명에 달했다. 페이스북은 2020년도 3분기 매출이 작년보다 20% 이상 증가했으며, 2021년도 27%의 성장이 예측되고 있다.

페이스북의 문제해 결 비즈니스를 성공시키기 위한 과학기술 전략은 다음과 같다. 창업 직후인 2005년~2008년까지 Phase1 기간 동안 페이스북은 M&A에 소극적이었다.

아이디어 도용 문제와 관련해 윙클보스 쌍둥이 형제와 법정 공방까지 벌였던 커넥트유, '좋아요' 기능을 추가한 프렌드피드 인수가 그나마 대표적인 M&A 사례다. 2009년부터 2011년까지 Phase2 기간부터 페이스북은 M&A 전략을 적극적으로 활용했다. 지금까지 약 60여 개 기업을 사들였다. Phase2는 소셜과 모바일 서비스 경쟁력 강화에 M&A가 집중된 시기였다. 당시 스마트폰 증가, 유사 소셜네트워크 서비스 등장으로 시장의 경쟁이 치열했다. 페이스북은 경쟁우위를 지키기 위해 '친구 찾기' 기술을 보유했던 옥타젠, 사진 공유 업체인 디비샷(Dvvyshot)을 인수하며 사용자 경험을 강화하는데 집중했다.

또한 경쟁사였던 인스타그램을 10억 달러에 인수해 큰 화제가 되기도 했다. 당시 인스타그램은 13명의 직원으로 구성된 작은 스타트업이었지만 4,000만 명의 회원 수를 확보하며 급성장하고 있었다. 페이스북은 IPO를 한 달 정도 앞둔 상황에서 M&A를 통해 경쟁사를 자기편으로 만들 수 있었다. UI/UX 전문 업체들을 적극적으로 인수한 것도 눈에 띈다. 모바일 앱 개발 업체 스냅투, 디자인 전문회사 소파 등을 차례로 인수하며 디자이너 인재를 확보하고 페이스북의 모바일 서비스 품질을 높였다.

예를 들어 스냅투는 페이스북에 인수된 후 피처폰용 페이스북 모바일 앱을 만들었다. 페이스북은 이를 통해 개발도상국의 피처폰 사용자를 공략할 수 있었다. 페이스북은 2012년 이후 현재까지 Phase3 기간은 동영상 스트리밍, AI, VR/AR 분야 M&A를 확대하고 있다. 이는 트래픽, 체류시간 증가를 통해 광고 매출 향상을 노리고 있는 것으로 분석된다.

페이스북은 동영상 스트리밍 기술 업체인 퀵파이어를 인수하며 페이스북의 동영상 서비스 품질을 지속 강화하고 있다. AI 분야는 이미지, 음성 인식 기술 확보에 투자를 집중하고 있는데, 얼굴 인식 소프트웨어 기업인 페이스닷컴, 음성 인식 API를 개발하는 위트에이 아이(Wit.ai)가 대표적인 사례다. 페이스북의 VR/AR 시장 진출은 23억 달러라는 거액으로 오큘러스를 인수하면서 시작됐다. 페이스북 CEO 마크 주커버그는 VR을 문자, 동영상 이후의 차세대 미디어로 보고 인수를 단행했다고 밝혔다. 주커버그는 페이스북 컨퍼런스에서 "가상현실은 사람들의 생각을 공유하는 플랫폼이 될 것이다."라고 선언하며 오큘러스를 VR 사업의 핵심 플랫폼으로 육성할 의지를 나타냈다.

5) 구글

구글은 검색엔진으로 시작해 인공지능, 클라우드 플랫폼까지 영역을 넓히고 있으며 그 중심에는 딥마인드(알파고), 텐서플로(오픈소스로 공개된 딥러닝 프레임워크), 인셉 션(특히 의료분야 활용), 신경망 번역 등의 인공지능이 자리하고 있다. 구글은 일상생활의 문제 해결을 위한 비즈니스를 위해 자체 기술개발보다는 기술을 가진 기업을 제값을 주고 사 오는 M&A 전략을 구사하고 있다.

인공지능(AI), 사물인터넷(IoT), 클라우드 분야의 신사업을 추진하며 자체 개발보다 해당 분야의 핵심 플랫폼과 기술력을 보유한 업체를 인수하는 쪽으로 방향을 선회했다.

또 해당 플랫폼에 서비스가 가능한 업체들을 연달아 인수하며 단기간에 신사업 상품을 완성했다. 알파고로 유명해진 AI 플랫폼 업체 딥마인드, 홈 IoT 플랫폼 기업 네스트랩 스, 클라우드 플랫폼 소프트웨어 회사인 오르비테라 인수가 대표적이다.

구글의 성공 비결은 다음과 같다.

구글은 기존 검색엔진이 특정 키워드가 반복되면 관련 순위가 올라가므로 웹 페이지 개발자가 이를 악용하게 되면 키워드와 관련성 없는 스팸페이지가 많이 검색되는 문제가 발생하는 것을 해결하려는 목적으로 구글의 검색엔진을 만들었고, 이에 그친 것이 아니라 사람들이 구매하고자 하는 상품이나 서비스를 검색엔진을 통하여 조사하는 경향이 있으므로 검색 결과와 관련되어 나타나는 광고가 일반 웹사이트의 배너 광고보다 마케팅에 보다 효과적이라는 것이라는 문제 인식하에 CPC(Click Per Cost, 클릭 당 비용) 경매방식 광고를 도입하여 크게 성공하였다.

AI는 구글의 검색에도 영향을 미쳤다. 구글은 허밍버드(Hummingbird)라는 검색시스템을 운용 중인데, 지난 2005년부터 인공지능을 기반으로 한 '랭크브레인'이라는 새로운 기술이 허밍버드의 부분으로 들어갔다. 랭크브레인은 사람들이 애매한 표현이나 구어체 표현으로 검색을 했을 때 원하는 내용을 보여주기 위한 기술이다.

초기 웹 검색서비스는 야후의 카테고리 위주의 디렉토리 서비스에서 시작해 웹 컨텐츠에 대한 인덱스를 만들고 키워드가 반복되는 정도에 따라 페이지의 관련도 순위를매기는 자동검색엔진으로 발전하였다. 자동 검색엔진은 특정 키워드가 반복되면 관련 순위가 올라가므로 웹 페이지 개발자가 이를 악용하게 되면 키워드와 관련성 없는 스팸페이지가 많이 검색되는 문제가 발생하였다. 1998년 Sergey Brin과 Larry Page는 이런 문제를 극복하고자 자신들의 "PageRank" 알고리즘을 이용한 검색엔진을 개발하였다. 구글의 "PageRank"의 핵심 아이디어는 웹 페이지 A에 웹 페이지 B에 대한 링크가 있다면 링크된 페이지 B에 점수를 주는 것이며 웹 페이지 A가 중요한 페이지면 점수에 대한 가중치도 증가한다.

구글은 검색엔진으로 시작해 인공지능(AI), 클라우드 플랫폼까지 다방면에 진출하고 있는데, 이를 위해 자체적으로 기술개발을 추진하기 보다는 이미 기술 컨텐츠를 이용한 광고는 뉴스나 혹은 블로그와 같은 컨텐츠의 내용에 따라 관련된 광고를 보여주는 것이며, 사용자가 오기를 기다리는 광고가 아니라 사용자가 찾아가는 곳에 광고를 보여주는 개념으로 확대. Adsense 출시 초기 미국에서는 개인 블로거들은 Adsense를 이용한 광고를 유치하여 구글로부터 광고수익을 분배받아 주택을 장만할 만큼 붐이 일었다.

구글은 시총 5대 기업 중에서도 M&A에 가장 적극적인 행보를 보여 왔다.

1998년 설립된 이래 130여 개 기업을 M&A하며 성장해온 구글의 경우 특히 2006년 인수한 동영상 플랫폼 유튜브를 빼놓을 수가 없다. 인수 당시만 해도 16억 5,000만 달러라는 가격이 지나치게 높다는 회의론이 무성했지만, 현재 유튜브는 사용자수 10억 명과 기업가치 700억 달러를 넘기며 세계 동영상 플랫폼의 정점에 올라섰다.

또한 이세돌 9단과 세기의 바둑 대결로 화제를 낳은 인공지능(AI) 컴퓨터 '알파고' 역시 구글이 약 6억 2,500만 달러를 주고 인수한 영국 벤처기업 딥마인드의 작품이다.

이후 2013년부터 구글은 인공지능(AI), 사물인터넷(IoT), 클라우드 분야의 신사업을 추진하며 자체 개발보다 해당 분야의 핵심 플랫폼과 기술력을 보유한 업체를 인수하는 쪽으로 방향을 선회했다. 또한, 해당 플랫폼에 서비스가 가능한 업체들을 연달아 인수하며 단기간에 신사업 상품을 완성했다.

알파고로 유명해진 AI 플랫폼 업체 딥마인드, 홈 IoT 플랫폼 기업 네스트랩스, 클라우드 플랫폼 소프트웨어 회사인 오르비테라 인수가 대표적이다.

2015년 구글은 지배구조 전면개편에 착수한다. 지주회사 알파벳을 설립하고 구글에서 추진했던 신사업들을 자회사로 전환하여 관리하는 체제를 구축했다. 이는 지주회사 체제를 통해 신사업 추진 현황을 객관적으로 평가하겠다는 의미라고 볼 수 있다.

구글의 전략은 대 성공했다. 구글의 모기업인 알파벳이 지난 2020년부터 3개 분기 연속 호실적을 냈다. 월가 추정치를 크게 웃도는 실적을 발표한 데 이어 500억 달러 자사주 매입 계획까지 내놓으면서 지난 4월 27일 시간 외 주가는 5%대로 치솟아 사상 최고치를 기록했다.

이날 알파벳은 지난 1분기 주당 순이익 26.29달러, 총 순이익 179억 30,00만 달러를 기록했다고 발표했다. 작년 1분기 순이익 68억 4,000만 달러와 비교하면 162% 증가했다.

전체 매출은 553억 달러로 전년 동기 대비 34% 늘었다. 트래픽유입비용(TAC)을 제외한 매출도 456억 달러로 작년 1분기(337억 달러) 보다 증가했다.

이번 구글의 실적은 월가 애널리스트들의 추정치를 뛰어 넘는 수준이다. 2021년 1분기 영업이익률도 30%로 지난해(19%) 보다 개선됐다.

	Quarter Ended March 31, 2020	2021
Google Search & other	$ 24,502	$ 31,879
YouTube ads	4,038	6,005
Google Network	5,223	6,800
Google advertising	33,763	44,684
Google other	4,435	6,494
Google Services total	38,198	51,178
Google Cloud	2,777	4,047
Other Bets	135	198
Hedging gains (losses)	49	(109)
Total revenues	$ 41,159	$ 55,314
Total TAC	$ 7,452	$ 9,712
Number of employees	123,048	139,995

자료 : 한국경제(2021. 4. 27)

구글의 가장 큰 수입원인 검색엔진 부문에서 319억 달러의 매출을 냈다. 2020년 1분기 245억 달러보다 30% 이상 매출이 늘었다. 유튜브 광고 매출도 전년 대비 49% 증가한 60억 달러를 기록했다.

구글 클라우드 매출도 40억 달러로 지난해보다 46% 늘었지만, 아마존·마이크로소프트 등 경쟁사에는 밀렸다.

	Quarter Ended March 31, 2020	2021
Operating income (loss):		
Google Services	$ 11,548	$ 19,546
Google Cloud	(1,730)	(974)
Other Bets	(1,121)	(1,145)
Corporate costs, unallocated	(720)	(990)
Total income from operations	$ 7,977	$ 16,437

자료 : 한국경제(2021. 4. 27)

경기가 회복되기 시작하면서 광고 수익이 늘어난 점이 구글의 매출 성장을 주도한 것으로 분석된다. 특히 여행과 엔터테인먼트 업종이 정상화 신호를 보이며 호텔 예약 서비스·영화 스튜디오 등의 광고 구매가 늘어나고 있다는 설명이다. 광고가 구글 분기 매출에서 차지하는 비중은 81%에 달한다.

루스 포랫 알파벳 최고재무책임자(CFO)는 이날 장 마감 이후 온라인으로 진행된 컨퍼런스 콜에서 "소비자들의 지출 방식이 빠르게 디지털화되고 있다"며 "코로나19 이후 소비자와 접점을 늘려야 하는 중소기업들이 새로운 광고주로 유입됐다"고 설명했다.

이날 구글은 500억 달러 규모의 자사주 매입 계획도 발표했다. 이 영향으로 정규장에서 0.82% 하락 마감한 알파벳 주가는 시간 외에서 5% 급등해 2,400달러 선을 넘어서기도 했다.

IX

4차산업 시대의 미래 전망

IX. 4차산업 시대의 미래 전망

1. 일상이 된 AI

'인공지능'이라는 용어를 만든 존 매카시(John McCarthy)는 인텔리전트한 기계를 만드는 과학과 공학(thescience and engineering of making intelligent machines)'이라고 정의했다. 그리고 현재는 인텔리전트한 기계의 개념에 대한 다양한 해석을 제공하고 있다.

〈인공지능 연구 분야(Artificial Intelligence Research Field)〉

인간과 비교 관점	수행적 측면 관점
인간처럼 생각하는	레벨 1 : 단순제어 프로그램
인간처럼 생각하는	레벨 2 : 패턴이 다양하고 고전적인 인공지능
이성적으로 생각하는	레벨 3 : 머신러닝을 받아들인 인공지능
이성적으로 행동하는	레벨 4 : 딥러닝 기반의 인공지능

인공지능 개념에 대한 다양한 의견이 있으며 그중에서 인간의 기능과 비교하는 측면과 인공지능 기능이 수행하는 능력 수준으로 정의하는 수행적 측면이 있다. 또한, 인공지능의 연구 분야는 지능적, 과정적, 양상적, 활용 분야 방식으로 볼 수 있다.

〈인공지능 연구 분야(Artificial

구 분	내 용
기능적 분류	지각, 인지, 행동
과정적 분류	표현, 탐색, 추론, 학습
양상적 분류	시각, 언어, 동작(로봇)
활용 분야	o 자연언어처리, 음성인식, 챗봇, 정보검색 o 컴퓨터 비전, 물체 인식/추적, 로보틱스 o 추천 시스템, 진단 시스템, 의사결정 o 제조, 금융, 의료, 교육, 게임, 공공, 국방, 과학

Intelligence Research Field)〉

인공지능 분야도 빅데이터 기술 발달을 기반으로 딥러닝 기술들이 고도화되면서 등장하고 있는 분야이다. 컴퓨터에 제공되는 알고리즘들이 단순 반복하는 과정을 넘어서고 자가 학습 할 수 있도록 지원하고 이는 인간 기능의 일부를 수행하는 단계를 제공하고 있다.

인공지능과 관련 영역으로 인지 컴퓨팅, 기계학습, 딥러닝, 자연어 처리, 이미지인식, 음성인식, 패턴인식, 컴퓨터비전, 가상현실, 양자컴퓨팅(뉴럴컴퓨팅 등 새로운 컴퓨팅 기술 포함), 자동추론(전문가시스팀 포함), 스마트로봇, 개인비서 등이 인공지능 기술의 범주로 고려하고 있다.

이와 같이 다양한 구조로 우리 삶 속에 다가온 인공지능 기술이다. 인공지능 100년 프로제트에 따르면, 인공지능은 단순 업무뿐만 아니라 자율주행차 등 다양한 영역에 적용되고 있다.

〈인공지능 연구분야〉

구분	내용
기술트랜드	인공지능 기술의 발달 형태 연구
법률	인공지능의 행위 판단
경제	인공지능과 직업 등 생활의 변화
전쟁안보	첨단무기와 인공지능 연계성
사생활침해	인간 감시 도구 로서 측면
윤리	인간의 윤리적 측면과 인공지능의 제한점

자료 : www.earticle.net, The Journal of The Institute of Internet, Broadcasting and Communication (IIBC)

〈인공지능 적용사례〉

구분	서비스 사례
언어지능	법률전문가 서비스
시각지능	도시범죄 테러 예방
공간지능	드론 인명구조
감성지능	고령자 돌봄 서비스
요약창작지능	맞춤형 컨텐츠

인공지능 분야의 주요 기업들은 여러 서비스를 도입을 통해 시장에서 경제적 가치를 창출하고 있다.

〈기업별 측면 인공지능 활용 분야〉

구분	현재	미래 추진 방향
구글	머신러닝 플랫폼(음성, 이미지인식, 번역등)	방대한 데이터 기반 지능형 서비스
페이스북	대화형 인공지능 챗봇(대화 기반쇼핑, 여행 예약등)	개인 맞춤형 플랫폼
아마존	클라우드기반 머신러닝 플랫폼 (수요예측, 사용자 선호 분석 등)	생활 맞춤형 서비스 플랫폼
IBM	왓슨 플랫폼	고도화작업
GE	산업용 플랫폼	산업현장 활용 플랫폼

인공지능은 인지·학습·추론 기능 등을 통해 산업의 생산성 향상과 부가가치 창출에 기여하고, 범죄 대응·노인돌봄·맞춤형 서비스 제공 등을 가능케 함으로써 우리 사회문제 해결에 유력한 방안으로 부상했다.

또한 인공지능은 소프트웨어 기반 기술로 전후방 연관효과가 큰 분야이고, AI 시스템 구현을 위한 센서, 클라우드, 빅데이터, 로봇 등 연관 산업의 성장에도 기여하고 있다.

5G가 앞으로 1~2년간 시장을 주도하는 기술이라면, 인공지능(AI)는 향후 10년을 책임질 기술로 꼽힌다.

5G망 구축이 마무리되면 방대한 데이터를 초고속/초저지연으로 처리할 수 있기 때문에 모든 기기에 인공지능(AI)이 탑재되는 시대가 도래한다는 것이다. 예를 들어 자동차는 AI가 탑재돼 자율주행차로 진화하고, 건물/공장/도로의 모든 설비/가구/장비 등에도 센서와 AI가 탑재돼 스마트시티/스마트 팩토리로 변신한다. 여기에는 PC와 스마트폰보다 훨씬 더 많은 전자부품과 센서, 소프트웨어가 탑재돼 모든 데이터를 AI로 수집/분석한다. 관련 IT 기업들의 실적이 폭발적으로 올라갈 가능성이 높다.

〈인공지능 프로세스 및 연관산업〉

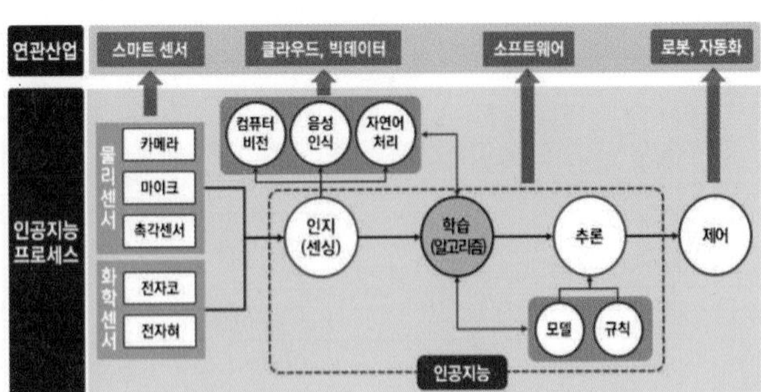

자료 : 미래창조과학부

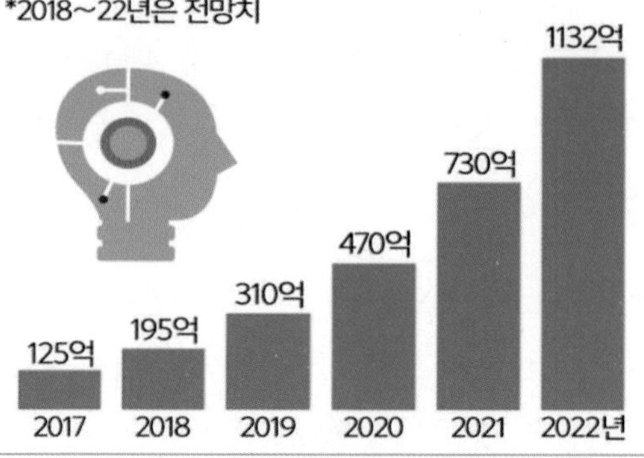

〈AI가 경제성장에 미치는 영향〉 (단위=%)

국가	기존성장률	인공지능 도입이후
미국	2.6	4.6
핀란드	2.1	4.1
영국	2.5	3.9
독일	1.4	3.0
프랑스	1.7	2.9
일본	0.8	2.7

※ 2017년 이후 2035년까지 연평균 경제성장률

자료 : IDC

실제로 이런 움직임을 포착한 투자자들의 자금이 몰리면서 관련 글로벌 기업들의 주가도 급등했다. 현재 미국 증시에서 시가총액 상위 10대 기업은 애플, 알파벳(구글), MS, 아마존, 페이스북, 버크셔해서웨이, 알리바바, 존슨앤존슨(제약), 엑손모빌, JP모건 순으로 재편됐다. 특히 1~5위는 모두 IT 기업이고, 현재

인공지능 부문을 대폭 강화하고 있다.

인공지능 붐의 핵심에는 아마존이 있다. '랩(Lab)126'에서 킨들을 개발했으며 지금은 인공지능 음성인식 스피커 '에코' 및 기기 개발, 드론 배송, 로봇, 연구 등을 진행하고 있다.

인공지능 퍼스트'를 선언한 구글 본사(구글 플렉스), 삼성전자의 미래 비즈니스를 연구하는 삼성리서치아메리카(SRA), 중국 바이두 인공지능연구소(자율주행차), 벤츠 R&D 센터 등 세계의 기업들은 모두 인공지능 R&D에 매진하고 있다.

〈전 세계 시가총액 상위 5대 기업 변화〉

구분	2001년	2006년	2011년	**2017년**
1위	GE	엑손	엑손	**애플**
2위	MS	GE	애플	**알파벳(구글)**
3위	엑손	토탈그룹	페트로차이나	**MS**
4위	시티은행	MS	쉘	**아마존**
5위	월마트	씨티은행	공상은행	**페이스북**

※ 자료=블룸버그

2. 융합플랫폼의 부상

최근 사물인터넷(IoT: Internet of ings), 인공지능(AI: Articial Intelligence), 빅데이터가 산업의 큰 성장동력으로 주목받으면서, 자동차, 모바일, 로봇을 필두로 한 제조업과 농업, 유통, 의료 등 다양한 산업 분야에서 데이터 수집 및 활용의 가치와 중요성이 부각되고 있다.

이를 위해 기존 네트워크 혁신 및 진화를 위한 5G 이동통신 기술에 대한 요구 사항이 본격적으로 논의되고 있고 3GPP 표준화에 대해서도 5G NR 기술을 위한 부분이 완료 시점에 있다. 이에 더불어 서비스에 대한 정의와 준비로서 산업의 도메인 별 수용 위한 구조가 플랫폼/서비스/인프라 관점에서 준비되고 있다.

ETSI(European Telecommunications Standards Institute) MEC(Multi-Access Edge Computing)에서 인프라 가상화 기반의 분산된 작은 기지국 상의 컴퓨팅 리소스 활용을 위한 연구가 수행되어 왔으며, ITU-R에서의 주파수에 대한 정의, 3GPP(유럽)에서는 앞서 언급한 5G New Radio 기술과 서비스 기반의 네트워크 서비스 구조를 정의하고 표준에 반영하는 작업을 진행 중이다. 그리고 국가 별 연구도 진행되고 있는데 한국의 5G Forum, 유럽의 5GPPP(5G Public Private Partnership), IMT-2020(International Mobile Telecommunications), 일본

의 ARIB(Association of Radio Industries and Businesses) 등 글로벌 관련 단체에서 5G 네트워크에 대한 Vision 및 요구사항이 논의되고 있다. 서비스에 대해서는 5GAA(5G Automotive Association)와 같이 자동차 관점에서 도메인 별 5G에서의 세분화된 기술 협회가 만들어지고 있는 중이다.

현재 국내의 5G 포럼 및 글로벌 사업자/제조사들이 논의하고 있는 5G 이동통신의 주요 사용 시나리오별 요구 사항은, eMBB(enhanced Mobile BroadBand) 시나리오의 4G 대비1,000배 용량 증대된 Mobile Broad Band 네트워크, URLLC (Ultra-Reliable & Low Latency Communication) 시나리오의 초저지연, 고신뢰성 네트워크 제공, mMTC (massive Machine Type Communication) 시나리오 등과 같이 사물인터넷(IoT: Internet of Things) 시대 대규모 디바이스의 수용이다.

또한 개인별, 어플리케이션 별 자원 할당 및 서비스 별 전용 인프라를 할당하기 위한 기술을 통해 향상된 유저 경험을 제공하게 된다. 이를 초연결 통신, 초실시간 처리라고 부르고 있으며, 이에 더하여 가상화 네트워크 인프라, All IT로의 구조 진화를 통한 자원 효율화와 에너지 절감, 비용 효율화도 예상된다. 이에 더하여 서비스 관점에서는 Vertical(산업 도메인 별 융합 서비스) 지원을 위한 서비스 플랫폼 기술이 있으며, 엣지 컴퓨팅 (Mobile, Multi Access Edge Computing) 및 가상화 기술 등을 통해 분리된 서비스 구조와 이를 사용하기 위한 플랫폼 구조를 만들어 내고 있다.

서비스는 점점 더 부가가치 창출에 있어서 중요한 역할을 담당하고 있으며, 이는 통신에 있어서도 마찬가지이다. 클라우드 서비스, 빅 데이터, AI(Artificial Intelligence), 스마트 서비스 등의 ICT 융합 서비스 영역에 있어서 전 세계적인 성공사례가 있다. Google, Facebook의 인프라 소셜 플랫폼 업체, Netflix와 같은 Media / OTT(Over The Top) 플랫폼 업체, Airbnb, Uber 등 공유 경제 모델의 플랫폼 업체 등의 플랫폼 기반 비즈니스 모델이 크게 성공하고 있다.

미국 이외에도 서비스 분야 ICT 융합의 후발 주자에 속하는 독일과 같은 경우는 정부 차원의 지원 사업을 추진하고 있으며, 서비스의 모듈화 및 자동 조합을 추구하는 서비스 인터넷을 정부에서 지원하고 최근에는 인더스트리 4.0을 추진하면서 스마트 디바이스와 스마트 서비스 개발을 도메인 별로 연계해 드라이브 중이다.

우리나라도 Naver, 카카오, 라인 등을 필두로 기존 인터넷 서비스와 모바일 서비스의 비즈니스의 영역이 많이 넓어지고 있다. 융합서비스는 초연결 상태의 모든 사물을 위한 사물인터넷 인프라를 구축하고, 각 분야에 ICT를 결합한 서비스 기술로 정의하고 있다.

ICT 융합서비스는 산업에 대한 패러다임 변화라고 여겨진다. ICT R&D 자료에 따르면, 사물인터넷에 있어서는 인터넷을 기반으로 다양한 물리적 또는 가상의 사물들을 연결하여 언제 어디서나 상황에 맞는 상호작용과 지능화를 통해 자율적인 (Autonomous) 융합 서비스를 제공하는 인프라를 말한다.

산업 융합에 있어서는 농·축산, 제조, 에너지 등 기존 산업에 ICT 기술이 접목되어 발생되는 새로운 제품 및 서비스를 첨단화하고 고부가가치를 창출하는 분야를, 공공 융합에 있어서는 의료, 공공안전/재난예방, 국방 등 공공이익 증대 및 복지 문제 해결, 사회 이슈 대응 등 인간 중심의 서비스를 실현하는 분야를 생각할 수 있으며, 스마트라이프, 스마트홈, 스마트 도시 등 지능형 정보기기가 네트워크로 연결되어 집, 인간 및 도시 주변 환경과 자연스러운 상호작용으로 인간 중심의 환경 친화적 서비스를 제공하는 분야가 융합서비스로서 고려될 수 있다.

ICT 융합 서비스의 핵심은 서비스의 산업화로 볼 수 있으며 ICT 기술과 융합이 필요하다. 독일의 인더스트리 4.0과 같이 공장 자동화에 대한 도메인을 5G의 고신뢰성, 저지연 네트워크와 발생하는 데이터를 통해 자동화 수준을 높이고 AI를 접목하는 것이 그 과정으로 볼 수 있겠다.

서비스 산업의 산업화는 공급업체 지원 정책으로 서비스의 전문화, 분업화, 모듈화, 표준화, 전자화, 지능화, 자동화, 상업화를 의미한다. 선진국의 서비스 산업화를 위한 사업에서 우수한 인터넷 인프라와 ICT/IoT 기술을 활용하여 다양한 산업 도메인에 서비스 산업화를 위한 범용적인 플랫폼을 활용한 것을 참고

하여, 우리나라는 우리의 서비스 산업화 모델을 발굴하고 있다.

그리고 한가지 더 자율주행에 대한 이야기도 빼 놓을 수 없다. 자율주행차에서는 5G의 빠른 반응성과 신뢰성 높은 연결상태를 유지하는 인프라 위에 구축된 V2X(Vehicle to Everything) 서비스를 통해 주행 안정성을 높일 수 있다. V2I(Vehicle to Infra)를 통해 교통신호, V2V(Vehicle to Vehicle)를 통한 차량 간의 정보, V2P(Vehicle to Pedestrian)를 통한 사람의 정보 등을 통해 교통 체계 관련하여서도 새로운 인프라와 플랫폼을 이룰 수 있을것으로 기대하고 있다.

즉, 인프라에 설치된 센서의 정보를 활용하고, 신호와 차선, 앞과 뒤차와의 간격 등을 이미지 처리와 차량 간 D2D(Device to Device) 기술과 인프라를 통한 V2I 기술로 파악함으로써, ADAS(Auto Drive Assisted System)의 독자적으로 움직이는 것에 비해 정확도와 편리성 그리고 새로운 연계 서비스 창출이 가능할 것으로 생각된다.

수천 대 이상의 다른 자동차, 도로와 교량, 신호체계 등 인프라, 보행자들과의 통신을 준비하고 있으며, 이와 같은 인프라의 능력은 자율주행의 안정성을 대폭 확대하여 최종으로는 스스로 운전하는 것보다 빠르고 안전하며, 안락하고 예상 가능한 주행을 구현하게 될 것이다.

이에 대한 시작으로 SKT에서는 플랫폼 전략으로 오픈한 T맵을 오픈 하였으며, 이를 고도화하여 V2X의 인프라와 결합함으로써 자율주행의 기반 기술을 생활의 기술로 가져오는 노력을 하고 있다.

자율주행 관련 기술에 있어서, Trial이 활발하게 진행되고 있으며, 2017년 말에 현재 자율주행 시범 테스트베드를 구축하고, 고속도로 일정 구간의 자율주행 시연을 성공하였다.

〈SKT 자율 주행차 고속도로 시연〉

3. 핀테크

핀테크(Fintech)란 Financial과 Technology가 합쳐진 단어로서 금융 문제의 해결책을 제시하기 위해 정보통신(Information and Communication Technology, 이하 ICT기술을 사용하는

것을 의미한다. 핀테크(FinTech)는 Finance와 Technology의 합성어로, 금융과 IT의 융합을 통한 금융서비스 및 산업의 변화를 통칭한다. 금융서비스의 변화로는 모바일, SNS, 빅데이터 등 새로운 IT기술 등을 활용하여 기존 금융기법과 차별화된 금융서비스를 제공하는 기술기반 금융서비스 혁신이 대표적이며, 최근 사례는 모바일뱅킹과 앱카드 등이 있다. 산업의 변화로는 혁신적 비금융기업이 보유 기술을 활용하여 지급 결제와 같은 금융 서비스를 이용자에게 직접 제공하는 사례가 있는데 애플페이, 알리페이 등을 예로 들 수 있다.

핀테크라는 용어를 가장 빈번하게 사용하는 영국의 경우, 기술기반의 금융서비스에 대한 혁신을 Traditional Fintech로, 혁신적 비금융기업이 금융서비스를 직접 제공하는 것을 Emergent Fintech로 구분한다. 핀테크라는 용어의 사용은 1990년대 초 미국의 '씨티그룹(Citi Group)'이 외부 기술기업과 기술적인 협력을 강화하기 위하여 시작한 프로젝트인 "금융서비스기술 컨소시엄(Financial Service Technology Consortium)"에서 유래한다. 현재의 핀테크는 첫째, 금융업을 지원하는 ICT (Information Communication Technology) 기술이 발달함으로써 독자적인 산업을 형성하고 있다는 견해와 둘째, 금융업과 ICT의 융합형 신기술 및 신산업이라고 보는 두 가지 견해로 나눌 수 있다.

금융과 ICT기술의 융합인 핀테크는 기존의 금융시스템을 지원하는 기술에서 이제는 기존 금융시스템이 지닌 현재 상황에 유지하고 안주하려는 비즈니스적 행태를 파괴하면서 혁신을 주도하고 있으며 이러한 파괴적 혁신은 점점 더 많은 핀테크 관련 비즈니스 업계에 나타나고 있는 현상이다. 2018년 대규모 투자 유치에 이어, 2019년에도 여전히 높은 투자 수준을 유지하며 M&A, PE, VC 등 전 세계적으로 1,357억달러 이상의 높은 투자수준을 유지하고 있다.

이러한 핀테크의 부상 배경에는 무엇보다도 스마트폰의 이용이 확대되며 보편화되고 있는 데서 찾을 수 있다. 기존 전자금융 서비스는 금융회사가 주도하고 ICT 기업이 보조 서비스를 제공하는 양상을 띠고 있었다. 그러나 금융서비스(Banking)가 금융회사(Bank)에서 분리되는 양상이 나타남에 따라 위기의식을 느낀 기존의 금융업계는 핀테크의 발전 방향에 주목하지 않을 수 없게 되었다. 지속적인 발전을 거듭하고 있는 핀테크는 기존 금융업의 가치사슬을 뒤바꾸는 파괴적 혁신(Disruptive Innovation)의 속성을 가지고 있다.

기존의 전통적 핀테크와 신흥 핀테크의 비교는 기존에도 금융과 기술의 융합한 예가 있었지만, 전통적 핀테크(Traditional FinTech)로 구분할 수 있는 전자금융은 금융회사가 주도하고 ICT회사가 기술적으로 지원(Back office 기능)해주는 것이라고 한다면, 신흥 핀테크(Emergent FinTech)로 구분할 수 있는 핀테크는 ICT 회사가 주도(Front office 기능)하며 고객이 자신에게 필요한 서비스를 주도적으로 이용할 수 있도록 서비스 흐름에 발상의 전환을 적용한 것으로 볼 수 있다.

핀테크(Fintech)는 금융 솔루션, 즉 금융서비스에 솔루션을 제공하는 기술의 이용을 의미한다. 앞에서 언급한 대로 핀테크라는 용어의 기원은 1990년대 초 씨티그룹이 착수시킨 “금융 서비스 기술 컨소시엄(Financial Service Technology Consortium)” 프로젝트의 주요 의제는 금융산업의 발전을 위한 ICT 기술의 다양한 적용 방법에 관한 것이며 이러한 ICT 기술과 금융서비스의 결합은 금융의 세계화와 맞물려 급물살을 타면서 진행되었다.

블록체인 기술은 초기에는 비트코인을 위한 분산원장기술로 개발된 핀테크(FinTech)의 한 분야로 볼 수 있다. 한동안 광적일 정도의 관심을 끌어온 비트코인의 그늘에 가려 블록체인 기술이 빛을 보지 못했지만, 최근 몇 년 사이 독자적으로 관심을 끌기 시작해 핀테크 계열의 핵심 기술이 되면서 빛을 발하고 있다.

많은 전문가와 학계 연구자들은 블록체인의 영향이 비트코인, 금융업계를 넘어 많은 사업의 변화를 주도한다는 인식을 하게 되었다. 핀테크 분야 전체에서 가장 유망한 첨단 기술 중 하나인 블록체인은 초기에는 비트코인 거래를 추적하는 분산원장 역할을 하도록 설계됐지만, 최근의 평가는 블록체인의 잠재력은 비트코인을 넘어선다. 실제로 핀테크는 금융 및 그 외의 다른 상업적인 영역 모두에 많은 사업 운영관리 방법을 변화시킬 수 있다.

블록체인은 거래를 기록하기 위해 각각 생성되는 데이터 블록의 체인이다. 각 블록에는 이전 블록의 암호 해시, 타임스탬프, 거래자료가 포함되어 있다.

블록체인이 현재 금융 부문에서 중요한 기능을 수행하고 있는데, 혁신과 핀테크 혁명을 견인하는 중추 기술로서 지금까지 블록체인이 주로 활용되는 분야는 역시 결제 분야라고 하겠다. 기존에 전자화폐로 거래할 때 중앙 서버에 거래 기록을 보관하는 것과는 달리, 블록체인은 모든 사용자에게 거래 기록을 보여주며 서로 비교해 위조를 막는다.

비트코인이 블록체인이라는 개념을 처음 실증하였고 Ethereum (https://ethereum.org)이 스마트계약(Smart Contract)이라는 개념을 처음 구현한 것에서 볼 수 있듯이 블록체인과 암호화폐 사이에는 상호 밀접한 관련성이 있다. 하지만 블록체인이 암호화폐에만 사용될 수 있는 기술은 아니다. 암호화폐가 블록체인에 종속적이라고 보면 된다. 따라서 이미 블록체인을 응용한 기술이나 서비스가 개발되고 있다.

Nakamoto가 블록체인을 먼저 개발하고 그것을 비트코인에 적용한 것이 아니라, P2P만으로 운영되는 전자화폐 시스템인 비트코인을 개발하면서 발생하는 이중지불의 문제 등에 관해서 블록체인 시스템을 개발하여 적용함으로써 해결했다고 보는 것이 타당하다.

한편 핀테크가 세계적으로 관심의 대상이 되기 시작했으나, 세계적인 경향과 다르게 국내에서 핀테크에 관한 관심은 간편 결제, 모바일 및 인터넷 전문은행 등의 특정 전자금융에 편중되어 있다. 최근 국내에서 핀테크 산업에서 최대의 화두가 된 것은 간편 결제이다. 핀테크는 기존의 금융서비스와 다른 속성을 갖고 있다. 중간업자의 배재, IoT와 관련된 금융상품의 제공, 서비스의 고객위임 등이 핀테크의 특성이자 장점이다

최근 금융업계는 유망한 ICT 기업들을 인수하여 새롭고 다양한 ICT 기반의 금융서비스를 제공하고 있다. 금융산업은 모바일 결제뿐만 아니라 보험, 자산관리, 증권, 투자 등의 기존 금융서비스가 기술을 바탕으로 크게 확대되고 있으며, 이러한 중심에 핀테크 기술의 성장이 있다고 알려져 있다. 또한, 인공지능, 블록체인 등의 최신 ICT 기술로 인해 고객과 고객이 직접 금융활동을 수행하는 C2C 금융거래가 일어나고 있을 뿐 아니라, 사물인터넷(Internet of Things, IoT) 과의 결합으로 고객의 일상생활에서 더욱 빠르고 간편한 금융 활동이 가능해졌다.

핀테크 산업은 전 세계적으로 2018년 기준 약 1,276억 달러의 시장 가치를 가지고 있으며, 25%의 연평균 성장률과 함께 2022년에는 약 3,099억 달러의 시장 가치를 가질 것으로 예상된다.

특히 전 세계 핀테크 스타트업들은 2018년에 약 390억 달러의 투자를 받아 2017년 대비 그 가치가 120% 상승했으며 새로운 개념의 은행으로서 Monzo, Chime 등과 같은 Digital

Challenger Bank가 등장했고, Revolut, Plaid, Nubank, Policy Bazar, Tiger Brokers 등의 신흥 유니콘 기업들이 핀테크 시장의 새로운 강자로 나타나게 되었다

즉, 핀테크 기술은 전통적 기업들이 혁신의 흐름에 맞춰 ICT 기술과 금융서비스를 접목하고 투자하도록 견인하는 중요한 역할을 해 왔다.

미국은 2018년 기준 전 세계 핀테크 시장의 57%를 차지하고 핀테크 스타트업 투자금 80% 이상을 차지할 정도로 시장규모가 거대하다. 팬데믹의 영향으로 온라인 결제와 전자결제 업체들이 제공하는 새로운 서비스를 시험적으로 이용해 보는 소비자들이 급증하고 있다. 지난 분기 페이팔의 거래량은 전년 동기 대비 36% 증가했다. 결제 앱인 스퀘어 사용자도 2020년 한 해 동안 50% 증가해서 3천 6백만 명을 기록했다. 투자자들은 이 두 회사가 스트라이프, 아디엔과 함께 미국의 결제시장을 장악할 4인조가 될 것으로 기대하고 있다. 페이팔의 가치는 2,750억 달러로 미국에서 두 번째 규모를 자랑하는 뱅크오브아메리카와 비슷한 수준이다.

또한 글로벌 핀테크 기업 스트라이프(Stripe)의 기업가치가 최근 1년 사이에 3배 가량 늘어나며 950억 달러(약 107조 9,700억 원)로 평가받았다.

뉴욕증시 상장 직전 페이스북(800억 달러), 우버(720억 달러)

를 뛰어넘어 실리콘밸리에서 탄생한 스타트업 중 가장 비싼 회사가 된 것이다.

2020년 초 스트라이프는 360억 달러로 평가받았는데, 1년도 안돼 평가가치가 600억 달러 가량 불어났다. 스트라이프의 기업가치는 지난달 740억달러로 평가받은 일론 머스크의 민간우주탐사기업 스페이스X도 앞질렀다.

아일랜드 출신의 형제 패트릭 콜린슨과 존 콜린슨 형제가 2010년 설립한 스트라이프는 대표적인 핀테크 기업인 페이팔보다 간편한 시스템과 저렴한 카드수수료를 앞세워 미국에서 가장 주목받는 핀테크 기업으로 떠올랐다. 초기 투자자 중에는 페이팔 창업 멤버인 일론 머스크와 피터 티엘 등도 포함됐다. 지난해 코로나19 발생 이후 유럽에서만 20만 개 이상의 신규기업들이 스트라이프 결제 시스템에 새로 가입했다. 스트라이프가 사업을 벌이는 국가는 총 42개 국이며 이 가운데 31개 국이 유럽에 있다. 이 같은 성장세를 바탕으로 스트라이프는 향후 5년간 아일랜드 더블린지사에서만 1,000여명을 더 채용할 예정이다. 올해 말에는 브라질과 인도, 인도네시아 등에서 새로운 신규 사업에 진출할 계획이다.

이는 미국 내 소비자의 편의성, 보안성, 단순성, 투명성, 개인화 등 핀테크 혁신으로 활용할 수 있는 핵심 서비스에 투자한 결과라고 볼 수 있다.

그리고 인공지능을 활용한 자동 투자 시스템과 같이 도덕적, 사회적 문제가 되는 기술에 대한 규제 시스템에도 과감한 투자를 아끼지 않고 있다.

한국에서는 최근에 실시된 데이터3법을 통해 오픈뱅킹 서비스가 가능해지면서 핀테크와 은행업계에 큰 전환점이 찾아오게 되었다.

실제로 2019년 10월 문을 연 오픈뱅킹이 은행보다 토스나 카카오페이 등 핀테크(빅테크 포함)기업을 통해 더 많은 가입이 이뤄진 것으로 나타났다.

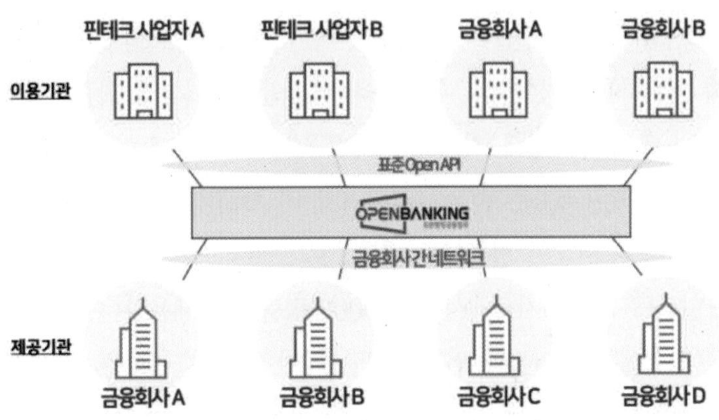

자료 : 금융결재원

핀테크의 금융시장 진입 장벽을 낮추고 금융사 간 경쟁을 촉진시키기 위해 도입된 오픈뱅킹이 취지에 맞게 역동성 있는 시장 생태계를 만들고 있다는 평가가 나온다.

금융결제원의 금융권 오픈뱅킹 가입자 및 이용 건수 현황에 따르면 지난 3월 말 기준 핀테크 62곳의 오픈뱅킹 가입자는 2,345만 2,471명(중복 인원 제외)으로 집계됐다. 이는 주요 은행 10곳(KB국민·신한·우리·하나·IBK기업·NH농협·SC제일·한국씨티·카카오뱅크·케이뱅크)의 가입자 1,560만 6,342명보다 784만 6,129명 많다.

오픈뱅킹 가입자 및 이용 건수 현황

금융사	가입자(명)	이용 건수(건)
국민은행	4,239,372	751,217,708
신한은행	3,512,267	797,962,679
하나은행	1,488,102	257,582,665
우리은행	2,205,494	282,047,644
농협은행	1,142,841	112,470,222
기업은행	848,638	135,801,307
SC제일은행	112,164	5,844,983
한국씨티은행	43,764	7,001,966
카카오뱅크	1,580,228	75,355,408
케이뱅크	433,472	38,818,219
핀테크(62곳)	23,452,471	1,346,731,583

*2021년 3월 말 기준

자료 : 금융결제원

오픈뱅킹이란 여러 금융회사 앱을 설치할 필요 없이 하나의 금융기관이나 오픈뱅킹에 참여하는 핀테크 기업의 앱만으로 계좌를 조회하고 자금을 이체할 수 있는 서비스다.

주요 시중은행이 지난 2019년 10월 말 가장 먼저 오픈뱅킹을 시행했고, 그 해 연말부터 인터넷전문은행과 핀테크기업 등이 뛰어들었다. 오픈뱅킹 시행 시기나 보유고객수, 축적된 데이터, 높은 신뢰도 면에서 은행권이 유리하다는 점을 감안할 때 핀테크기업들의 성과는 고무적이라는 평가다.

업계에서는 비대면 금융 일상화와 핀테크의 기술역량으로 개선된 사용자 경험 등이 이용자를 핀테크로 유인한 계기라고 분석했다.

또 핀테크 기업들이 이미 여러 은행을 아우르는 상품과 간편송금 등 서비스를 제공해온 기본기를 갖추고 있다는 강점도 있다. 가입자 수는 은행보다 핀테크가 앞섰지만 계좌 조회나 이체 등 이용 건수 면에서는 은행이 더 활발했다.

2021년 3월 기준 주요 은행(10곳)의 오픈뱅킹 이용 건수는 24억 6,410만 건으로 핀테크(62곳)의 13억 4,673건보다 11억 1,737건이 더 이용된 것으로 나타났다. 현재 오픈뱅킹 참여 기관은 은행 18개사를 비롯해 △핀테크 62개 사 △상호금융 5개 기관 △증권 사 14개사 △저축은행 73개 사 △우정사업본부 등이다. 이후 카드사도 오픈뱅킹에 뛰어들 예정이다.

은행권은 오픈뱅킹 활용시 타행계좌를 연계한 이체·조회 위주의 일반적으로 자주 쓰는 금융서비스를 제공한 반면 핀테크 기업들은 간편결제나 송금, 자산관리 위주의 서비스를 주로 제공한 영향으로 풀이된다.

금융사들은 간편결제 시장 성장세에 주목하고 있다. 한국은행에 따르면 지난해 간편결제 이용액은 하루 평균 4,492억 원으로, 전년 대비 41.6% 증가했다. 2016년(이용 건수 210만 건, 금액 645억 원)과 비교하면 4년 만에 건수와 금액 모두 일곱 배가량 불어났다. 이 가운데 카카오페이와 네이버파이낸셜 등 전자금융업자의 이용액 비중이 45.7%로, 금융사 서비스(30.4%)보다 높았다.

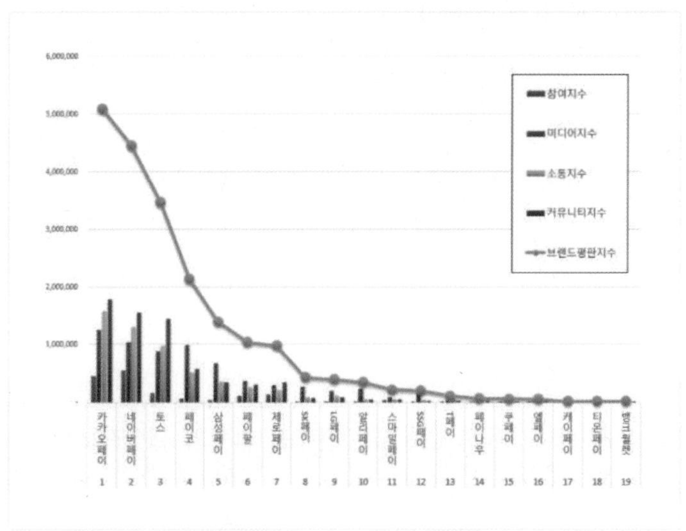

자료 : 한국경제

또한 5대 금융지주 모두가 'XX페이'를 내놓기로 하면서 네이버파이낸셜과 카카오페이 등의 기업이 우위를 점한 간편결제 시장에 지각변동이 예고되고 있다. 코로나19 이후 비대면 결제가 대폭 늘어나는 와중에 조만간 추진될 마이페이먼트(지급지시업) 사업과 종합지급결제 라이선스 사업에 대비하려는 의도가 깔려 있다는 분석이다. 간편결제 시장을 둘러싼 경쟁이 한층 가열되는 가운데 차별성을 갖지 못하는 서비스는 쉽게 도태될 것이라는 분석도 나온다.

5대 금융지주 '페이' 전쟁

금융사	서비스명	출시시점	특징
KB금융	KB페이	2020년 10월	계좌결제, 포인트, 멤버십 결제 연동
신한금융	신한페이	2021년 4월	신한카드 신한페이판 업그레이드
하나금융	원큐페이	2021년 11월	하나카드의 원큐페이 기반 그룹 통합 앱
우리금융	우리페이	연내	우리카드의 우리페이 기반 그룹 통합 앱
농협금융	NH페이(가칭)	2021년 8월	그룹 통합 페이먼트

자료 : 한국경제

이는 금융 시장에서 다양한 기술이 융합되어 새로운 서비스와 가치를 창출할 기회가 열린 것이다. 따라서 핀테크 기술의 높은 성장 가능성에 초점을 맞추고, 핀테크 기술의 핵심적특성 및 확장가능성을 면밀히 검토하여, 핀테크를 혁신적 비즈니스로 연계하고 시장을 확대 하여 다양한 혁신을 시도하는 것이 요구된다.

이를 위해서는 기술기획의 가장 기본적이고도 가장 핵심적인 활동인 기술동향 분석이 보다 체계적인 프로세스를 통해 수행되는 것이 중요하다. 우리나라의 대표적인 핀테크 관련주기업은 kg이니시스, 다날, 세틀뱅크, 카카오, 웹캐시, nhn한국사이버결제, sbi핀테크솔루션즈, 한국전자인증, 더존비즈온 등이 있다.

kg이니시스는 전자지불결제대행업(PG)을 주 사업으로 영위하고 있다. 쇼핑몰등 인터넷상에서 지불결제가 필요한 업체에게 지불결제시스템을 구축해 주고 지불승인과 매입, 대금정산 등의 업무를 지원하는 서비스이다. 국내 전자결제시장 선두주자이며 아이튠즈와 애플페이의 독점 서비스사이다. 토스페이먼츠와 NHN한국사이버결제 등이 주요 경쟁기업이라고 할 수 있다.

2020년 9월 전년동기 대비 연결기준 매출액은 6.3% 증가, 영업이익은 25.1% 증가, 당기순이익은 20.2% 감소했으며 매출액 증가와 수익성 강화로 영업이익과 당기순이익 모두 증가했다.

신규사업으로 2019년 오프란 결제 온라인화에 대비한 '내죠여왕' 서비스를 오픈함. 최근 코로나19가 만든 언택트(untact)문화와도 맞물려 내죠여왕은 비대면 결제서비스로 더욱 확대될 것으로 기대되고 있다.

다날은 소프트웨어 개발, 수출 및 판매 등을 영위할 목적으로 1997년 7월 설립되어 2004년 7월 코스닥시장에 상장되었다. 사업부문은 커머스 부문, 컨텐츠부문, 게임부문, 기타 부문으로 구성되어 있다.

휴대폰 결제 서비스를 주 사업으로 국내 뿐 아니라 해외에서도 결제 및 인증사업을 진행하고 있으며, 온/오프라인 휴대폰 결제를 비롯하여, 바코드결제 등의 사업을 진행중이다.

2020년 9월 전년동기 대비 연결기준 매출액은 20.5% 증가, 영업이익은 4.6% 증가, 당기순이익은 61% 감소했으나 지난해 국내 1위 모바일 결제 플랫폼인 삼성페이와 전략적 제휴를 맺고 오프라인 휴대폰결제 서비스를 출시하였다.

또한 2020년 6월 개인별 휴대폰결제 한도가 최대 60만 원에서 100만원으로 상향 조정됨으로써 휴대폰결제 서비스 거래금액은 지속적인 증가세를 나타낼 것으로 전망되고 있다.

세틀뱅크는 2000년 10월 9일 설립되었으며, 가상계좌, 펌뱅킹, 간편현금결제, PG서비스등 금융서비스를 주요사업으로 영위하고 있다. 가상계좌 중계서비스, 펌뱅킹 서비스를 기반으로 핀테크 시장에 진입하였으며, 이후 시장 트렌드에 맞춰 신 결제시스템을 지속 런칭한 결과 현재 종합 전자결제 핀테크 기업으로 성장하였다.

국내 최초로 계좌기반의 간편현금결제를 글로벌화 하고자 동남아 시장을 모색하여 진출 계획, 준비중에 있다.

2020년 9월 전년동기 대비 별도기준 매출액은 15% 증가, 영업이익은 24.3% 감소, 당기순이익은 11.9% 감소하였고, 가맹점 확대 및 지역화폐 거래금액 증가로 인한 간편현금결제서비스 매출이 증가했으나, 판관비의 증가로 영업이익 성장세는 주춤한 실정이다.

의료시설, 레저 및 여행, 문화활동, 메이크업샵, 새벽배송 업체 등의 다양한 가맹점 확대 등의 효과가 매출로 이어질 것으로 예상되고 있다.

카카오는 국내 1위 메신저인 카카오톡 운영을 바탕으로 성장하였다. 카카오톡을 중심으로한 모바일 생태계 안에서 다양한 사업부문들이 시너지를 발휘하며 수익을 창출하고 있다.

메신저, 포털, 커머스, 모빌리티, 테크핀 등 다양한 생활 밀착형 플랫폼 서비스를 통해 이용자에게 새로운 편익을 제공하고 있다. 자회사인 카카오페이가 2020년 상반기 카카오페이증권을 선보였다. 카카오게임즈는 2020년 9월 코스닥 시장에 상장했다.

2020년 9월 전년동기 대비 연결기준 매출액은 31.5% 증가, 영업이익은 140.7% 증가, 당기순이익은 182.6% 증가했다.

코로나19로 인해 사회적 거리두기가 일상화로 언택트에 기반한 재택근무가 늘어나며 비대면 경제가 급성장했다. 이 트렌드에 수혜를 입어 동사 실적이 가파르게 향상되었다.

비대면 경제의 성장과 4차 산업혁명에 힘 입어 지속 성장이 기대되고 있다.

네이버는 이미 일본 자회사 라인을 통해 해외에서 금융사업을 활발하게 하고 있다. 한국에서 네이버는 결제·송금 서비스인 '

네이버페이'로 국내 1위 간편결제 서비스를 제공하고 있다. 네이버는 2020년 3분기 연결기분 매출 조 3,608억 원, 영업이익 2,917억원을 기록했다. 매출은 2019년 같은 기간보다 24.2% 장가하며 사상 최고 기록을 새로 썼다. 영업이익은 2019년보다 1.8% 늘었다.

네이버의 매출은 제조업체처럼 상품 매출이 아니라는 점에서 무에서 유를 창조해 냈다는 평가를 받는다. 특히 2020년 3분기부터 기존의 광고·비즈니스 플랫폼·IT 플랫폼·콘텐츠 서비스 등 매출 구분 방식을 서치플랫폼, 커머스, 핀테크, 콘텐츠, 클라우드의 5개 부문으로 변경했는데 모두 플랫폼 수입이다. 네이버가 쇼핑, 검색, 증권 등 다양한 분야에서 선도하고 있는 만큼 각 사업영역과 연계하여 금융 서비스 사업을 확장해 나아갈 수 있을 것으로 예상이 된다.

4. IoT(사물인터넷)

사물인터넷(Internet of Things)이란 모든 사물이 정보통신 기술에 기반하여 지능적인 관계를 형성하는 것을 의미한다.

또한 주변 상황을 감지하여 통신을 통해서 정보를 전달하여 사물과 사물 또는 사물과 사람 간의 소통이 이루어지도록 하는 기술이나 서비스를 의미한다.

인터넷, VR과 같은 용어에서 알 수 있듯이 IT 혹은 ICT 기술은 우리가 인지하는 시점보다 훨씬 더 오래전에 언급된 경우가 대다수다. 1999년 캐빈 애쉬튼은 그의 저서 'IoT의 이해(Making Sense of IoT)'를 통해 '사물인터넷을 인터넷에 연결돼 인터넷과 같은 방식으로 작동하는 센서들을 의미한다'라고 정의했다.

〈사물인터넷 원리〉

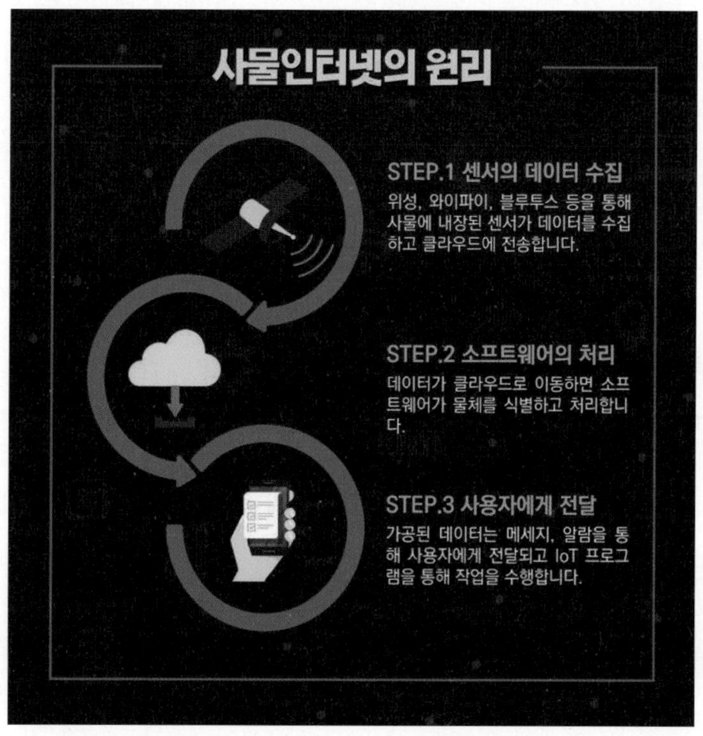

또한 사물에서 정보를 생성(Smart Device)하여 전달(Advance Network)하면 정보를 처리(Cloud Computing)해 유의미하게

활용(Convergence)하는 과정을 사물인터넷의 기술 구성요소라고 했다.

사물인터넷이라는 용어가 사용되기 전에는 유비쿼터스 컴퓨팅이라는 용어가 사용되었으며 4차 산업혁명을 통해서 사물인터넷이라는 용어가 널리 사용되기 시작을 하였다.

IoT의 기술적 뿌리는 1980년대 개발되어 현재 커피주문 시 대기자 확인 등 다양한 실생활 및 산업현장에서 쓰이는 무선인식기술인 RFID(RadioFrequency Identification)나 그에 기초한 근거리 통신기술인 NFC 등 근거리기기 간 통신기술이다. 이러한 근거리 기기 간 통신 기술이 2010년 대 스마트폰이나 태블릿 PC 등 이동전자기기의 범용화에 자극 받은 시각이나 온도, 거리, 자기장, 방사선, 습도, 농도 등 다양한 형태의 환경 정보를 모으는 센서(censor)의 발전과 융합되면서 IoT의 기반이 마련된 것이다.

여기에 인공위성으로부터의 거리를 삼변측량하는 GPS 기술의 발전과 2^{12}개의 인터넷 주소로 확장할 수 있는 IPv6의 2011년 채택은 개별기기의 정확한 위치추적 및 독자 인터넷 주소 부여를 통해 IoT가 가진 가치의 핵심인 사용자의 추적가능성(traceability)을 크게 향상시켰다.

위와 같은 기반 환경과 함께 IoT의 발전에는 다음 두 가지 기술이 작용하고 있다. 우선 IoT가 작동하려면 실시간으로 각

기기에서 발생하는 대용량의 데이터를 저장할 공간과 그 기기와 연결된 다양한 관계자가 데이터에 접근할 수 있고 관련 데이터를 주고받을 수 있도록 관리하는 탄력적인 컴퓨팅 자원의 제공이 필수적이다. 통신망에서 집약적인 처리기능을 제공하는 컴퓨터인 서버(Server)를 활용해 서비스를 제공하는 사업자들이 개별 서버에 대한 작업요구량이 상이할 경우 이에 대응하기 위해 다수의 서버들을 하나의 가상망(virtual network)으로 묶어 유휴 서버에서 자원을 끌어다 쓰거나 다른 서버의 작업을 분산처리해 안정적인 서비스를 제공하는 기술에서 발전해 저장공간과 컴퓨팅 자원을 탄력적으로 제공하는 클라우드컴퓨팅(Cloud Computing)은 IoT에 가장 적합한 인프라로 2010년대 클라우드컴 퓨팅의 보급은 IoT의 발전을 촉진시켰다.

다음으로 IoT 기기를 기존의 전자기기와 구별하게 만드는 최대 특징은 마치 개별기기가 생각을 가진 것처럼(smart) 통신을 통해 스스로 작동을 조절하고 사용자와 상호작용을 하는 부분이다. 이를 가능하게 하는 것은 2010년대 들어서 급속히 발전하고 있는 개별 IoT 기기에서 발생하는 데이터가 빅데이터로 집적되는 클라우드 공간에서 실시간으로 분석해 각 IoT 기기의 기능과 작동을 실시간으로 조절하는 머신러닝(Machine Learning) 인공지능(Artificial Intelligence, 이하 'AI') 기술이다.

〈사물인터넷의 주요기술〉

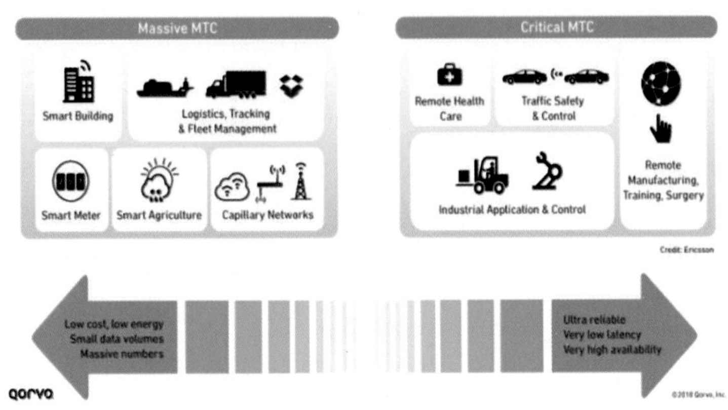

자료 : 기초조형학 연구회(2017)

사물인터넷은 초연결을 기반으로 하여 모든 산업과 사회 전반에 걸쳐서 혁신적인 변화를 일으킬 것으로 예견된다. 사물인터넷 관련 시장 전망에서도 Cisco는 세계 사물인터넷 시장이 2022년까지 14조4000억 달러 규모로 성장할 것이라고 예측하고 있다.

제조업 시장과 관련된 사물인터넷 시장의 규모는 2015년 42억 달러에서 2020년까지 140억 달러 규모로 성장할 것으로 예측되며, 매년 평균 약 27%의 성장률을 보여줄 것으로 전망하고 있다.

조사기관 가트너의 부회장인 Steve Prentice는 멀지 않은 미래에 인간은 많은 기기들과 연결이 될 것이며, 이 기기들은 모두 인공지능이 장착된 기기들 또는 서비스가 될 것이라고 전했다. 또한 이러한 변화가 진행됨으로써 새로운 비즈니스 플랫폼들이 발명될 것이라고 전망했다.

사물인터넷 기술은 기존의 다양한 산업 분야 기술과 융합되어서 연구가 이루어지고 있으며 대체로 사물인터넷 전송 프로토콜, 데이터 관리 및 처리, 보안, 법제도, 정책 등 다양한 분야들과 연구가 진행되고 있다.

사물인터넷을 위해서 다양한 기기가 네트워크에 연동이 되어서 운용되고 있으며 이러한 기기들은 저전력, 저용량의 제한된 성능을 가진다. 따라서 이러한 기기로 이루어진 네트워크가 인터넷과 연동되어서 사용되기 위해서는 기기들의 제한된 성능을 고려한 효율적인 데이터 전송이 필요하며 이를 위한 개발이 진행되었다.

〈세계 사물인터넷 시장 규모 추정〉

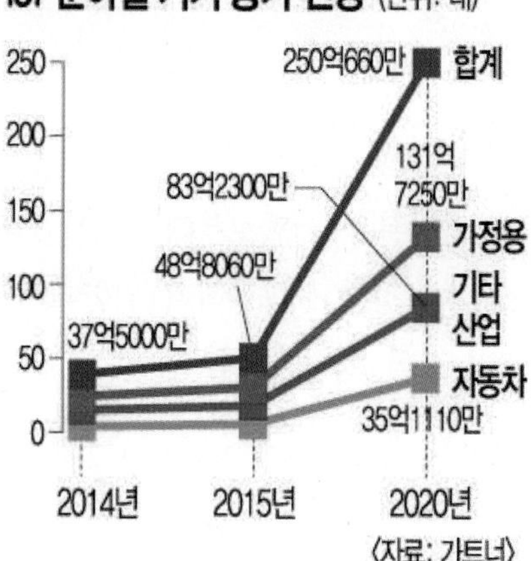

〈국내 사물인터넷 시장 규모 추정〉

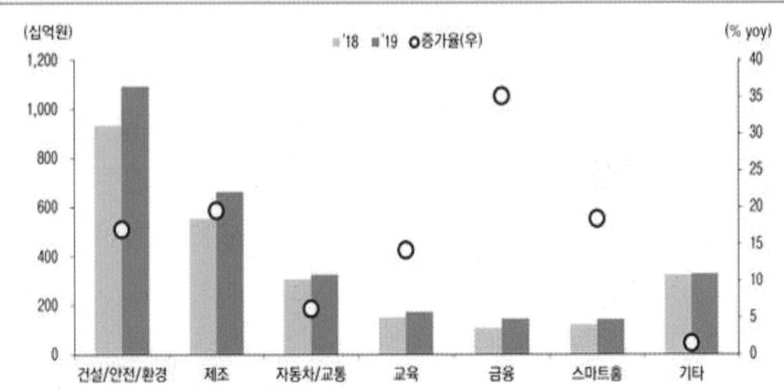

자료: 2019 사물인터넷산업 실태조사, 이베스트투자증권 리서치센터

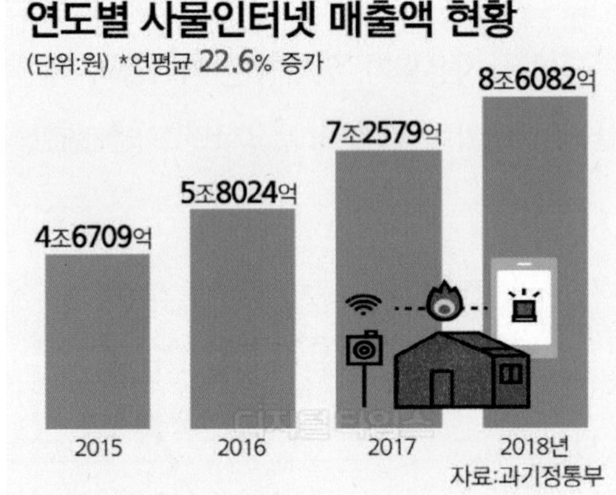

사물인터넷에 연결된 기기들로부터 생산된 다양한 데이터를 에너지 효율적으로 수집하고 공유하기 위한 클러스터링 및 속성에 기반한 데이터 교환 기법이 제안되었다. 그뿐만 아니라 이러한 기기들이 생산한 데이터를 지역적으로 분산 관리하여 시간 민감성을 보장하면서 효율적으로 데이터에 접근할 수 있도록 하는 기법도 제안되었다.

사물인터넷 환경에서 이용되는 기기들은 소형이며 제한적인 성능을 가지고 있다. 이러한 이유로 기존의 인터넷에서 사용되고 있는 암호화 기법을 사물인터넷에 적용하기에는 어려움이 있다. 따라서 이러한 문제를 해결하고 데이터 보안성 제공을 위해서 사물인터넷 데이터 보안에 대해서 분석하고 보안성을 제공하는 기법들이 개발되고 있다.

사물인터넷 주도권 전쟁은 이미 시작이 되었다. 적용되는 분야가 매우 넓다 보니 다양한 업체들이 사물인터넷 시장에 합류하면서 시장의 활성화가 격화되는 상황이다. 다음에서 볼 수 있듯이 사물인터넷에 적용되는 분야는 헬스케어, 홈케어, 자동차, 교통, 건설, 농업, 에너지 등 수없이 많은 분야에 적용되고 있다.

〈사물인터넷 적용 분야와 주요제품〉

분야	내용	주요제품
헬스케어	건강보조도구, 혈당측정, 건강정보송신, 원격진료, 헬스케어 어플리케이션	핏빗 플렉스(핏빗), S헬스서비스(삼성전자), 2net(퀄컴), 트윗피(하기스)
홈케어	도시/조명등 제어, 지능주택관리, LBS방범, 스마트홈서비스	스마트홈, 스마트싱크(Smart things), 스마트라이프(SKT)
자동차	텔레매틱스, 무인자동차, 스마트카, 차량 원격관리	OnStar(GM),블루링크(현대차), 무인자동차(구글)
교통	교통안전, 국도모니터링, 배기가스 실시간 감지, 디지털 운행기록 관리	지능형 교통서비스, SF Park(샌프란시스코시)
건설	건물/교량 원격관리 서비스, 스마트 시티	가로등 밝기 자동조절, 송도 스마트 시티(시스코)
농업	실시간 작물상태 모니터링, 온도/습도 감지 조절	스마트팜(SKT), 지능형 파종서비스(일본 신푸크청과)
환경	날씨나 온도측정 센서, 야생동물 위치확인	불법벌목방지, 물/온도 관리시스템(ARM), 스마트 에셋트레킹(SKT)

자료 : Machina Research

헬스케어 주요 사례로는 근래에 가장 유행이 되고 있는 사업은 웨어러블 사업을 들 수 있다. 웨어러블을 착용한 사용자와 장치를 연결해 현재 사용자의 몸상태를 체크해줄 수 있게 해준다. 일본 소프트뱅크는 Fitbit과 협력해 '활동략 측정기기'를 개발해 사용자의 활동량과 건강상태를 모니터할 수 있는 서비스를 시작했다.

나이키 또한 손목에 착용하는 헬스케어 제품을 개발해 운동량 및 건강분석을 도와주는 서비스를 제공하고 있다.

글로벌 물류업체인 페덱스(Fedex)는 물류배송의 전체 과정을 파악하고 관리할 수 있는 플랫폼인 센스어웨어(Sense Aware)를 개발해 활용 중에 있다.

Mercedes Benz는 2013년 센싱 및 사물인터넷을 활용해 자율 주행이 가능한 차량 테스트를 통과 한 바 있다.

미국의 전기자동차 선두 기업인 Tesla는 자동차를 제조한다는 단어보다 코딩한다는 단어가 더 잘 어울리는 기업으로, 대부분의 차량제어 시스템이 소프트웨어에 의해 이루어짐. Tesla의 자동차는 17인치 터치스크린을 통해 대부분의 작동이 이루어지며, 일종의 앱스토어처럼 작동해 지속적으로 업데이트를 할 수 있다.

미국의 사물인터넷 투자 현황은 굉장히 활발한 것으로 나타나며, 인텔과 Qualcomm과 같은 대기업들이 가장 활발한 투자를 하고 있으며 많은 벤처캐피털들의 투자활동도 활발하다.

유럽에서는 유럽사회의 향후 당면과제 해결에 중추적인 역할을 담당할 것으로 예상되는 사물인터넷 관련 정책 수립을 위한 논의를 한 바 있다. 이를 통해 정책 결정자 및 관련 기업들이 사물인터넷의 잠재력과 파급효과를 올바르게 이해하고, 관련 산업 발전을 위해 사물인터넷에 대한 신뢰 기반의 이성적이고 효율적인 수용방식을 찾아야 할 것이라고 강조했다.

G20 국가들을 대상으로 실시한 사물인터넷 준비 지수(G20 IoT Index) 조사결과에 의하면 미국이 1위, 한국이 2위에 랭크된 것으로 발표되었다.

G20 사물인터넷 지수는 정보와 관련된 주요 12개 지표(GDP, 비즈니스 환경, 인구, 스타트업 절차, 측허출원, 에너지 사용, 이산화탄소 배출, 브로드밴드 사용자 수, 인터넷 사용자 수, 모바일 사용자 수, 시큐어 서버, IT 지출규모)를 조사 및 분석해 사물인터넷(IoT)의 기회에 대한 준비 정도에 따른 G20 국가들의 순위를 산출한 지표이다.

이는 사물인터넷 기술을 통해 새로운 사업화 모델을 모색하고자 시장에 진입하는 벤더들이 지속적으로 늘어나고 있다는 것을 시사하고 있으며, IoT를 글로벌화하려는 벤더들에게 유용한 지표가 될 것으로 보인다.

한국 업체들 또한 사물인터넷을 이용한 서비스를 제공하고 있다. 귀뚜라미의 홈 시스템(IoT 보일러) 서비스는 핸드폰으로 보일러 관리를 할 수 있게 해주며, 이도링크의 Mr. Everything 제품은 다기능 모바일 충전 스테이션으로 LED 조명과 랜턴 기능을 제공하며 Aux 및 Bluetooth 4.0 기반의 스피커와 광폭우퍼를 통해 높은 음질의 사운드를 제공해 캠핑족들의 구매욕구를 자극하고 있다.

이도링크의 Mr. Everything은 2015년 CES에서 IT 분야 혁신상을 수상할 만큼 한국 업체들에게 가능성을 알려주는 사례로, 한국 기술이 글로벌화될 수 있는 것을 증명할 수 있는 사례로 여겨지고 있다.

또한 이와 함께 글로벌리 IT 기업들이 강세를 보여주고 있다. IT인프라 , IT기술 테크 , 빅데이터와 클라우드 거기에 AI까지 가세하며 기술주들의 전성기라고 볼 수 있는 상황이다. 전기차 기반의 자율주행차가 가시화되는 날도 얼마 남지 않은 것으로 보인다. 이런 과정 속에서 5G 를 기반으로 다양한 데이터의 송수신이 빨라질 경우 사물인터넷 관련주 IOT 관련주 들 또한 최근 서서히 움직임을 보여주고 있는 상황이다. 이에 따라 관련주를 살펴보면 다음과 같다.

대표적으로 코콤은 과거 사물인터넷 관련주 IOT 관련주들의 최대 대장주 역할을 했던 종목이기도하며 스마트홈의 대표적인 사업영역을 가지고 있는 기업이기도 하다. 비디오폰 ,도어락 인터폰을 기반으로 한 사업을 영위하였으며 대부분의 매출액은 주택설비 부분에서 매출액이 발생되는 모습을 볼 수 있다. 하지만 무엇보다도 코콤의 과거 대시세는 사물인터넷 과 IOT 기반에서 크게 나왔던 점을 인지할 필요가 있다.

5. 스마트시티

스마트시티(Smart City)는 일반적으로 정보통신기술(Information and Communication Technologies, ICTs), 빅데이터 등의 4차 산업혁명 기술을 이용하여 도시문제를 해결하고, 삶의 질을 개선할 수 있는 도시를 의미한다.

스마트시티는 환경의 지속가능성 향상, 삶의 질 향상, 도시문제의 효율적인 해결, 일자리 창출, 혁신 산업 생태계 구축 등 다양한 목적을 가지고 세계 각국에서 추진되고 있다.

국내 스마트시티는 2000년대 초반 유시티 (Ubiquitous City, U-City)라는 독자적인 브랜드로 추진되었다. 유시티는 시민들이 정보통신기술을 통해 언제 어디서나 어떤 기기를 통해서도 정보 서비스를 제공하여 삶의 질과 도시 경쟁력을 향상시키는 도시이다.

유시티 사업의 효율적인 추진과 관리를 위해 2008년 「유비쿼터스도시의 건설 등에 관한 법률(이하 유시티법)」이 제정되었다. 하지만 유시티 사업은 공공이 주도하는 하향식(Top Down) 접근으로 다양한 한계에 노출되고, 이를 극복하기 위해 2017년 유시티법이 「스마트도시 조성 및 산업진흥 등에 관한 법률(이하 스마트도시법)」로 개정되었다. 이후 스마트 시티추진전략이 발표되고 본격적으로 국내 스마트시티 사업이 추진되었다.

유시티와 스마트시티는 인프라의 활용, 사업방식, 사업 추진 체계 등의 차이가 있으나 사전적 의미, 목적, 개념 등이 유사하다. 즉, 스마트시티의 정보통신기술, 인프라, 서비스 등이 작동하는 시스템(System)은 유시티와 유사하다고 볼 수 있다.

유시티의 개념은 정보화 도시, ICTs 중심의 유시티, 장소 중심의 유시티에서 다층형 유시티 모델(Multi-Layered Ubiquitous City Model) 이론으로 진화하였다. 다층형 유시티 모델 이론은 유시티의 기술, 서비스, 인프라, 관리가 하나로 통합되는 시스템이다

즉, 스마트시티는 STIM 구조(Service, Technology, Infrastructure, Management Architecture)이며, 이를 통해 작동되는 도시이다. STIM 구조의 S(Service, 서비스)는 '스마트 기술 및 도시기반시설을 활용하여, 시공(時空)의 제약 없이 받을 수 있는 지능화된 정보 또는 콘텐츠의 총합체'로 정의된다.

T(Technology, 기술)는 정보의 송·수신과 처리를 위한 기술이다. 기술은 정보의 수발신과 처리를 위한 첨단정보통신기술이며 센싱(Sensing, 정보입력), 네트워크(Network, 정보전달), 인터페이스(Interface, 정보표현), 프로세싱(Processing, 정보처리), 보안(Security, 정보보안) 등이다. 이는 4차산업혁명의 핵심

기술이며 센싱, 네트워크 인터페이스, 프로세싱, 보안의 기능을 수행한다.

I(Infrastructure, 인프라)는 스마트시티 서비스를 송·수신할 수 있는 디바이스 및 건물, 시설, 네트워크와 공간 등 서비스를 전달하는데 필요한 기반시설이다. 고정 인프라는 스마트시티 공간의 일정 위치에 고정된 가로, 건물, 시설, 단지나 특정 위치에 설치된 디바이스 등이다. 이동 인프라는 이동하는 인프라 요소를 의미하며 스마트폰, 스마트카, 로봇 등이 있다. 지능형 인프라는 고도화된 인프라를 의미하며 스마트시티 통합운영센터 등이 해당된다.

스마트시티 통합운영센터는 스마트도시법 제 2조의 3호 다목, 시행령 제 4조(스마트도시의 관리·운영에 관한 시설)에 정의된 시설이다.

M(Management, 관리)은 IT 기반에서 작동하는 스마트시티의 종합적 계획 경영 및 행정 등의 거버넌스이다. 스마트시티의 행정 거버넌스는 정부 중심 통치 거버넌스에서 공공과 민간 그리고 시민의 협치 모델인 P.P.P.P(Public, Private, People Partnership)로 변화되었다. 즉, 스마트시티 관리에서는 공공, 민간, 시민의 거버넌스가 중요하다.

컴퓨터라는 하드웨어에 윈도우라는 기반이 있어야 그 위에 프로그램을 깔수 있는 것처럼, 도시에도 기본적인 운영체계(OS)가 있어야 다양한 관리 매뉴얼을 올릴 수 있다. 또한, 도시에 IT를 입히고 빅데이터와 인공지능을 통해 각종 문제를 해결하고 삶의 질을 개선할 수 있는 모델이 스마트시티인 것이다. 스마트시티는 "도시를 영혼이 있는 도시로, 영속하는 도시 로, 지능형 도시로 최적화시키는 도시운영체계, 즉 It's Smart Citing(진행형)이다.

기존의 도시가 부동산 중심의 경제 원리로 형성됐다면 스마트시티는 거주자 생활을 중심으로 한 도시계획 서비스라고 말한다. 이런 스마트시티가 되기 위해서는 각 지역의 철도와 도로 등 도시 인프라를 비롯해 유통, 의료, 교육의 혁신도 필요하다.

하지만 스마트시티가 도시 운영체제를 디지털화하는 것으로 끝나는 건 아니다.

세계 4대 문명은 모두 큰 강을 끼고 도시를 세우면서 생겨났다. 농경사회 시대는 물이 가장 큰 자원이었기에 도시가 큰 강 주위에 세워지는 게 당연했다. 산업사회의 자원은 화석연료이다. 석탄 석유 같은 화석연료를 활용해 산업시설이 들어선 곳에 도시가 세워졌고, 농촌에서 몰려든 사람들은 노동자와 소시민이 됐다. 그렇다면 이 시대의 도시는 어떤 모습이어야 할까? 정보화 사회에선 정보를 소유하는 자가 부와 권력을 차지한다. 정보화시대 도시의 형태는 농경 사회나 산업사회 도시의 모습과는 전혀 다르다. 최근 선진국가나 구글 같은 글로벌기업들이 '스마트시티'가 '4차 산업혁명의 꽃'이라고 선포하고 나서는 이때에 전통적인 도시의 개념에서 '창조적 파괴'와 '창조적 혁명' 사이에서 가장 열심히 도전하고 있는 것이 스마트시티의 현주소이다.

<스마트시티 발전 단계>

	1단계	2단계	3단계
시기	2009년~2013년	2014년~2017년	2018년~2023년
목표 및 비전	건설 · 정보통신산업 융복합형 신성장 육성	저비용 고효율 서비스	도시 문제해결 혁신 생태계 육성
제도	U-City법, 2009.11. 제1차 U-City종합계획	U-City법, 2013.02. 제2차 U-City종합계획	스마트도시법, 4차산업혁명위원회 스마트시티 추진 전략, 2019.07. 제3차 스마트도시 종합계획
대상	신도시	신도시와 기존도시	신도시와 더 많은 기존 도시
사업	통합운영센터, 통신망 등 물리적 인프라 구축	공공 통합플랫폼 구축 및 호환성 확보, 규격화 추진	국가시범도시 조성, 다양한 공모사업 추진

자료 : 국토교통부(2019)

4차 산업혁명위원회에 따르면 스마트시티는 "다양한 혁신적인 기술을 도시의 인프라와 결합해서 구현하고 융·복합할 수 있는 공간이라는 의미의 '도시 플랫폼'으로 활용"된다. 도시 플랫폼은 인프라, 데이터, 서비스의 각 계층으로 구분되고 도시 문제 해결과 삶의 질 향상을 위한 공간이 구현된다.

<스마트시티 통합플랫폼 구성도>

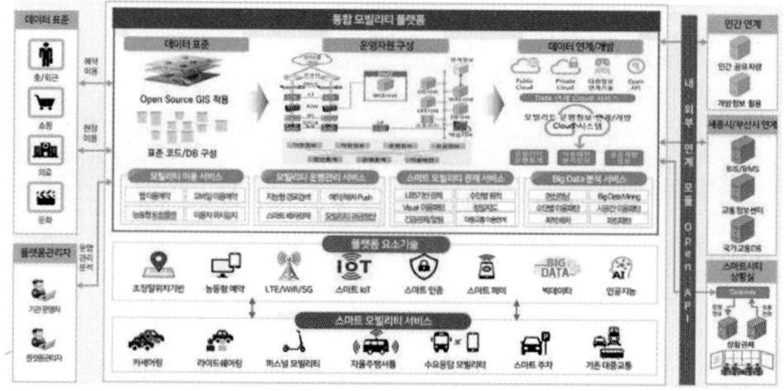

자료 : 4차산업혁명위원회(2018)

또한 스마트시티는 다양한 서비스를 제공하는데, 2018년 기준으로 방범·방재(24%), 교통(22%), 행정(15%), 환경·에너지·수자원(15%), 시설물 관리(8%), 보건·의료·복지(7%) 분야의 서비스 비율이 높은 편이다. 기존의 서비스들이 각각 개별로 정보를 제공했지만, 스마트시티는 도시 플랫폼을 활용해서 각각의 서비스에서 제공하는 정보를 통합하여 관리할 수 있다.

〈모빌리티 통합플랫폼 목표모델 및 구성〉

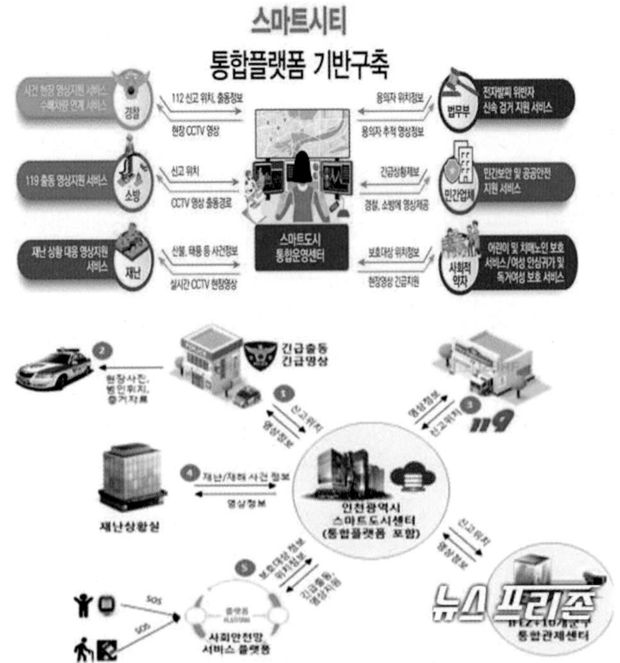

자료 : 4차산업혁명위원회(2018)

전 세계 곳곳에서도 이 같은 스마트시티 구축 작업이 진행되고 있다. 선진국은 물론 신흥국에서도 도시화로 인한 각종 문제를 해결하기 위해서다.

미국은 교통혼잡 해소, 범죄 예방, 경제성장 촉진 등을 디지털 기술혁신을 활용해서 해결할 수 있는 스마트시티 활성화를 추진하기 위해 2015년에 '스마트시티 이니셔티브(Smart City Initiative)'를 발표하고 연방 정부가 자체적으로 솔루션을 찾을 수 있도록 지원하였다. 미국 오하이오주 콜럼버스의 스마트시티 사례는 우리나라의 2019년 신규 사업 중 하나인 '2020 스마트 챌린지 사업'의 원형으로, 기업과 시민의 참여를 강화하기 위해 시작되었다.

스마트시티 이니셔티브는 교통혼잡 해소, 범죄예방, 재난대응 등 도시문제 해결을 위해 추진되었다. 스마트시티 구축을 목표로 25개 이상의 관련 기술 개발을 지원하고, 지역사회와 유기적인 협력이 가능한 장소 기반 접근 방식을 추구한다. 주요 전략으로는 4가지가 있는데, IoT 어플리케이션 적용의 테스트베드의 구축 및 새로운 협력 모델 개발, 민간 기술협력 강화, 정부의 기존 투자 강화, 국제협력 추진이다.

EU(2014)는 스마트시티의 특성으로 6가지를 제시했는데, 그것은 스마트 경제(Smart Economy), 스마트 이동(Smart Mobility), 스마트 환경(Smart Environment)), 스마트 시민(Smart People), 스마트 생활(SmartLiving), 스마트 정부(Smart Governance)이다. 이 6가지의 축을 기반으로 스마트시티 프로젝트들이 진행되고 있다.

〈스마트시티 구성요소와 특성의 관계〉

자료 : 국토교통부

스페인은 2011년부터 스마트시티 개발 전담기관인 RECi (Red Ciudades Inteligentes Espanya)를 설립하고, 도시 인프라 확충, 공공서비스 효율성 개선, 공공재정의 효율적인 운영 촉진을 위한 여러 도시들 간 협업을 진행하였다.) RECi는 스페인 스마트시티 네트워크 플랫폼으로, 스페인 내 2018년 기준 65개 도시가 네트워크에 등록되어 있다

스페인의 스마트시티 정책은 크게 두 시기로 구분된다. 첫째, 2015년부터 2017년까지 진행된 '스마트도시 국가계획(Plan Nacional de Ciudades Inteligentes)'은 사업명에서 알 수 있듯이 도시를 대상으로 하며, '표준화, 산업지원, 거버넌스' 세 요소를 전략으로 ICT를 활용한 공공서비스의 효율성 확대를 강조하였다. 둘째, 2018년부터 2020년까지 진행되는 '스마트국토

국가계획(Plan Nacional de Territorios Inteligentes)'은 기존의 '스마트도시 국가계획'보다 지역 범위와 대상, 의사결정체계가 확대되었다. 기존의 도시뿐만 아니라 농촌과 섬을 포함한 전 국토를 대상으로 한다.

〈세계 스마트시티 시장 전망〉

발표기관	Frost&Sullivan	McKinsey	Gran View	Siemens
예측연도	2020년	2025년	2020년	2020년
시장규모	1.5조 달러	1.7조 달러	1.4조 달러	1.3조

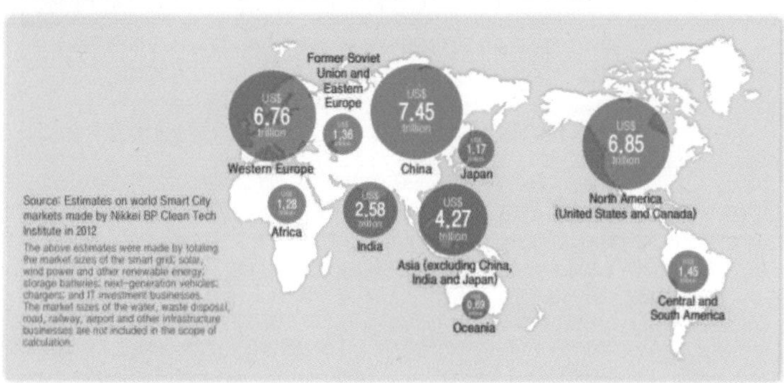

자료 : 부산광역시

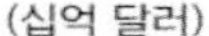

〈해외 스마트 시티 관련 전력 및 현황〉

단계	내용
미국	–2015년 Smart Cities Initiative 발표 : 교통 혼잡 해소, 범죄 예방, 경제성장 촉진, 공공 서비스 등과 관련한 지역문제 해결을 위해 1억6000만 달러 투자 –2016년 12월 미국 교통부(DoT) Smart City Challenge 실시 : 콜럼버스 시 선정
EU	–Horizon2020 계획에 디지털 어젠다로 Smart Cities 명시 –2013년 스마트 시티 및 커뮤니티 혁신 파트너십 전략 실행계획 발표 : 유럽연합집행위원회(EC)가 에너지와 교통문제 해결에 중점을 두고 정책 총괄
영국	–2012년부터 'Open Data, Future Cities Demonstrator' 정책 추진 : 스마트 시트 세계 시장점유율 10% 목표, 스마트 시티 관련 ICT 기술표준화에 집중 투자
중국	–2012년 12월 12차 5개년 계획에 따라 국가 스마트 시티 시행지역 공고 : 2015년까지 320개 지혜성시(智惠城市) 구축 목표, 약 53조 원 투자 –2015년 신형도시화계획 발표 : 500개 스마트 시티 개발, 2020년까지 R&D 500억 위안(10조 원)과 인프라 구축 등에 1조 위안(182조 원) 투자
인도	–2014년 신임 총리가 2020년까지 100개 스마트 시티 건설과 총 19조 원 투자 공약
싱가포르	–2014년 스마트네이션(Smart Nation) 프로젝트 출범, SNPO(Smart Nation Programme Office) 설치 –국내외 대학 및 민간단체, IBM 등 다국적 기업, 시민 등과의 협업체계를 구축해 시범사업 추진 –2015년 10월 ITU의 스마트 시티 핵심성과지표 개발을 위한 시범평가 모델로 선정
일본	–2014년 4월 제4차 에너지기본계획 : 에너지 이용 효율화와 고령자 돌봄 등 생활지원 시스템을 포함한 스마트 시티 구축 계획 발표 –후쿠시마 원전사고 이후 에너지와 환경 분야에 중점을 두고 요코하마, 교토, 기타큐슈 등에 집중 –2018년 6월 미래투자전략2018(Socity 5.0) 발표 : 교통·안전을 위한 스마트 시티 실현 계획 발표 : 2020년까지 IoT 기술을 활용한 안전·방재 시스템을 100개 지방자치단체에 도입

자료 : 스마트 시티 개념과 표준화 현황. 한국정보통신기술협회

국내에서 스마트시티 사업이 본격화한 것은 지난 2018년 1월 '스마트시티 추진 전략'이 발표되면서부터다. 정부는 당시 세종과 부산을 스마트시티 시범도시로 정했으며, 각 지방자치단체별로도 스마트시티 전담조직을 두고 정부지원 사업을 추진하기 시작했다.

세종과 부산은 거의 백지상태나 다름없는 땅에 도시 하나를 새롭게 구축한다는 점에서 의미가 있다. 기존 도시 인프라나 거주자가 있는 상태에서는 시도하기 힘든 다양한 구상을 시도해 볼 수 있기 때문이다. 예산만 해도 각각의 도시에 2조원 이상씩 투입된다. 정부는 각각의 시범도시를 특화시켜서 스마트시티의 가능성을 시험할 예정이다.

우선 세종 스마트시티는 모빌리티(자유주행·차량공유)와 헬스케어(스마트 의료 서비스)를 핵심으로 한다. 혁신벤처스타트업존·비즈니스앵커존·스마트리빙존 등으로 구성되며, 교통·주거·교육 등 모든 인프라를 IT 네트워크로 긴밀하게 연결한다. 시범사업은 세종시 세종5-1 생활권을 대상으로 하지만 필요시 세종시 전체로 확대 적용할 계획이다.

부산 에코델타시티(EDC) 내 스마트시티는 물관리와 로봇에 중점을 둔다. 낙동강변에 위치한 지리적 특성을 살려 스마트 물관리 기술을 도입하고 개인용·상업용 로봇 서비스를 자유롭게 구현할 수 있는 환경을 만들 예정이다.

이밖에도 현재 70여개 지자체가 스마트시티 구축을 준비 중이며, 정부는 2024년까지 총 100곳 이상의 자체를 대상으로 기존도시 스마트화 사업을 추진하겠다고 밝혔다. 기존 도시에서 추진되는 스마트시티 사업은 일종의 도시 리모델링이나 특정 기술 도입을 위한 환경 구축이다. 연구단지, 미세먼지 감축, 문화관광 등을 목적으로 하는 '테마형 특화단지' 조성과 주차공유, 디지털트윈 등의 신규 솔루션을 접목하는 '스마트시티 챌린지'가 그것이다.

〈스마트시티 추진 지방자치단체 현황〉

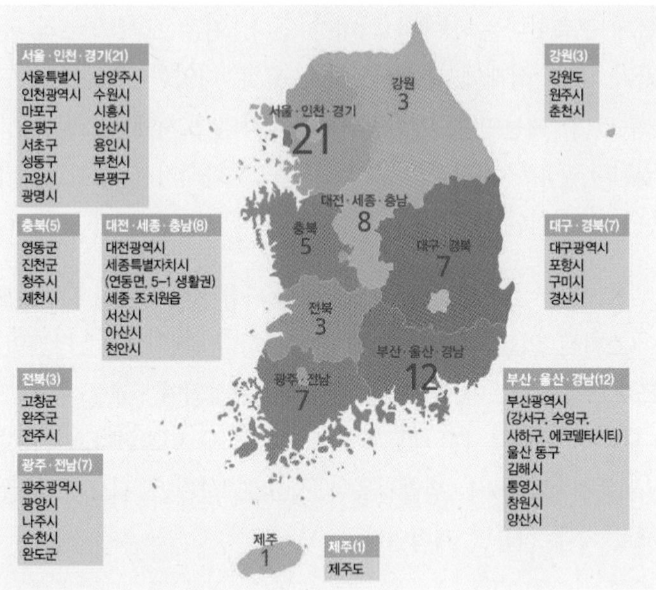

자료 : 국토교통부(2020.6)

2021년 “정부는 2025년까지 ‘스마트시티’ 사업에 10조원을 투자하고, 15만개 이상의 일자리를 만들겠다”고 목표를 밝혔다. 문재인 대통령은 “세계 ‘스마트시티’ 시장은 2025년 8200억 불로 연평균 14% 이상 성장할 전망”이라며 “우리의 새로운 경제 성장 동력으로도 손색이 없다”면서 이 같이 말한 바 있다. △ ‘스마트시티’를 전국적으로, 더 빠르게 실현 △도로, 철도 등 공공 인프라 디지털화 △지자체 및 기업과 협력해 국가 ‘스마트시티’ 역량을 확대 등을 약속했다.

6. 메타버스에 올인한 빅 테크

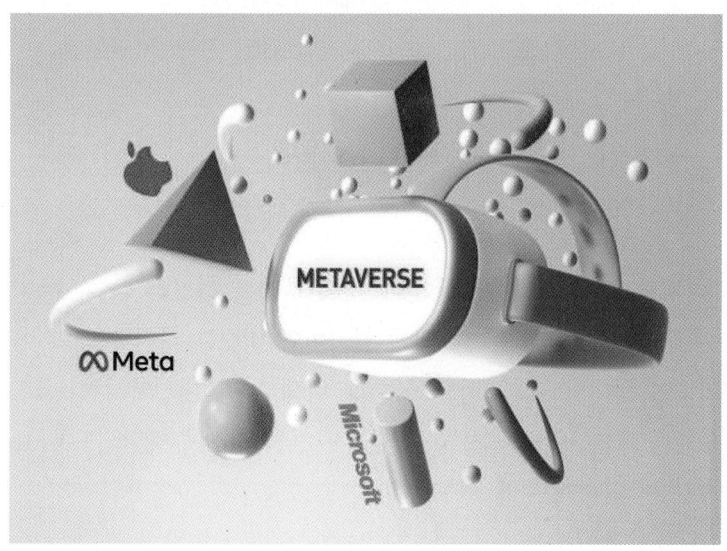

글로벌 메가 트렌드로 '메타버스'가 주목 받고 있다. 현실 세계와 같은 가상 세계를 일컫는 '메타버스'는 아직 현실에 적용되기엔 멀고 먼 얘기다. 그럼에도 불구하고 수많은 메타(구 페이스북)·마이크로소프트·애플 등은 저마다 "메타버스에 미래가 있다"며 '올인'을 선언하고 나선 상황이다.

이들 글로벌 테크 기업들이 아직 실재(實在)하지 않는 메타버스 기술을 통해 우리의 미래를 바꿀 것이라고 확신하는 이유는 무엇일까. '아직 실재하지 않는다'는 것은 메타버스 기술이 우리의 미래를 '어떤 모습'으로 바꿔 놓을지 누구도 짐작하기 쉽지 않다는 뜻이기도 하다. 메타·마이크로소프트(MS)·애플 등이 '메타버스' 시대의 주도권을 쥐기 위해 치열한 패권 경쟁에 뛰어들고 있는 이유다. 상상 속에만 존재하던 '메타버스'라는 신세계를 그려 갈 글로벌 테크 기업들의 '같지만 다른 전략'을 짚어봤다.

'현실 같은 가상 세계', 메타버스가 온다

중요한 미팅 준비를 위해 회사에서 근무 중이던 K 씨. 오늘 저녁 딸아이의 생일을 맞아 가족 파티를 하기로 한 게 불현듯 생각난다. 그때 K 씨 옆에 딸아이와 비슷한 나이 또래의 아이들이 좋아할 만한 선물 목록과 함께 벤딩 머신이 나타난다. 선물을 고른 K 씨는 오늘 저녁까지 선물이 집에 배달되도록 요청한 뒤 다시 업무에 몰두한다.

'메타버스 시대'가 되면 펼쳐질 미래 모습의 단면이다. 최근 들어 주목받고 있는 메타버스란 용어의 기원은 닐 스티븐슨 작가의 1992년 작인 소설 '스노 크래시(메타버스의 시대)'로 익히 잘 알려져 있다. 소설의 주인공 히로는 피자 배달원으로 일하고 있지만 메타버스 세계에선 세계 제일의 검객으로 활동한다. 히로에게 가상의 세계는 현실보다 더 현실적인 공간인 셈이다. 현실의 세계를 초월(meta)한 가상의 세계(universe)가 바로 '메타버스'가 되는 것이다.

아직 소설 속에서처럼 현실에서 완벽하게 메타버스를 구현하는 기술은 존재하지 않는다. 하지만 메타버스 시대를 보여주는 힌트는 도처에 있다. 이미 20여 년 전인 2003년 린든 랩이 출시한 가상현실(VR) 기반의 게임인 '세컨드 라이프'가 인기를 끈 바 있고 최근에도 미국의 힙합 가수 트래비스 스콧과 팝 가수 아리아나 그란데 등이 에픽게임즈의 배틀로얄 게임 '포트나이트'에서 콘서트를 열어 크게 흥행하기도 했다. '아바타'라는 개념을 대중화한 싸이월드 또한 메타버스를 말할 때 자주 인용되는 대표적인 사례다.

그렇다면 '세컨드 라이프'나 '싸이월드'는 왜 '메타버스'로 진화하지 못한 것일까. 이런 VR 게임들과 메타버스의 가장 큰 차이는 현실감과 몰입감이다. 메타버스에서 말하는 '가상 세계'는 사용자가 현실과 구별하기 어려울 만큼 진짜처럼 몰입할 수 있는 '또 다른 세계'를 의미하는 것이다. 메타버스의 핵심이 현실과 가상 세계를 얼마나 자연스럽게 '연결'할 수 있느냐에 달려있는 이유다.

글로벌 테크 기업들이 본격적인 기술이 아직 현실화되기도 전에 메타버스라는 모험에 자신들의 미래를 걸고 나선 것은 바로 이와 연관이 깊다. 이들 기업들은 메타버스를 가상 세계의 아바타들이 만나고 교류하는 일종의 '새로운 플랫폼'으로 인식하고 있다. 팬데믹(감염병의 세계적 유행)의 영향으로 비대면 교류가 더욱 익숙해진 상황에서 아바타들이 활동할 수 있는 메타버스는 더 이상 '상상 속에만 존재하는 이야기'가 아니다.

특히 사람들이 이곳에 모여 물건을 광고하고 사고파는 행위가 자연스러워진다면 '메타버스 이코노미 생태계'가 만들어진다. 스마트폰이 대중화된 뒤 우리의 일상이 바뀐 것은 물론 앱스토어 등을 통해 다양한 경제 활동이 이뤄지고 전혀 새로운 '모바일 경제 생태계'가 만들어진 것을 생각하면 이해하기 쉽다. 메타버스라는 새로운 세상이 펼쳐지게 된다면 자연스럽게 탄생하게 될 바로 이 새로운 '메타버스 경제 생태계'의 주도권을 쥐기 위한 싸움이 시작된 셈이다. 시장 조사 기관 스트래티지애널리틱스(SA)에 따르면 글로벌 메타버스의 시장 규모는 2020년 약 50조 원대 규모에서 2025년 약 317조 원까지 성장할 것으로 전망된다.

메타·마이크로소프트·애플 등과 같은 글로벌 테크 기업들은 새롭게 다가올 메타버스 세계를 준비하며 저마다 다른 미래를 그리고 있다. 이들 기업들이 어떤 지향점을 갖고 메타버스 세계를 그려 갈지 이해하는 것이 중요한 것은 바로 이 때문이다.

사람들이 모여드는 '새로운 놀이터', 메타

2021년 10월 29일 온라인으로 개최된 페이스북(현 메타)의 '커넥트 2021' 연례 행사 자리에는 마크 저커버그 최고경영자(CEO)와 '그의 아바타'가 함께 등장했다. 이날 저커버그 CEO는 페이스북이라는 사명을 '메타'로 바꾸고 향후 페이스북은 '메타버스 기업'으로 본질적으로 변화해 갈 것이라고 천명했다. 그는 "그래서 도대체 메타버스가 뭐냐고 묻는 사람들이 많다"며 "인터넷 클릭처럼 쉽게 시공간을 초월해 사람을 만나고 창의적인 일들이 벌어질 수 있는 '인터넷 다음 단계'"라고 메타버스를 정의했다.

사명까지 바꾸고 메타버스에 '올인'을 선언한 메타는 세계 최대 소셜 네트워크 서비스(SNS)인 페이스북과 인스타그램·왓츠앱 등을 운영하는 '소셜 네트워크' 기반의 회사다. 다시 말해 메타의 강점은 '사람과 사람을 연결'하는 데 있고 메타버스 세계에서의 지향점 또한 이와 다르지 않다. 다만 사람과 사람을 연결하는 방식이 현재는 페이스북과 같은 인터넷 플랫폼이라면 미래에는 자연스럽게 그 연결 통로가 메타버스로 옮겨 가게 될 것이란 구상이다. 페이스북의 메타버스 전략에 '아바타'의 역할이 중요해지는 것은 바로 이 지점이다.

10월29일 '커넥트 2021' 행사에서 자신의 아바타와 대화를 나누고 있는 마크 주커버그 메타 CEO./ 사진=메타

저커버그 CEO는 이날 VR을 통한 가상 공간인 호라이즌 홈(집), 워크룸(회의실) 그리고 월드(사람들을 만날 수 있는 광장)를

소개했는데, 바로 여기에서 힌트를 얻을 수 있다. 메타는 2014년 20억 달러(약 2조 3,100억 원)를 투입해 VR 제품 개발사인 오큘러스를 인수하며 메타버스에 본격적으로 뛰어들었다. 2019년 오큘러스 헤드셋을 통해 가상 공간에서 아바타를 만들어 이용자들끼리 어울릴 수 있는 VR 소셜 미디어 '호라이즌'을 출시했다.

VR헤드셋을 쓰면 펼쳐지는 메타버스 세계는 가상현실의 게임 속 세계와 비슷하다. VR과 증강현실(AR) 기술을 활용해 온라인에 새롭게 만들어진 공간에서 아바타들이 일하고 운동하고 친구들과 대화한다. 이날 저커버그 CEO는 자신의 아바타로 회사 직원들과 만나 얘기를 나누거나 올림픽 메달리스트와 펜싱 게임을 즐기는 모습을 선보이기도 했다. 나를 표현하는 또 다른 '나'인 아바타가 가상 세계에서 사람들을 만나고 활동하는 주체가 될 수밖에 없는 것이다. 다만 게임 속 VR이 현실과 동떨어진 별개의 세계라면 메타가 구상하는 아바타들은 '실제 현실'의 친분과도 연결되는 만남에 중점을 두고 있다는 것이 가장 큰 차이점이다.

현재는 VR 중심의 메타버스 세계를 확장시키는 데 중점을 두고 있지만 저커버그 CEO는 AR 기술에도 투자할 계획이라고 밝혔다. 페이스북 메신저나 인스타그램 등을 통한 영상 통화 등에 AR 기술을 적용할 것으로 전망된다. 예를 들어 4명이 함께 영상 통화를 하다가 사용자 중 한 명이 생일 축하와 같은 AR 기능을 적용하면 모두의 전화 통화 화면에 AR 효과가 나타나는 식이다.

메타가 '소셜 허브' 중심의 메타버스를 구축해 가는 데는 또 다른 이유가 있다. SNS를 중심으로 성장해 온 메타는 사람들이 모여드는 곳을 중심으로 한 '광고'가 핵심적인 비즈니스 모델이다. 이는 메타버스의 세계에서도 마찬가지다. 더 많은 사람들이 만나고 모여들 수 있는 새로운 공간을 창조하고 활성화하는 데 중점을 두는 비즈니스 전략을 고수할 가능성이 높은 이유다.

현실과 가상을 넘나드는 끊김없는 '협업 툴', 마이크로소프트

마이크로소프트(MS)는 11월 3일 온라인을 통해 글로벌 콘퍼런스 '이그나이트 2021'을 개최하며 메타버스 진입을 선언했다. 사티아 나델라 CEO는 이날 3차원 그래픽 솔루션인 '메시'와 마이크로소프트 화상 회의 솔루션 '팀즈', 오픈AI와 파트너십을 기반으로 '애저 오픈AI 서비스'를 포함해 90여 개가 넘는 신규 서비스와 업데이트를 공개했다. 이날 공개한 신규 기술은 메타버스·인공지능(AI)·초연결 등 세 가지 주제를 바탕으로 하이브리드 환경에서 조직·구성원·아이디어 등을 '연결'하는 데 중점을 두고 있다.

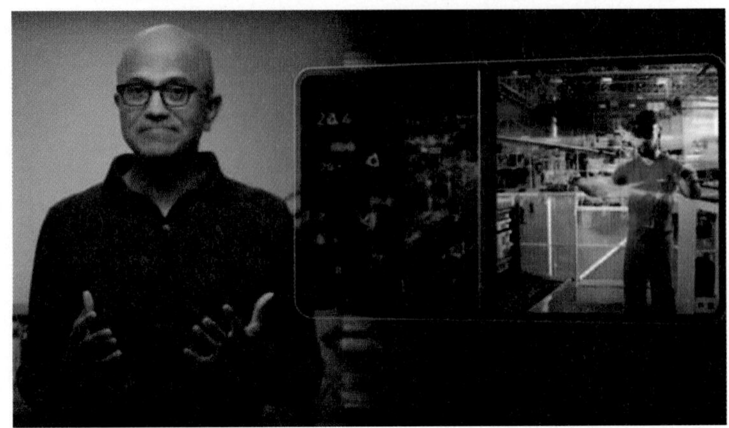

11월3일 '이그나이트 2021'에서 메시, 팀즈 등의 메타버스를 활용한 협업 툴을 소개하고 있는 사티아 나델라 MS CEO. / 사진=MS

나델라 CEO는 기조연설을 통해 "하이브리드 업무의 핵심인 유연성은 생산성과 상호 배타적인 것이 아니다"며 "향후 모든 조직은 디지털과 물리적 공간을 통합하는 새로운 디지털 협업 구조를 필요로 하게 될 것"이라고 말했다. 다시 말해 마이크로소프트의 메타버스는 이와 같은 모든 비즈니스 프로세스 과정에서 데이터와 AI 등을 통해 '협업'하고 물리적 세계와 디지털 세계를 결합하는 방향으로 진화해 갈 것이란 얘기다.

바로 이 지점에서부터 마이크로소프트의 메타버스 전략은 소셜 플랫폼을 중심으로 하는 메타와는 확연한 차이를 보인다. '마이크로소프트 오피스'와 '윈도' 등의 프로그램을 통해 인터넷으로 전 세계를 연결하며 성장해 온 마이크로소프트는 소프트웨어(SW) 중심의 인터넷 서비스 업체다. 특히 팬데믹으로 인해 재택

근무가 활성화되는 상황에서 '팀즈'를 비롯한 강력한 비대면 업무 지원 툴들을 서비스하며 빠르게 시장을 장악해 가고 있다. 마이크로소프트의 메타버스 전략 또한 이와 같은 맥락의 연장선으로 이해할 수 있다. 팬데믹 이후 하이브리드 업무 방식이 늘어나게 된다면 더욱 정교하면서도 편리한 '협업 툴'이 필요하다. 이와 같은 상황에서 화상회의와 같은 기존 비대면 업무 툴의 단점을 보완하고 함께 일하는 사람들과 더욱 실제 같은 소통을 즐기기 위한 창구로 메타버스라는 새로운 채널을 눈여겨보고 있는 것이다.

예를 들어 마이크로소프트가 2020년 공개한 팀즈의 '투게더 모드'는 얼굴을 대면하는 화상 회의의 피로감을 줄이기 위해 참가자들이 가상 공간에 있는 듯한 느낌을 주도록 설계돼 있다. 커다란 공연장이나 회의실 같은 곳에 참가자들이 모여 있는 느낌을 주도록 한 것이다. 끄덕거림과 같은 비언어적인 행동까지 인식할 수 있어 각자의 공간에 떨어져 있지만 마치 옆에 앉아 있는 것과 같은 현실감을 더욱 느낄 수 있도록 하고 있다. 이번에 새롭게 발표된 '메시 포 팀즈'에서는 진짜 나를 대신한 아바타가 회의에 참가할 수 있다. AI 기술을 응용한 아바타는 '진짜 나'의 표정을 그대로 읽고 미세한 얼굴 근육의 움직임까지 전달해 준다. 말을 중심으로 진행할 수밖에 없었던 화상 회의의 단점을 보완해 주는 것이다.

이처럼 마이크로소프트는 물리적인 위치에 상관없이 언제 어떤 순간에도 직원들이 자연스럽게 '연결'되고 '현장감'을 느낄 수 있는 업무 환경을 구축하는 데 중점을 두고 추후 엔터테인먼트 등 다양한 방면으로 메타버스 세계를 확장해 가는 전략을 구사할 것으로 보인다.

메타에 현실과 가상의 연결 고리 역할을 하는 하드웨어(HW)로 '오큘러스'가 있다면 마이크로소프트는 홀로그램과 AR 기술을 활용하고 있는 혼합현실(MR) 웨어러블 기기 '홀로렌즈'가 있다. 소프트웨어 중심의 마이크로소프트지만 하드웨어 없이는 메타버스가 불가능하다는 판단 아래 2015년부터 AR 헤드셋인 홀로렌즈 개발에 매진하고 있다.

조용하지만 누구보다 강력한 경쟁자, 애플

"진정한 메타버스 세계는 애플이 뛰어들어야 비로소 시작될 것이다." 메타와 마이크로소프트의 메타버스 진출 선언 이후 글로벌 투자 은행 모건스탠리가 발표한 메타버스 관련 보고서의 분석이다. 애플은 메타와 마이크로소프트에 비교하면 메타버스 진출을 위해 비교적 조용한 움직임을 보이고 있다. 하지만 이 보고서는 애플이 스마트폰 시장에 뛰어든 것 역시 블랙베리나 노키아보다 늦은 2007년이었다는 것을 지적한다. 비교적 늦게 시장에 뛰어들었음에도 '스마트폰'을 통해 우리의 일상을 바꿔 놓은 최종 승자는 결국 '애플'이었다는 것이다.

애플이 지난 5월 애플 세계 개발자 회의(WWDC)에서 공개한 AR글래스 티저 영상. 사진=애플

현재 상황으로 보면 애플은 메타나 마이크로소프트 등 경쟁자들에 비해 메타버스 경쟁에서 다소 뒤처지는 듯 보이지만 바로 그 기다림을 통해 메타버스라는 새로운 시장에 대한 정보를 바탕으로 애플의 성공 가능성을 높일 것이라는 분석이다.

실제로 애플은 메타버스라는 새로운 시장에 진출하는 데 많은 이점을 지니고 있다. 애플은 아이폰과 같은 하드웨어를 중심으로 그 위에 빠르게 성장하는 소프트웨어 비즈니스 플랫폼을 구축하며 성장해 온 기업이다. 아이폰 외에도 애플 워치 등 '웨어러블 디바이스'에 대한 경험 또한 상당하다. 애플의 메타버스 전략이 소프트웨어 중심의 마이크로소프트 그리고 소셜 미디어 플랫폼 중심의 메타와 확연히 구별되는 지점이다. 특히 애플은 2020년 자체 개발한 컴퓨터용 반도체 칩인 M1을 비롯해 반도체 칩 개발 능력을 갖췄다는 점에서도 높은 경쟁력을 인정받고 있다. 다시 말해 하드웨어부터 소프트웨어까지 모든 것을 자체적으로 해결할 수 있는 '일원화'된 시스템을 갖추고 있다는 의미이기 때문이다.

팀 쿡 애플 CEO는 2017년 일찌감치 AR 글래스를 미래의 먹거리로 점 찍은 바 있다. 당시 쿡 CEO는 대략 10년이 되기 전에 AR 글래스가 스마트폰을 대체하게 될 것이라고 전망했다. 현재 애플은 VR과 AR 기능을 모두 제공할 수 있는 혼합현실(MR) 헤드셋을 선보인 이후 2025년쯤 AR 글래스를 출시할 것으로 알려져 있다. AR과 VR을 모두 아우를 수 있는 디바이스가 되는 셈이다.

그 무엇보다 AR 글래스에 대한 기대감이 크다. 특히 애플이 '직접적인 망막 프로젝터' 특허를 미국 특허청에 등록한 것으로 알려지면서 AR 글래스에 대한 기대감이 크게 높아지고 있는 분위기다. VR 혹은 AR 디바이스에 작은 디스플레이 대신 마이크로 프로젝터를 사용해 사용자의 망막에 직접 콘텐츠를 보여주는 방식으로, 전문가들은 이 기술을 적용하면 눈의 피로와 두통·메스꺼움 등의 문제를 해결할 수 있을 것으로 내다보고 있다. AR 글래스의 출시를 '진짜 메타버스의 시작'으로 판단하는 전문가들이 많은 이유다.

소프트웨어 측면에서도 애플은 강점이 많다. 이미 '아이폰'이라는 강력한 하드웨어를 바탕으로 앱스토어·애플뮤직·애플TV 등 다양한 콘텐츠를 연결하며 새로운 시장을 구축해 본 경험이 있기 때문이다. 애플의 3D 그래픽 프레임워키인 메탈(Metal), 이미 방대한 정보를 바탕으로 실생활에 활용되고 있는 애플 지도 등도 추후 메타버스의 세계에서 3차원의 VR 세계를 구현하는 데 가장 큰 무기가 될 것이라는 판단이다.

NFT 선언한 주요 기업

기업	내용
엔씨소프트	• NFT 적용한 신작 MMORPG 출시 예정
위메이드	• 게임 아이템을 NFT로 거래
카카오게임즈	• 자체 NFT 거래소 설립 추진
한글과컴퓨터	• 싸이월드와 메타버스 · NFT 서비스 예정
펄어비스	• 게임에 NFT 적용
하이브	• BTS 굿즈에 NFT 적용
JYP	• 두나무와 NFT 사업 합작법인 설립 합의
서울옥션	• NFT 예술품 시장 진출

〈자료: 각 기업〉

주식투자와 국제투기자본

초판 발행 2022년 3월 25일

지은이 **김석일**

펴낸이 김복환

펴낸곳 도서출판 지식나무

등록번호 제301-2014-078호

주소 서울시 중구 수표로12길 24

전화 02-2264-2305

팩스 02-2267-2833

이메일 booksesang@hanmail.net

ISBN 979-11-87170-41-9

값 23,000원